U0920749

南京统计年鉴

STATISTICAL YEARBOOK OF NANJING

2019

南 京 市 统 计 局
国家统计局南京调查队 编

中国统计出版社
China Statistics Press

图书在版编目（CIP）数据

南京统计年鉴. 2019 / 南京市统计局, 国家统计局南京调查队编. -- 北京 : 中国统计出版社, 2019.8
ISBN 978-7-5037-8850-5

Ⅰ. ①南… Ⅱ. ①南… ②国… Ⅲ. ①统计资料－南京－2019－年鉴 Ⅳ. ①C832.531-54

中国版本图书馆 CIP 数据核字(2019)第 146423 号

南京统计年鉴-2019

作　　者	南京市统计局　国家统计局南京调查队
责任编辑	钟钰
装帧设计	周荣美
出版发行	中国统计出版社有限公司
地　　址	北京市丰台区西三环南路甲 6 号
邮政编码	100073
电　　话	邮购（010）63376909　书店（010）68783171
网　　址	http://csp.stats.gov.cn
印　　刷	南京茂华彩色印务有限公司
经　　销	新华书店
开　　本	890mm×1240mm　1/16
字　　数	686 千字
印　　张	28.5
版　　别	2019 年 8 月第 1 版
版　　次	2019 年 8 月第 1 次印刷
定　　价	380.00 元

本书附同版本 CD-ROM 一张，光盘内容以书面文字为准。
如有印装差错，由本社发行部调换。

《南京统计年鉴》（2019）编委会和编辑人员

编辑委员会

编　辑　部

编 者 说 明

一、《南京统计年鉴》(2019)以大量的统计数据，全面、系统地反映了 2018 年南京经济和社会等各方面的发展情况，是一本数据信息密集、内容广泛的资料性工具书。

二、全书内容分为 18 个篇目，即：1．综合；2．国民经济核算；3．人口和就业；4．人民生活；5．价格指数；6．农业；7．工业和能源；8．交通运输和邮电通迅业；9．固定资产投资和建筑业；10．批发和零售业、住宿和餐饮业；11．对外经济贸易和旅游业；12．财政、金融和保险；13．科技和教育；14．文化、卫生和体育；15．司法、社会福利与其他社会活动；16.城市建设与环境保护；17．分区社会经济；18．区域经济。为便于读者正确地使用资料，各篇目还附有主要统计指标解释。

三、“分区社会经济”中由我局统计的经济类指标为评价口径。即在分区统计中，根据我市实际，少数生产经营规模和影响特别大的单位，以及海关、邮政、电信、供电、大型金融（银行、证券、保险）部门，因业务垂直领导、经营活动跨地区、财务统一核算等因素，相关数据不宜或难以按区进行划分，故在各区 GDP 核算和相关专业统计中未包括，由市统计局直接统计和核算。

本册中分区数据部分单列出江北新区直管区，浦口区包含高新技术开发区的数据、栖霞区包含新港经济开发区的数据、六合区包括南京化学工业园的数据。

为了全面反映分区经济发展的整体情况，从 2009 年开始，在原有的按评价口径计算分区地区生产总值数据的基础上，增加按在地口径计算的分区地区生产总值数据。

四、本年鉴国民经济行业分类启用新标准（GB/T 4754-2011）。

五、本年鉴部分统计数据来源于有关主管部门，对此我们分别予以注明。如使用者在使用该资料时认为有必要，可与该部门直接联系。

除部门统计数据外，本年鉴的统计资料，由南京市统计局、国家统计局南京调查队依法通过统计调查，汇总、加工取得，并对统计资料的质量负责。请使用者客观、科学、合理的依法使用，对使用本年鉴统计数据所产生的法律争议由使用者自行解决。

六、本年鉴部分数据合计数或相对数由于单位取舍不同产生的计算误差均未作机械调整。

七、读者在使用统计资料时，凡与本年鉴有出入的，均以本年鉴为准。

八、本年鉴中符号使用说明：“一”或“空格”表示数据不详或无该项数据；

“#”表示其中的主要项；

“★”表示另有注解。

九、《南京统计年鉴》公开出版以来，受到社会各界的关注和支持，对年鉴的内容和编辑工作提出了许多宝贵的意见，对此，我们深表谢意。欢迎读者继续对年鉴的不足之处给予批评指正，帮助我们进一步提高编辑水平，以期更好地为广大读者服务。

《南京统计年鉴》编辑部

2019 年 8 月

南京市户籍人口总数示意图

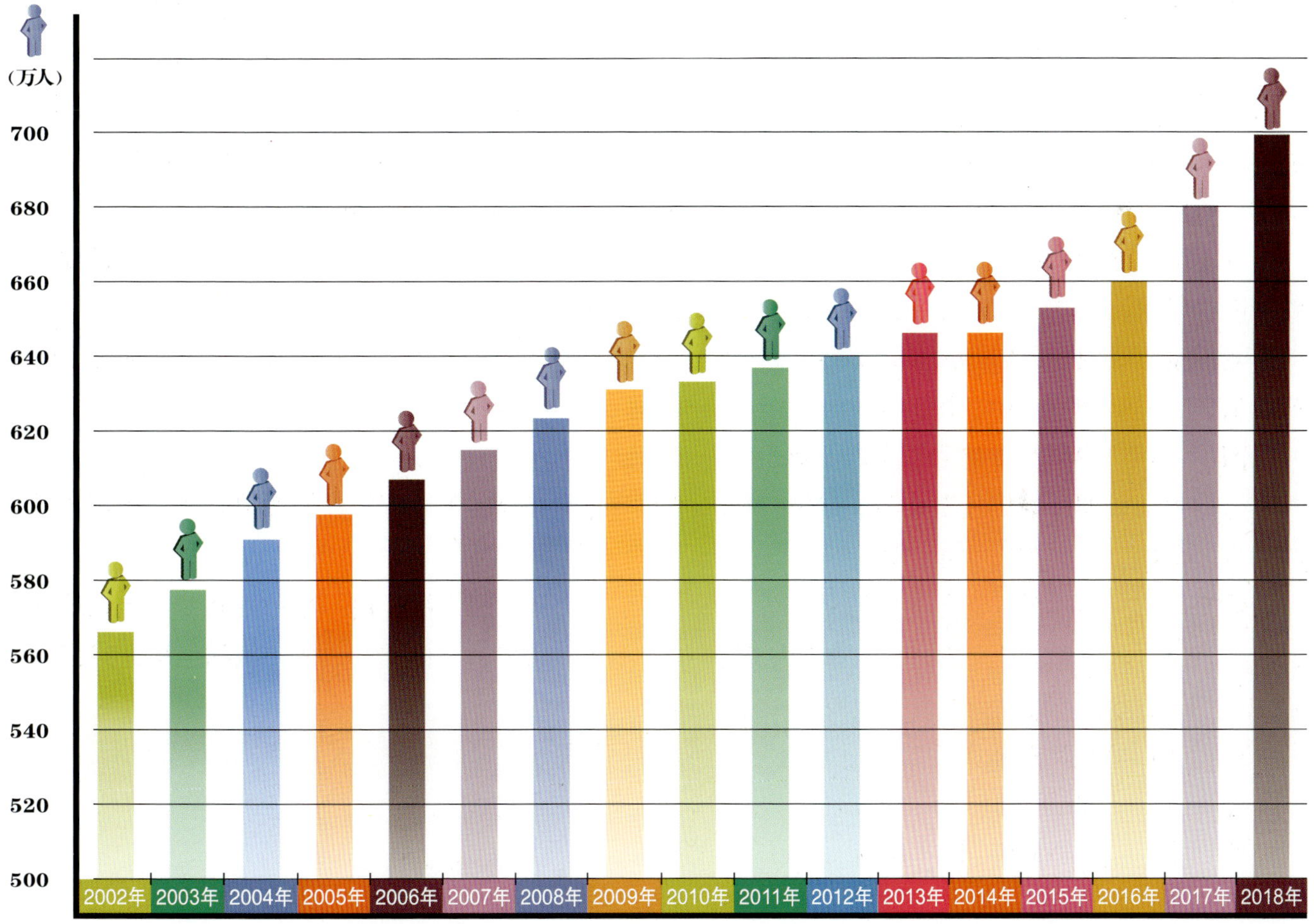

（万人）
700
680
660
640
620
600
580
560
540
520
500

2002年 2003年 2004年 2005年 2006年 2007年 2008年 2009年 2010年 2011年 2012年 2013年 2014年 2015年 2016年 2017年 2018年

南京市地区生产总值示意图

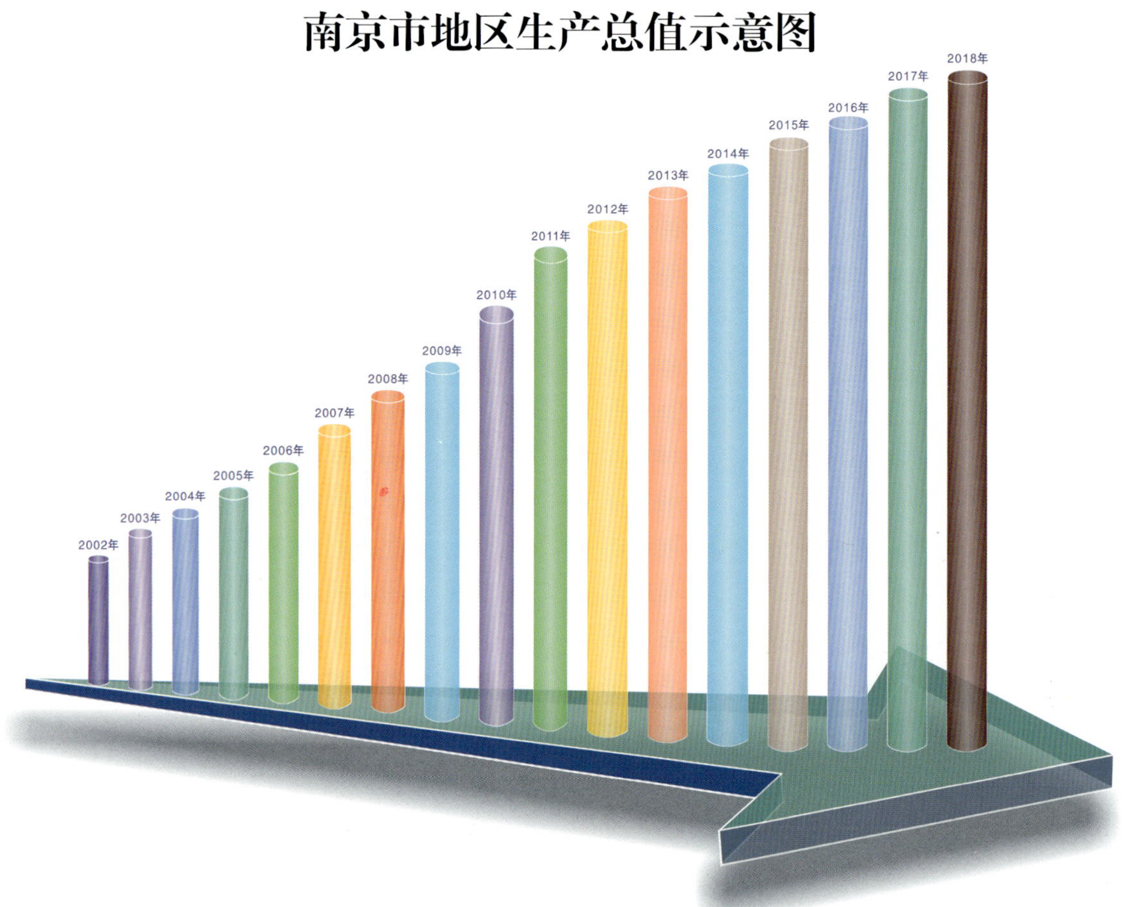

南京市人均地区生产总值（按常住人口计算）示意图

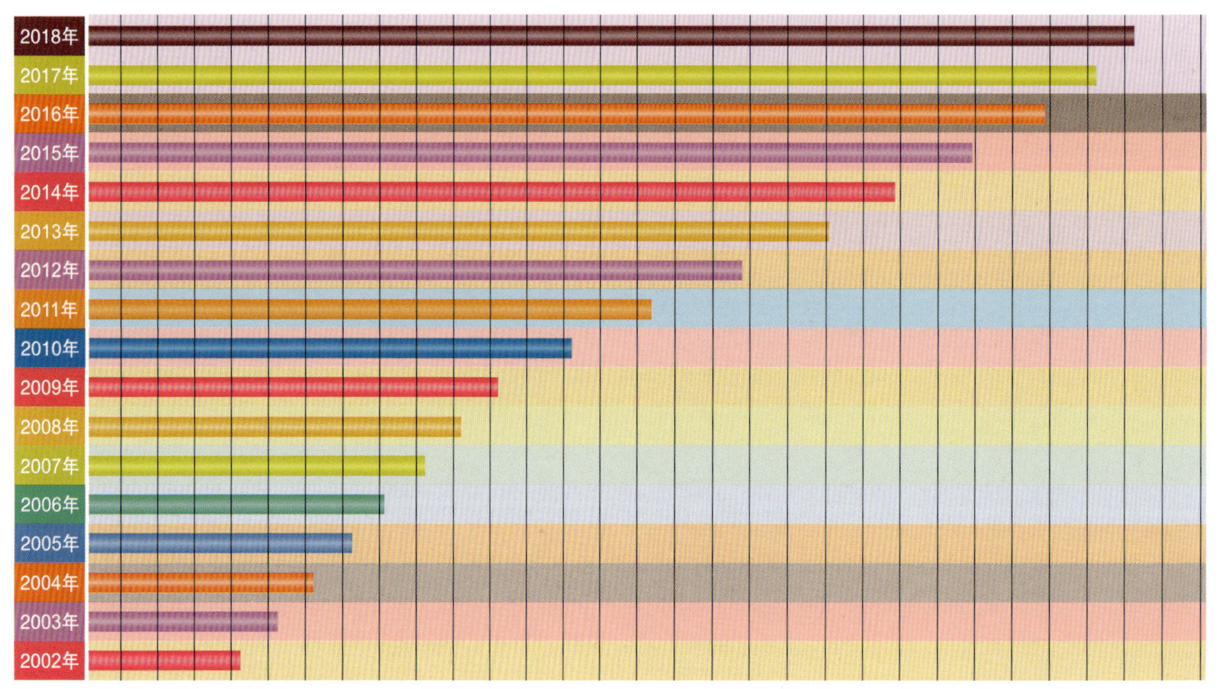

南京市第三产业占地区生产总值比重示意图

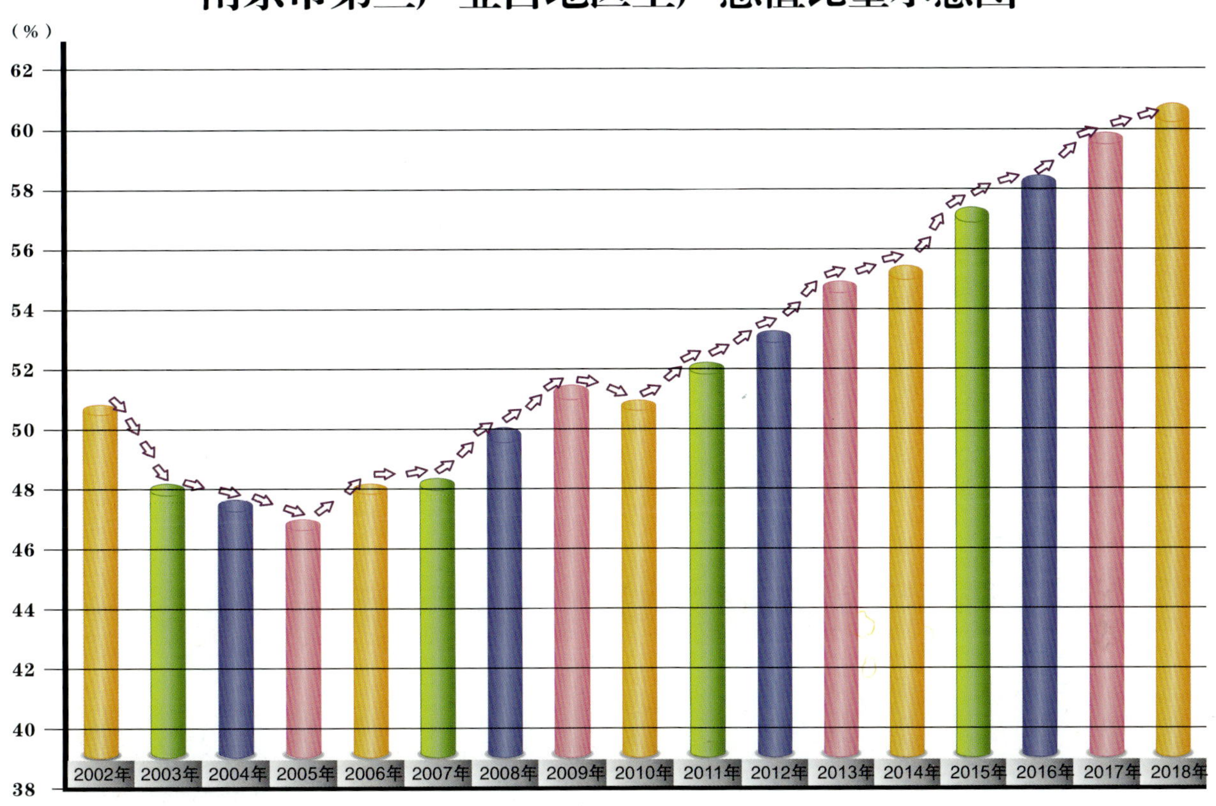

南京市财政收入示意图

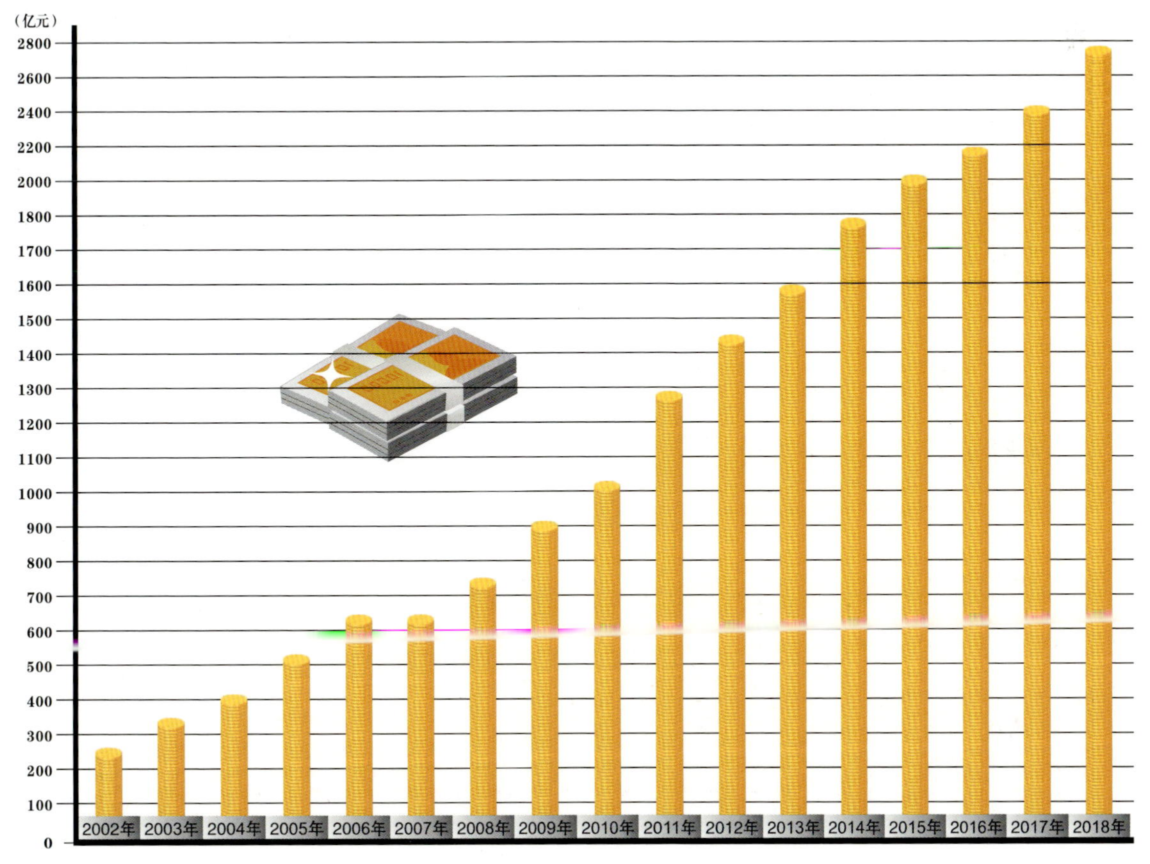

南京市社会消费品零售总额示意图

南京市外贸出口总额示意图

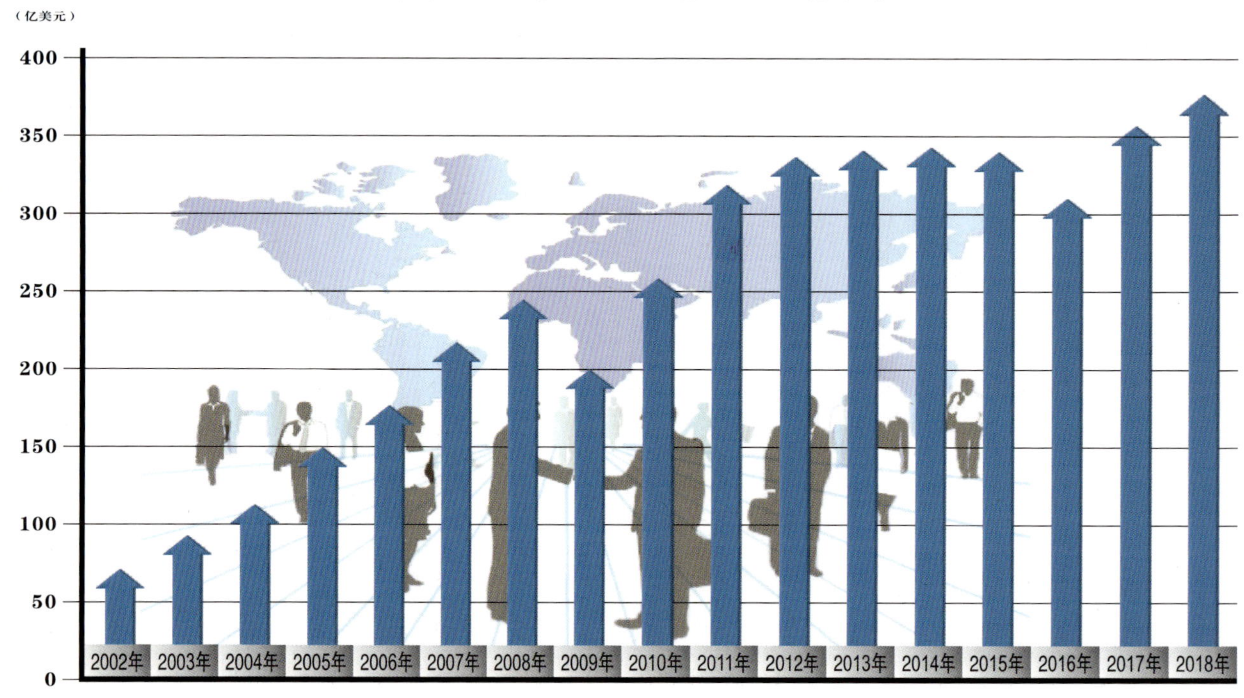

南京市工业增加值示意图

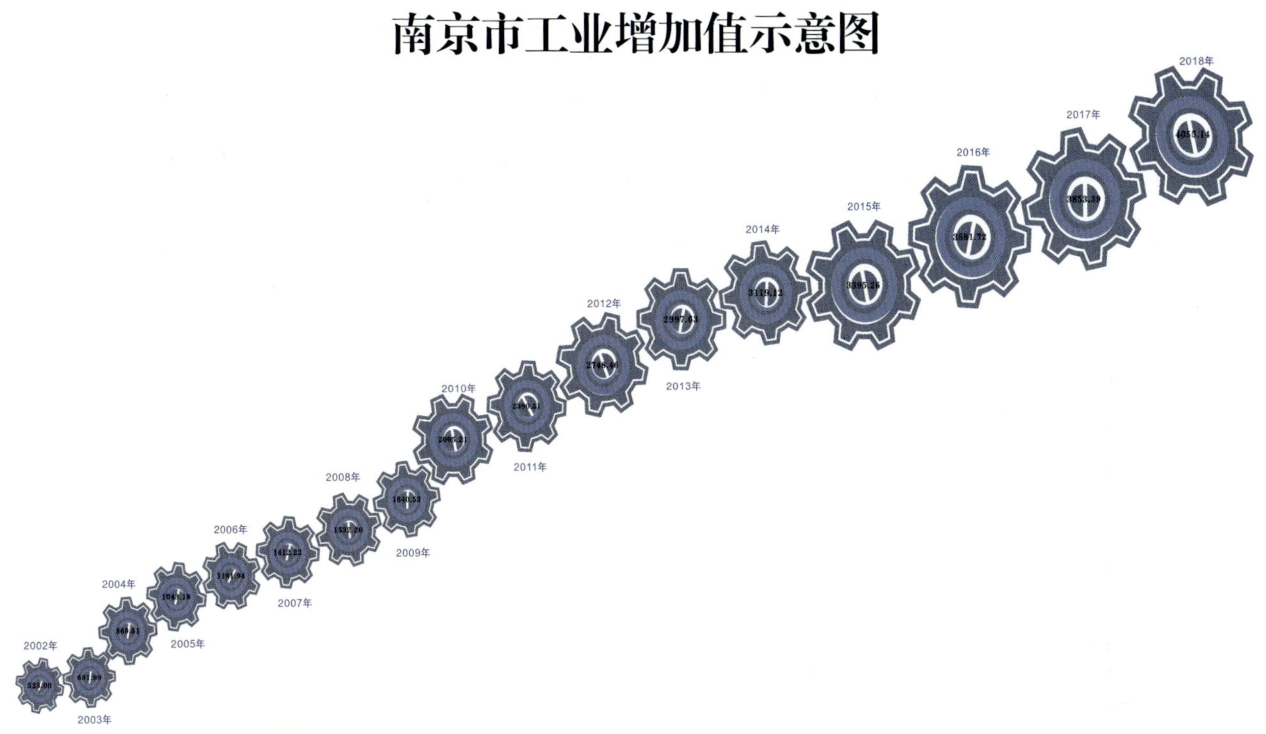

南京市规模以上工业企业利税总额示意图

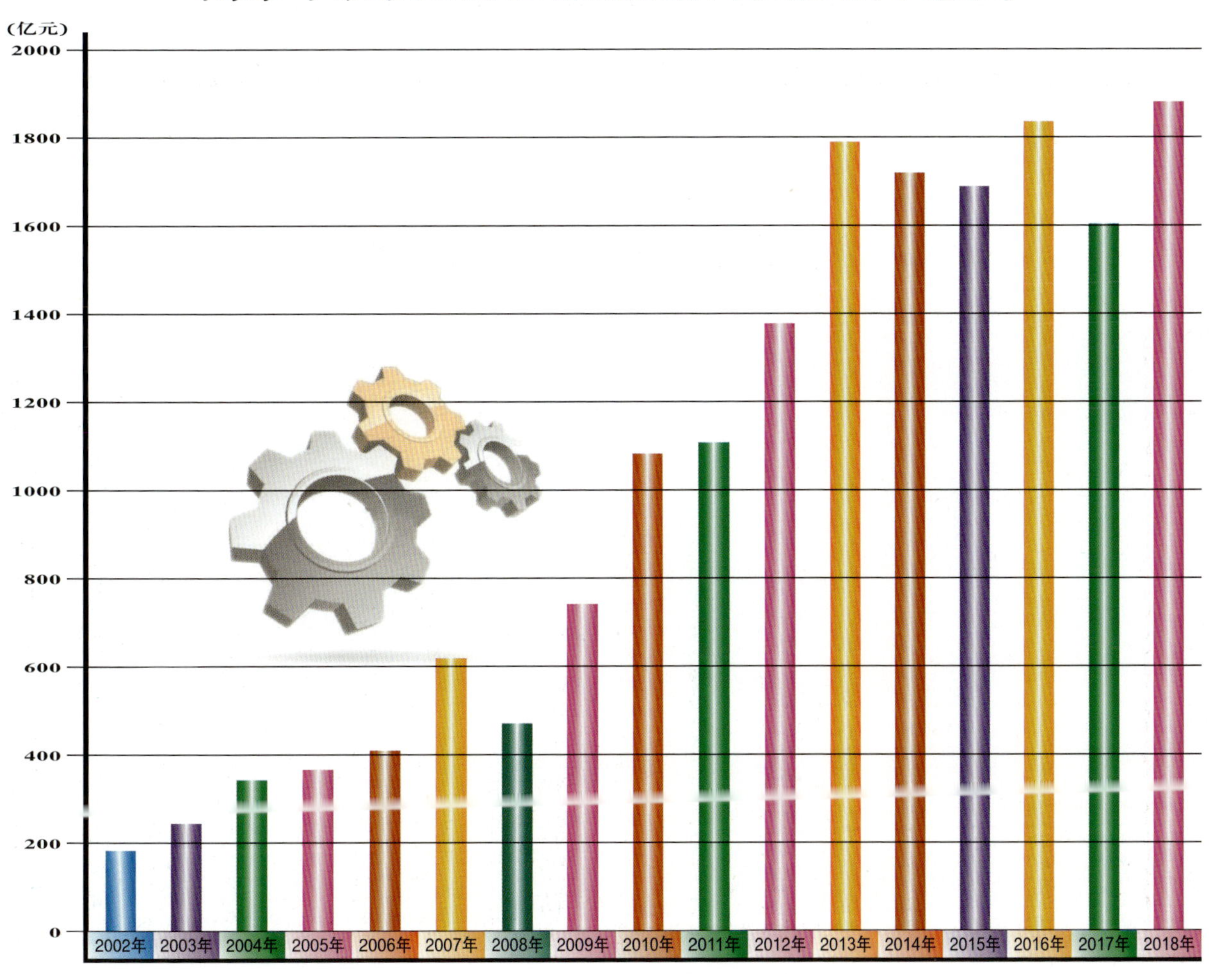

南京市农林牧渔总产值（现价）示意图

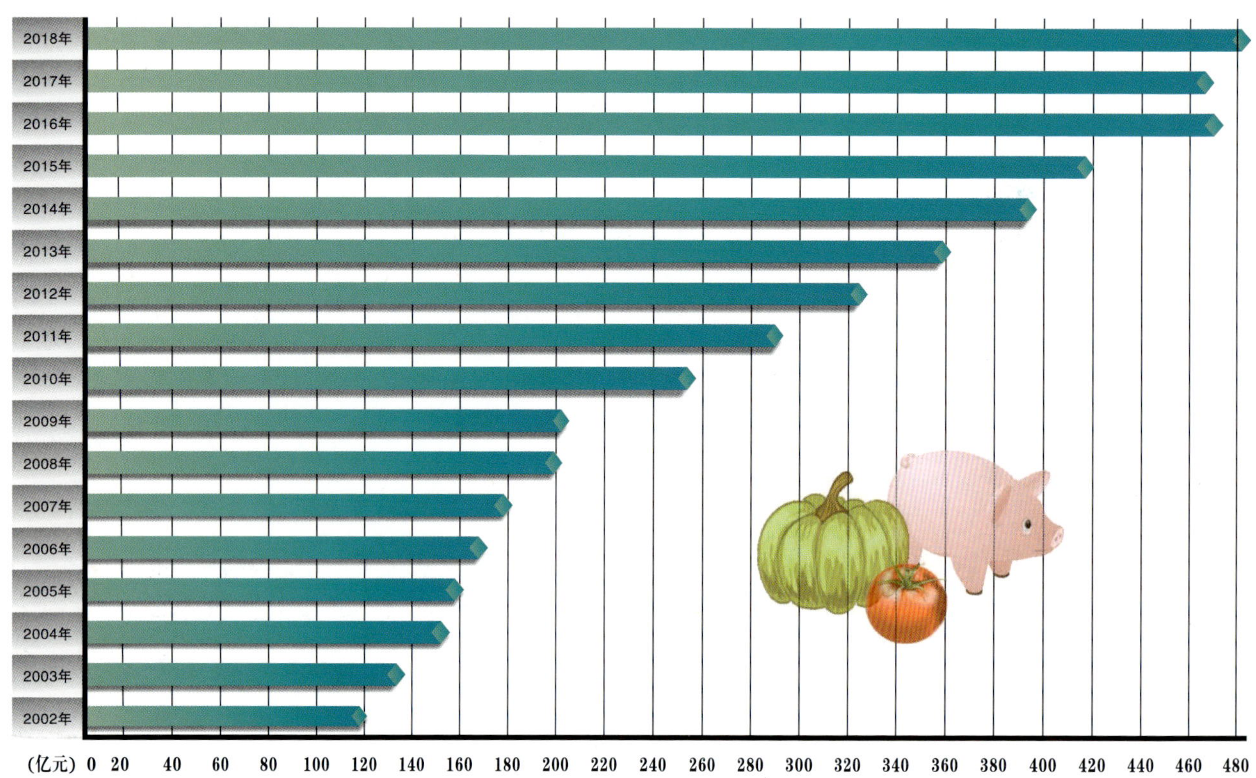

南京市人均公园绿地面积示意图

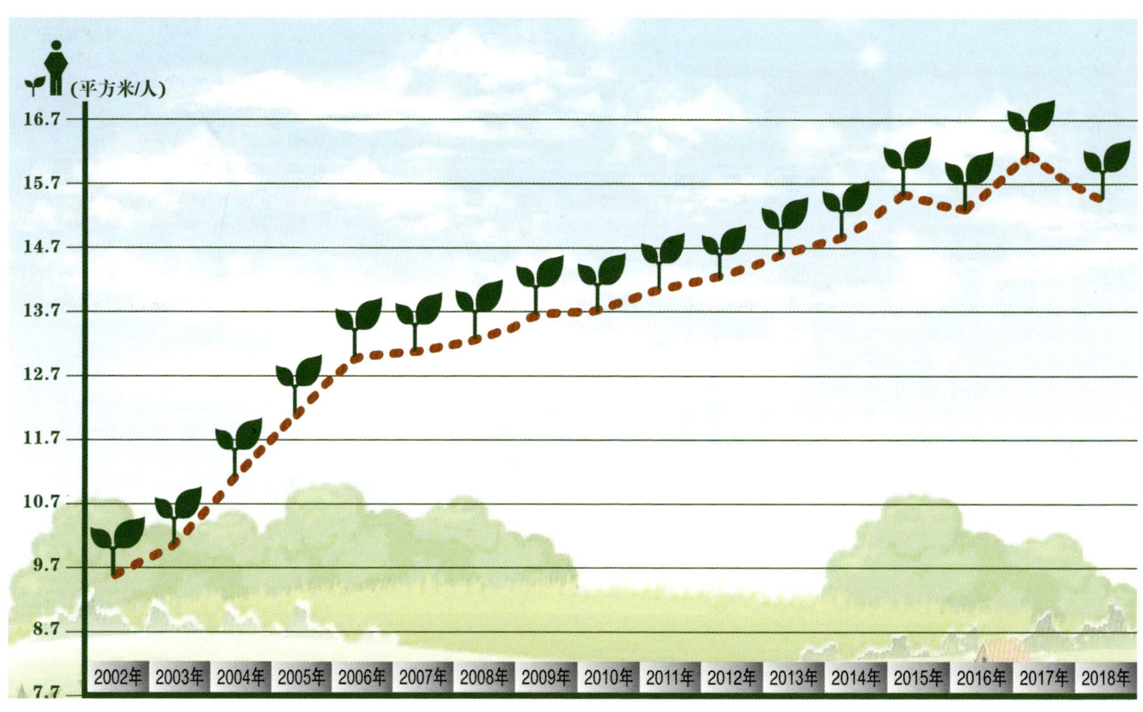

南京市普通高校在校学生人数示意图

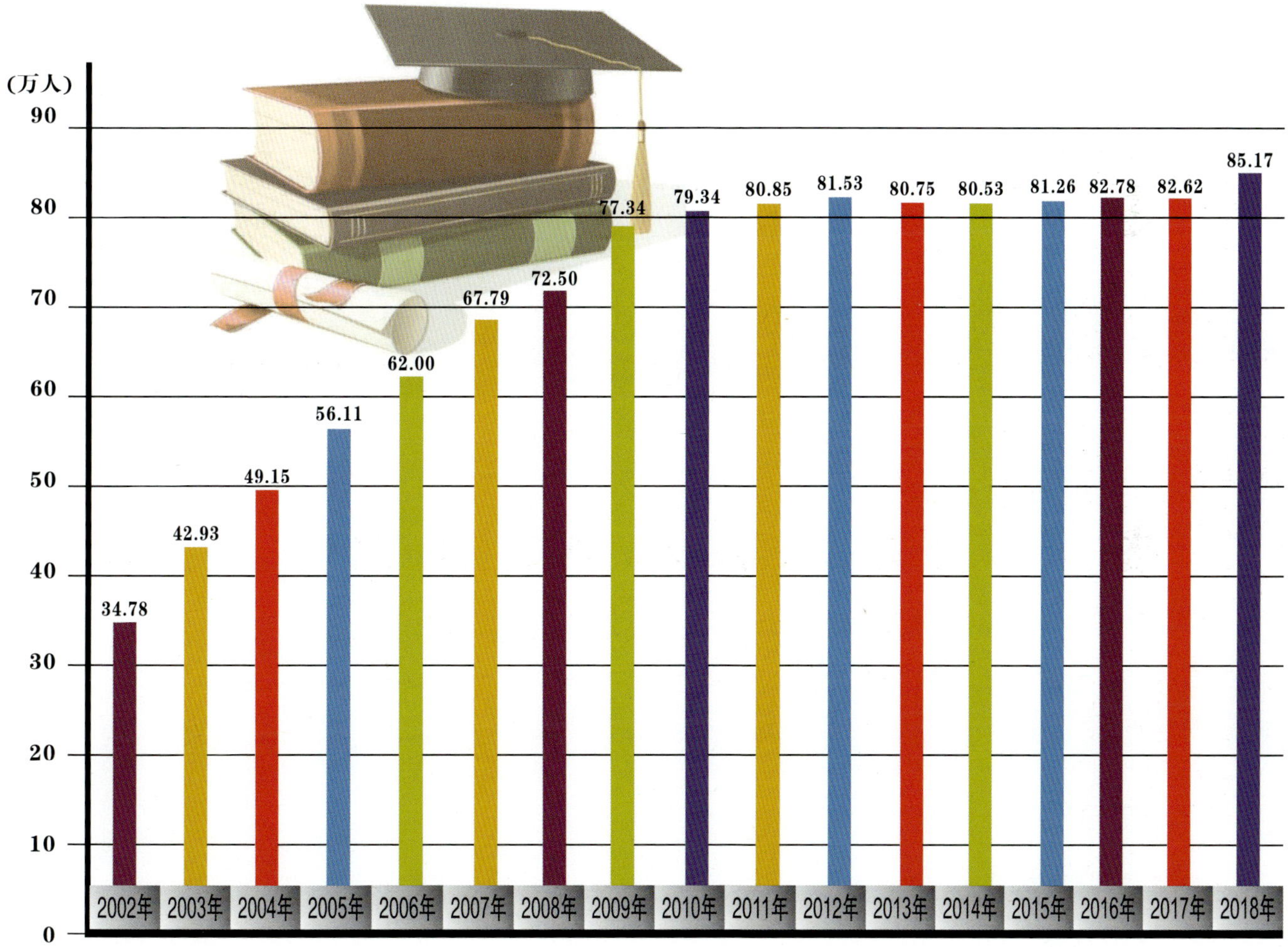

(万人)

年份	在校学生人数
2002年	34.78
2003年	42.93
2004年	49.15
2005年	56.11
2006年	62.00
2007年	67.79
2008年	72.50
2009年	77.34
2010年	79.34
2011年	80.85
2012年	81.53
2013年	80.75
2014年	80.53
2015年	81.26
2016年	82.78
2017年	82.62
2018年	85.17

南京市城市居民人均可支配收入示意图

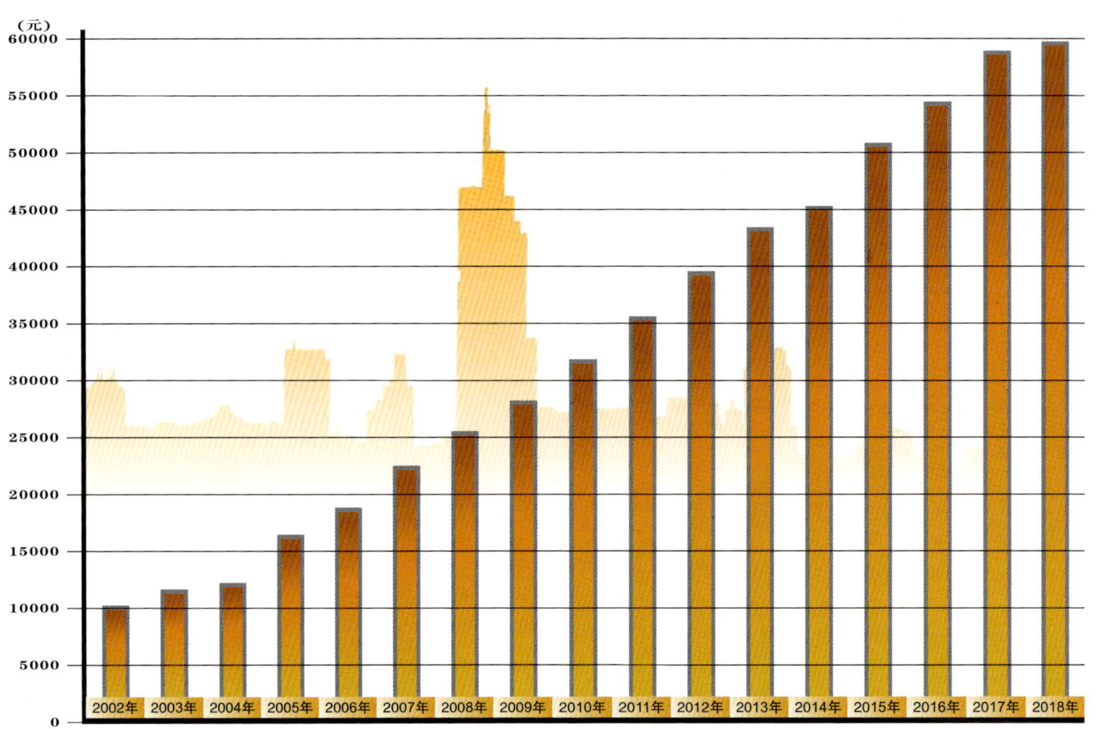

南京市农村居民人均可支配收入示意图

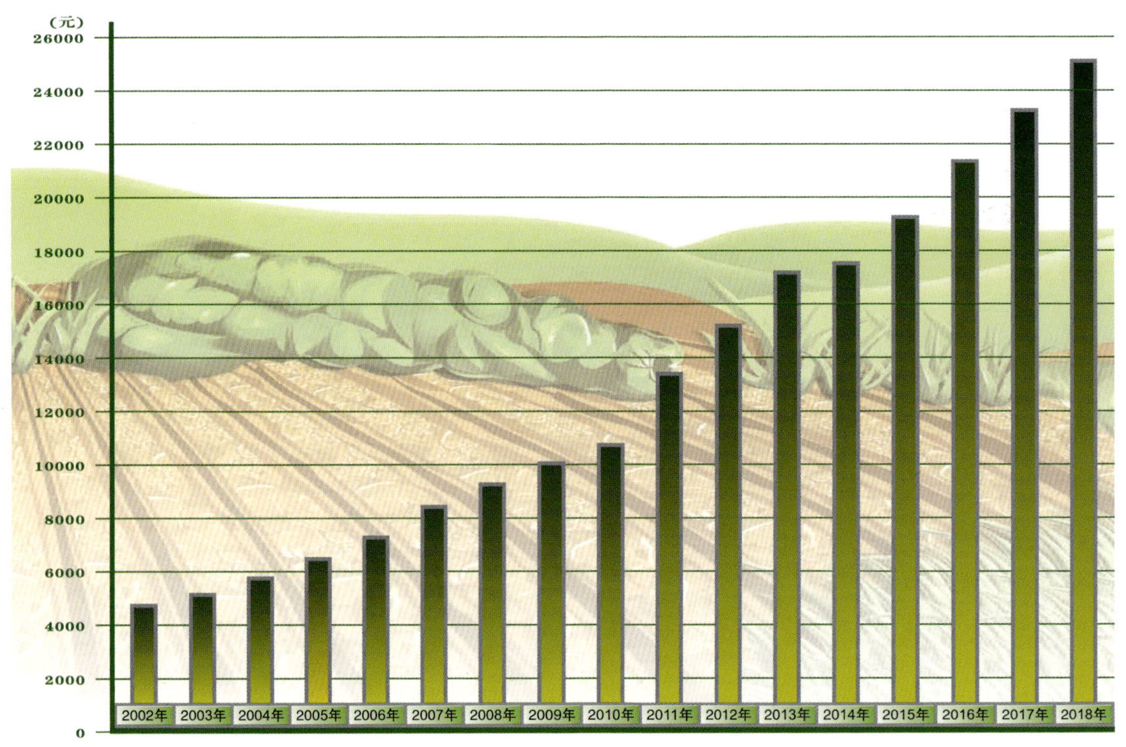

2019 年统计年鉴目录

CONTENTS ON STATISTICAL YEARBOOK-2018

（一）综合

General Survey

（二）国民经济核算

National Accounts

（三）人口和就业

Population And Employment

（四）人民生活

People's Livelihood

（五）价格指数

Price Indices

（六）农业

Agriculture

（七）工业和能源

Industry and Energy

（八）交通运输和邮电通讯业

Transportation, Post and Telecommunication Services

（九）固定资产投资和建筑业
Investment in Fixed Assets and Construction

（十）批发和零售业、住宿和餐饮业
Wholesale and Retail Trade, Accommodations and Catering

（十一）对外经济贸易和旅游业

Foreign Trade and Economic Cooperation, Tourism

（十二）财政、金融和保险

Finance, Banking and Insurance

（十三）科技和教育

Science and Technology, Education

（十四）文化、体育和卫生
Culture, Sports and Public Health

（十五）司法、社会福利与其他社会活动

Judicature, Social Welfare and Others

（十六）城市建设与环境保护

Urban Construction and Environmental Protection

（十七）分区社会经济
Social Economy by District and County

（十八）区域经济

Redgional Economy

（一）综合

CHAPTER 1
GENERAL SURVEY

表 1—1　行政区划与行政区域土地面积（2018 年末）

计量单位：个、平方公里

地　区	行政区划				行政区域土地面积
	街道办事处	社区居民委员会	镇人民政府	村民委员会	
全　市	90	953	10	290	6587.02
#江北新区直管区	7	73		8	388.07
玄　武	7	59			75.46
秦　淮	12	107			49.11
建　邺	6	60			82.93
鼓　楼	13	120			53.00
浦　口	5	50		26	698.15
栖　霞	9	89		30	395.44
雨花台	6	59			132.39
江　宁	10	129		72	1563.32
六　合	8	49	1	55	1295.27
溧　水	5	73	3	39	1063.67
高　淳	2	85	6	60	790.23

注：本表中行政区划数据由市民政局提供；行政区域土地面积由市规划资源局提供，为 2018 年末的数据。浦口区、六合区为新口径数据。

表 1—2　区所辖街道办事处、镇名称（2018 年）

地　　区	街道办事处、镇
玄武区	梅园新村街道、新街口街道、玄武门街道、锁金村街道、红山街道、孝陵卫街道、玄武湖街道
秦淮区	秦虹街道 、夫子庙街道、双塘街道、中华门街道、红花街道、洪武路街道、五老村街道、大光路街道、瑞金路街道、月牙湖街道、光华路街道、朝天宫街道
建邺区	兴隆街道、南苑街道、双闸街道、沙洲街道、江心洲街道、莫愁湖街道
鼓楼区	宁海路街道、华侨路街道、湖南路街道、中央门街道、挹江门街道、江东街道、凤凰街道、下关街道、热河南路街道、幕府山街道、建宁路街道、宝塔桥街道、小市街道
浦口区	泰山街道、顶山街道、沿江街道、江浦街道、桥林街道、汤泉街道、盘城街道、星甸街道、永宁街道
栖霞区	尧化街道、马群街道、迈皋桥街道、燕子矶街道、仙林街道、龙潭街道、栖霞街道、八卦洲街道、西岗街道
雨花台区	赛虹桥街道、雨花街道、西善桥街道、板桥街道、铁心桥街道、梅山街道
江宁区	东山街道、禄口街道、淳化街道、麒麟街道、横溪街道、江宁街道、谷里街道、汤山街道、秣陵街道、湖熟街道
六合区	龙池街道、雄州街道、横梁街道、金牛湖街道、程桥街道、马鞍街道、龙袍街道、冶山街道、大厂街道、葛塘街道、长芦街道、竹镇镇
溧水区	永阳街道、柘塘街道、白马镇、东屏街道、石湫街道、洪蓝街道、晶桥镇、和凤镇
高淳区	淳溪街道、古柏街道、阳江镇、砖墙镇、漆桥镇、固城镇、东坝镇、桠溪镇

表 1—3　耕地面积情况

计量单位：千公顷

指　　标	2018 年	2017 年
一、年初耕地面积	236.01	236.38
二、年内增加耕地面积	1.07	1.07
三、当年经批准减少耕地面积	1.79	1.87
四、年末耕地面积	235.29	235.58

注：本表数据来源于市规划资源局。

表 1—4　气候（2018 年）

月　　份	平均气温（摄氏）	月平均气温（摄氏）		月降水量合计（毫米）
		最高	最低	
全　年	17.0	21.4	13.4	1267.1
一　月	2.4	5.7	-0.3	106.0
二　月	4.7	9.4	0.7	44.9
三　月	12.3	17.8	7.8	120.7
四　月	17.9	23.6	13.1	61.0
五　月	22.2	26.3	18.5	142.8
六　月	25.9	30.6	21.9	49.1
七　月	29.2	33.7	26.0	182.3
八　月	29.1	32.9	26.1	273.6
九　月	24.7	28.7	21.4	66.2
十　月	17.7	22.7	13.4	37.5
十一月	12.4	16.4	9.3	65.6
十二月	5.9	9.0	3.3	117.4

附：极端最高气温：37.2　　出现日期：7 月 28 日
　　极端最低气温：-7.4　　出现日期：1 月 12 日，1 月 30 日
　　全年日照：2035.6 小时

表 1—5　社会经济主要指标

指　　标	2018 年	2017 年
行政区域土地面积（平方公里）	6587.02	6587.02
#建成区面积	817.39	796.00
户籍总人口（万人）	696.94	680.67
常住人口（万人）	843.62	833.50
居民平均预期寿命（岁）*	83.32	82.71
地区生产总值（亿元）	12820.40	11715.10
房地产开发投资（亿元）	2354.17	2170.21
社会消费品零售总额（亿元）	5832.46	5604.66
实际使用外资（亿美元）	38.53	36.73
海关进出口总额（亿美元）	654.91	611.87
# 出口总额	378.79	344.15
接待国内外旅游人数（万人次）	13409	12292
国际旅游创汇收入（亿美元）	8.83	7.60
财政总收入（亿元）	2783.84	2439.23
#一般公共预算收入	1470.02	1271.91
一般公共预算支出（亿元）	1532.71	1353.96

注：居民平均预期寿命由市卫健委提供。

表 1—5　社会经济主要指标（续表）

指　　标	2018 年	2017 年
城市居民消费价格指数（以上年为 100）	102.4	101.9
城镇登记失业率（%）	1.78	1.82
城镇企业职工基本养老保险参保人数（万人）	317.36	309.10
城镇失业保险参保人数（万人）	289.12	267.85
城镇职工基本医疗保险参保人数（万人）	432.06	408.10
个人轿车拥有量（万辆）	148.39	145.73
互联网接入用户（万户）	1749.98	1639.58
专业技术人员数（万人）	142.39	135.25
专利申请量（件）	99070	75406
普通高校在校学生数（万人）（含研究生）	85.17	84.08
普通中学在校学生数（万人）	24.52	23.42
小学在校学生数（万人）	42.21	39.31
公共图书馆总藏量（万册）	1964.40	1879.32
传染病发病率（1/10 万）	111.00	100.31
5 岁以下儿童死亡率（‰）	4.14	3.20
执业（助理）医师（人）	31560	28098
城市绿化覆盖率（%）	45.06	44.90
森林覆盖率（%）	25.42	30.00
环境空气质量良好以上天数（天）	251	264

注：从 2013 年起，按国家环保部新颁布的空气质量标准（空气质量指数 AQI）要求，认定良好以上天数。

表 1—6　按人口平均的社会经济主要指标

指　　标	2018 年	2017 年
人均地区生产总值（元）*	152886	141103
人均社会消费品零售额	69553	67506
人均一般公共预算收入（元）*	17530	15320
人均一般公共预算支出（元）*	18278	16308
人均金融机构人民币存款余额（元）	402364	360673
城镇非私营单位职工年平均工资（元）	111071	101503
城市居民人均可支配收入（元）	59308	54538
城市居民人均消费支出（元）	33537	31385
农村居民人均可支配收入（元）	25263	23133
农村居民人均生活消费支出（元）	18457	17155
城镇居民人均现住房建筑面积（平方米）	40.1	39.8
农村居民人均现住房建筑面积　（平方米）	57.6	56.9
人均日生活用水量（升）*	279.53	307.28
人均生活用电（千瓦小时）*	1108.36	977.28
年末每万人拥有医疗床位数（张）	65.10	62.93
年末每万人拥有执业医师、助理医师（人）	37.41	33.85
每万人口拥有收养性社会福利单位的床位数（张）	20.97	—
交通、火灾死亡人口比率（1/10 万）	5.88	6.19
人均拥有道路面积（平方米）	24.20	23.75

注：本表中人均指标按常住人口计算，加“*”号指标按常住平均人口计算。每万人口拥有收养性社会福利单位的床位数为单纯政府投入的收养性社会福利机构口径。

表 1—7 南京与全国、全省主要经济指标比较（2018 年）

指　　标	计量单位	南京	全国	全省	占全国%	占全省%
年末总人口（常住）	万人	843.62	1395380	8050.70	0.06	10.5
全社会从业人员	万人	500.80	77586	4750.90	0.65	10.5
地区生产总值	亿元	12820.4	900309	92595.40	1.42	13.8
第一产业增加值	亿元	273.42	64734	4141.70	0.42	6.6
第二产业增加值	亿元	4721.61	366001	41248.50	1.29	11.4
第三产业增加值	亿元	7825.37	469575	47250.20	1.67	16.6
#金融业增加值	亿元	1473.32	69100	7461.90	2.13	19.7
#房地产业增加值	亿元	813.11	59846	5269.80	1.36	15.4
规模以上工业主营业务收入	亿元	11945.91	1022000	128085.59	1.17	9.3
规模以上工业利润总额	亿元	894.96	66351	8491.89	1.35	10.5
社会消费品零售总额	亿元	5832.46	380987	33230.40	1.53	17.6
进出口总额	亿元	4317.20	305050	43802.40	1.42	9.9
进口	亿元	1816.52	140874	17144.70	1.29	10.6
出口	亿元	2500.68	164177	26657.70	1.52	9.4
实际外商直接投资	亿美元	38.53	1350	255.90	2.85	15.1
一般公共预算收入	亿元	1470.02	183352	8630.20	0.80	17.0
一般公共预算支出	亿元	1532.71	220906	11658.20	0.69	13.1
金融机构人民币存款余额	亿元	33740.63	1775000	139718.00	1.90	24.1
金融机构人民币贷款余额	亿元	28402.34	1363000	115719.00	2.08	24.5

表1—8　南京与全国、全省主要经济指标人均水平比较

计量单位：元

指　　标	2018年			2017年		
	南京	全国	全省	南京	全国	全省
人均地区生产总值	152886	64644	115168	141103	59660	107189
城镇居民人均可支配收入	59308	39251	47200	54538	36396	43622
农村居民人均可支配收入	25263	14617	20845	23133	13432	19158
人均社会消费品零售额	69553	27303	41276	67506	26418	39603
人均一般公共预算收入	17530	13140	10720	15320	12447	10197
人均一般公共预算支出	18278	15831	14481	16308	14666	13254
人均金融机构人民币存款余额	402364	127205	173548	360673	118365	162146
人均金融机构人民币贷款余额	338704	97679	143738	296034	86628	127419

表1—9　用电量

计量单位：万千瓦小时

指　　标	2018年	2017年	2018年为上年%
全社会用电量	6064005	5569607	108.9
#农业用电	35126	31438	111.7
工业用电	3312687	3181389	104.1
城乡居民生活用电	929426	811390	114.6
#乡村生活用电	195158	176302	110.7

注：农业用电量指农、林、牧、渔用电量。

表1—10　全市规模以上服务业企业主要财务指标（2018年）

计量单位：万元

指　　标	单位个数	年初存货	固定资产原价	本年折旧	资产总计	负债合计
总　　计	3284	11246884	40973429	1942016	209268108	117627059
按登记注册类型分组						
内资企业	3145	11049096	37778851	1807720	200345457	112365813
港、澳、台商投资企业	73	97595	2095393	83244	5295661	3536160
外商投资企业	66	100193	1099185	51052	3626990	1725086
按企业控股情况分组						
国有控股	572	8994283	30764202	1184073	153475459	81671615
集体控股	86	283872	916368	174118	3919691	2725366
私人控股	2202	1678389	4810073	335548	38415122	24582738
港澳台商控股	62	13261	1362294	32963	4262611	2750266
外商控股	54	115187	1257731	115968	3374890	1723473
其他	308	161892	1862762	99346	5820336	4173602
按国民经济行业分组						
交通运输、仓储和邮政业	438	630918	23713516	773062	60365133	32251648
#道路运输业	204	70533	10198781	258697	39596139	22726670
水上运输业	68	106041	3745824	154885	4244217	2182275
多式联运和运输代理业	84	4917	160614	6737	912384	647358
信息传输、软件和信息技术服务业	676	1018354	6308985	637285	24582748	12922151
#电信、广播电视和卫星传输服务	28	55152	4574074	373657	7316370	2742169
软件和信息技术服务业	490	788222	1204821	212210	11598444	6943290
租赁和商务服务业	642	4610100	5480469	195363	76263506	42211443
#商务服务业	618	4603765	5197079	181740	75361406	41646391
科学研究和技术服务业	675	1318734	2105363	141206	15319459	8807116
#专业技术服务业	522	1216676	1769242	114761	13103259	7614075
水利、环境和公共设施管理业	107	3270724	1275062	58351	21773155	13986974
居民服务、修理和其他服务业	77	14484	60804	4548	402668	291595
教育	47	1742	85520	9255	282136	191908
卫生和社会工作	63	15913	425595	49543	651479	493768
文化、体育和娱乐业	319	275161	1036953	49861	4817327	2710386
房地产业（除房地产开发）	240	90754	481163	23544	4810498	3760071

注：总计中，不包含中国联合通信有限公司、中国电信股份有限公司和中国移动通信集团有限公司三家江苏分公司的数据。

表1—10　全市规模以上服务业企业主要财务指标（2018年）（续表1）

计量单位：万元

指　　标	营业收入	营业成本	税金及附加	销售费用	管理费用	财务费用
总　　计	56699926	44255311	310636	2548816	5211691	1427559
按登记注册类型分组						
内资企业	52578887	4103892	287601	2310089	4882568	1356598
港、澳、台商投资企业	1078761	632105	9783	107913	152770	46510
外商投资企业	3042278	2584284	13252	130814	176352	24450
按企业控股情况分组						
国有控股	20357562	1601806	123033	707302	1525276	986198
集体控股	3641233	2875538	11995	238331	271225	11667
私人控股	22715707	1739958	117254	1097307	2549260	292124
港澳台商控股	645742	335223	8480	63253	130332	33997
外商控股	2982817	2337034	11724	182725	147958	20292
其他	6356865	5289863	38150	259898	587641	83281
按国民经济行业分组						
交通运输、仓储和邮政业	13517978	11906934	63066	170460	558669	651701
#道路运输业	5296466	4722127	35898	59705	200586	450953
水上运输业	1987547	1638944	10982	10573	128290	55795
多式联运和运输代理业	1975892	1852190	1092	26836	64953	4335
信息传输、软件和信息技术服务业	16706770	11829407	71639	1318640	2148527	60015
#电信、广播电视和卫星传输服务	2881101	2037437	8304	265896	183072	6453
软件和信息技术服务业	9374886	6438587	47217	784013	1388323	45305
租赁和商务服务业	11774390	9540389	70664	315510	766469	517797
#商务服务业	11607464	9417183	68417	302152	751168	513156
科学研究和技术服务业	8728707	6669001	53052	259866	964679	51233
#专业技术服务业	7608411	5918016	44516	195657	788962	30423
水利、环境和公共设施管理业	1346332	1070853	11559	30497	86770	45507
居民服务、修理和其他服务业	336684	172595	3159	96216	46268	1263
教育	296620	189300	1364	40564	56017	619
卫生和社会工作	699394	515587	89	61673	124044	8098
文化、体育和娱乐业	1836334	1308516	17148	190679	272889	49967
房地产业（除房地产开发）	1456718	1052731	18896	64711	187360	41360

表1—10 全市规模以上服务业企业主要财务指标（2018年）（续表2）

计量单位：万元

指　　标	投资收益	营业利润	利润总额	所得税费用	应付职工薪酬	应交增值税
总　　计	1468676	5377397	5844231	743057	9248321	1291768
按登记注册类型分组						
内资企业	1310517	4961771	5422133	687376	8625410	1204657
港、澳、台商投资企业	974	144531	141335	25384	207617	56274
外商投资企业	157184	271095	280764	30297	415295	30837
按企业控股情况分组						
国有控股	990631	2816354	3182978	414873	2840335	409529
集体控股	19719	271271	276004	-44588	584260	53350
私人控股	285266	1568432	1637316	266134	3838995	553485
港澳台商控股	946	76644	71964	23243	167531	17678
外商控股	156230	433565	456766	21627	386771	43784
其他	15884	211131	219204	61767	1430430	213942
按国民经济行业分组						
交通运输、仓储和邮政业	379833	1190486	1539604	260688	1449642	254705
#道路运输业	340164	708216	1055571	131360	551729	167611
水上运输业	22223	185133	199743	29747	260311	36002
多式联运和运输代理业	6892	35153	35360	9642	86178	3208
信息传输、软件和信息技术服务业	211206	1721264	1796397	135737	3266751	486662
#电信、广播电视和卫星传输服务	64153	443702	452091	36731	432662	79023
软件和信息技术服务业	119185	987941	1039569	58231	1916737	309195
租赁和商务服务业	706597	1343718	1302476	97617	1440819	161276
#商务服务业	698360	1327037	1283454	95907	1419534	156008
科学研究和技术服务业	127269	830499	857822	140217	1529489	248884
#专业技术服务业	116320	696802	721521	122353	1369918	226291
水利、环境和公共设施管理业	5577	142663	151334	21470	123150	26565
居民服务、修理和其他服务业	197	28018	31111	4619	106233	6981
教育	71	9116	11545	4175	104186	8416
卫生和社会工作	562	-7204	-5039	3731	213394	209
文化、体育和娱乐业	21440	4039	38417	29078	409653	46229
房地产业（除房地产开发）	15921	114798	120564	45724	605004	51843

表 1—11　人民币汇率（年平均价）

单位：人民币元

年　份	美　元（100）	日　元（100）	港　币（100）	欧　元（100）
1985	293.66	1.25	37.57	
1986	345.28	2.07	44.22	
1987	372.21	2.58	47.74	
1988	372.21	2.91	47.70	
1989	376.51	2.74	48.28	
1990	478.32	3.32	61.39	
1991	532.33	3.96	68.45	
1992	551.46	4.36	71.24	
1993	576.20	5.20	74.41	
1994	861.87	8.44	111.53	
1995	835.10	8.92	107.96	
1996	831.42	7.64	107.51	
1997	828.98	6.86	107.09	
1998	827.91	6.35	106.88	
1999	827.83	7.29	106.66	
2000	827.84	7.69	106.18	
2001	827.70	6.81	106.08	
2002	827.70	6.62	106.07	800.58
2004	827.68	7.66	106.23	1029.00
2005	819.17	7.45	105.30	1019.53
2007	760.40	6.46	97.46	1041.75
2008	694.51	6.74	89.19	1022.27
2009	683.10	7.30	88.12	952.70
2010	676.95	7.73	87.13	897.25
2011	645.88	8.11	82.97	900.11
2012	631.25	7.90	81.38	810.67
2013	619.32	6.33	79.85	822.19
2014	614.28	5.82	79.22	816.51
2015	622.84	5.16	80.34	691.41
2016	664.23	6.12	85.58	734.76
2017	675.18	6.02	86.64	763.03
2018	661.74	5.99	84.43	780.16

主要统计指标解释

可比价格　指在不同时期的价值指标对比时，扣除了价格变动的因素，以确切反映物量的变化。按可比价格计算有两种方法：一种是直接用产品产量乘某一年的不变价格计算；另一种是用价格指数换算。

不变价格　指以同类产品某年的平均价格作为固定价格，来计算各年产品价值。按不变价格计算的产品价值消除了价格变动因素，不同时期对比可以反映生产的发展速度。新中国成立后，随着工农业产品价格水平的变化，国家统计局先后五次制定了全国统一的工业产品不变价格和农业产品不变价格，从 1949 年到 1957 年使用 1952 年工（农）业产品不变价格，从 1957 年到 1971 年使用 1957 年不变价格，从 1971 年到 1981 年使用 1970 年不变价格，从 1981 年到 1990 年使用 1980 年不变价格，从 1990 年开始使用 1990 年不变价格。

平均增长速度　我国计算平均增长速度有两种方法：一种是习惯上经常使用的“水平法”，又称几何平均法，是以间隔期最后一年的水平同基期水平对比来计算平均每年增长（或下降）速度；另一种是“累计法”，又称代数平均法或方程法，是以间隔期内各年水平的总和同基期水平对比来计算平均每年增长（或下降）速度。在一般正常情况下，两种方法计算的平均每年增长速度比较接近；但在经济发展不平衡、出现大起大落时，两种方法计算的结果差别较大。

本《年鉴》内所列的平均增长速度，除固定资产投资用“累计法”计算外，其余均用“水平法”计算。从某年到某年平均增长速度的年份，均不包括基期年在内。如建国四十三年以来的平均增长速度是以 1949 年为基期计算的，则写为 1950-1992 年平均增长速度，其余类推。

三次产业　根据社会生产活动历史发展的顺序对产业结构的划分，产品直接取自自然界的部门称为第一产业，对初级产品进行再加工的部门称为第二产业。为生产和消费提供各种服务的部门称为第三产业。它是世界上通用的产业结构分类，但各国的划分不尽一致。

我国的三次产业划分是：

第一产业是指农、林、牧、渔业。

第二产业是指采矿业，制造业，电力、燃气及水的生产和供应业，建筑业。

第三产业是指除第一、二产业以外的其他行业。

企业（单位）登记注册类型　是以在工商行政管理机关登记注册的各类企业为划分对象，以工商行政管理部门对企业登记注册的类型为依据，将企业登记注册类型分为内资企业、港澳台商投资企业和外商投资企业三大类。内资企业包括国有企业、集体企业、股份合作企业、联营企业、有限责任公司、股份有限公司、私营公司和其他企业；港澳台商投资企业和外商投资企业分别包括合资经营企业、合作经营企业、独资经营企业和股份有限公司。对不在工商行政管理部门进行登记注册的行政机关、事业单位和社会团体，主要按其经费来源和管理方式进行划分。

法人单位 指具备以下条件的单位：（1）依法成立，有自己的名称、组织机构和场所，能够独立承担民事责任；（2）独立拥有和使用（或授权使用）资产，承担负债，有权与其他单位签订合同；（3）会计上独立核算，能够编制资产负债表。法人单位包括企业法人、事业单位法人、机关法人、社会团体法人和其他法人。

法人单位所属产业活动单位（简称：产业活动单位） 是指具备有以下条件的单位：（1）在一个场所从事一种或主要从事一种社会经济活动；（2）相对独立组织生产经营或业务活动；（3）能够掌握收入和支出等业务核算资料。产业活动单位是指经过法定程序批准建立的、不能独立承担民事责任的单位。包括由各级工商行政管理机关核准登记，领取《营业执照》的分支机构或经营单位；由各级登记主管机关备案，或依据相关法律法规由各级主管部门批准建立的事业单位分支机构和社会团体分支机构。未经法定程序批准在法人内部建立的机构，具备产业活动单位条件的认定为产业活动单位。产业活动单位分为单产业法人单位和多产业法人单位。

（二）国民经济核算

CHAPTER 2
NATIONAL ACCOUNTS

表 2—1　全市地区生产总值（2018 年）

计量单位：亿元

指　　标	2018 年	2018 年为上年%（按可比价计算）	占地区生产总值比重%
地区生产总值	12820.40	108.0	100.0
第一产业	273.42	100.6	2.1
第二产业	4721.61	106.5	36.9
工业	4055.14	107.3	31.6
建筑业	668.17	101.1	5.2
第三产业	7825.37	109.1	61.0
交通运输、仓储和邮政业	351.12	100.8	2.7
批发和零售业	1454.43	108.2	11.3
住宿和餐饮业	216.34	106.3	1.7
金融业	1473.32	104.9	11.5
房地产业	813.11	97.9	6.3
其他服务业	3517.05	114.7	27.5
附：按户籍平均人口计算的人均地区生产总值（元）	186125	105.2	
按常住平均人口计算的人均地区生产总值（元）	152886	106.9	

表2—2 主要年份地区生产总值

计量单位：亿元

年 份	地区生产总值	第一产业	第二产业	#工业	第三产业	人均地区生产总值（元）（按户籍人口计算）	人均地区生产总值（元）（按常住人口计算）
1990	176.52	17.26	96.03	87.40	63.23	3538	—
1994	472.17	34.85	248.26	227.99	189.06	9142	—
1995	584.59	44.97	297.46	258.38	242.16	11242	—
1996	682.78	45.93	339.49	286.12	297.36	13041	—
1997	773.78	49.85	379.86	323.13	344.07	14665	—
1998	850.24	51.72	406.18	341.89	392.34	16010	—
1999	937.89	53.53	432.86	368.44	451.5	17535	—
2000	1073.54	57.56	491.87	424.81	524.11	19838	—
2001	1218.51	61.94	544.66	469.67	611.91	22196	—
2002	1385.14	65.73	610.65	523.00	708.76	24816	—
2003	1690.77	69.51	802.24	691.99	819.02	29780	—
2004	2087.10	75.27	1014.80	880.32	997.03	36114	31557
2005	2478.26	102.00	1213.56	1057.66	1162.70	42026	36499
2006	2855.81	109.55	1377.22	1199.22	1369.04	47477	40541
2007	3381.18	115.28	1628.65	1433.65	1637.25	55230	46306
2008	3859.57	119.40	1797.66	1558.58	1942.51	62169	51454
2009	4287.25	129.18	1960.60	1670.47	2197.47	68365	56035
2010	5198.20	142.29	2363.42	2040.77	2692.49	82368	66132
2011	6230.20	164.27	2807.11	2436.78	3258.82	98208	77314
2012	7306.54	185.06	3229.67	2807.35	3891.81	114627	89816
2013	8199.49	195.29	3527.33	3062.56	4476.87	127960	100307
2014	8956.05	214.25	3696.34	3192.01	5045.46	138659	109194
2015	9861.56	232.40	3983.05	3461.54	5646.11	151469	119883
2016	10662.28	252.54	4191.29	3655.69	6218.45	162017	129194
2017	11715.10	263.01	4454.87	3853.39	6997.22	171563	141103
2018	12820.40	273.42	4721.61	4055.14	7825.37	186125	152886

注：1、本表数据均为现价，2010年为年报调整数据，2013年为经济普查调整数据。
2、地区生产总值2004年开始为研发支出资本化（加入R&D增加值）数据。

表 2—3 主要年份地区生产总值发展速度

计量单位：%

年 份	地区生产总值	第一产业	第二产业	#工业	第三产业	人均地区生产总值（按户籍人口计算）	人均地区生产总值（按常住人口计算）
1990	109.2	97.2	105.1	111.8	121.8	107.7	—
1994	115.6	98.6	119.2	120.6	112.8	114.7	—
1995	112.4	115.6	113.0	108.7	110.8	111.6	—
1996	113.0	108.9	113.6	111.1	112.8	112.2	—
1997	113.3	109.6	113.3	113.9	114.1	112.4	—
1998	111.8	104.5	111.9	111.3	112.6	111.1	—
1999	110.6	107.4	109.7	111.0	112.6	109.8	—
2000	112.3	108.1	112.1	112.8	113.1	111.0	—
2001	111.1	108.3	109.0	108.1	113.8	109.5	—
2002	112.8	106.8	112.3	111.2	114.0	110.9	—
2003	115.0	105.1	118.7	118.4	112.5	113.1	—
2004	117.3	105.9	120.7	123.0	114.9	115.2	—
2005	115.1	102.7	117.9	118.0	113.4	112.8	112.1
2006	115.1	104.0	115.4	115.9	115.7	112.9	111.0
2007	115.7	103.6	115.9	117.6	116.4	113.7	111.6
2008	112.1	102.7	109.6	109.9	115.3	110.5	109.1
2009	111.5	104.1	110.1	109.3	113.5	110.4	109.4
2010	113.1	104.1	113.6	114.4	113.0	112.4	110.1
2011	112.0	104.1	112.3	112.9	112.3	111.5	109.3
2012	111.7	104.9	111.9	111.0	111.8	111.2	110.7
2013	111.0	103.4	111.1	111.1	111.3	110.6	110.6
2014	110.1	103.3	108.8	109.3	111.5	109.2	109.7
2015	109.3	103.4	107.3	108.0	111.3	108.4	109.0
2016	108.0	101.1	105.3	104.8	110.3	107.0	107.8
2017	108.1	101.2	105.1	106.0	110.3	105.9	107.4
2018	108.0	100.6	106.5	107.3	109.1	105.2	106.9

主要统计指标解释

地区生产总值 是按市场价格计算的地区生产总值的简称。它是一个国家（地区）所有常住单位在一定时期内生产活动的最终成果。地区生产总值有三种表现形态，即价值形态、收入形态和产品形态。从价值形态看，它是所有常住单位在一定时期内所生产的全部货物和服务价值超过同期投入的全部非固定资产货物和服务价值的差额，即所有常住单位的增加值之和；从收入形态看，它是所有常住单位在一定时期内所创造并分配给常住单位和非常住单位的初次分配收入之和；从产品形态看，它是最终使用的货物和服务减去进口货物和服务。在实际核算中，地区生产总值的三种表现形态表现为三种计算方法，即生产法、收入法和支出法。三种方法分别从不同的方面反映地区生产总值及其构成。

支出法地区生产总值 指一个国家（地区）所有常住单位在一定时期内用于最终消费、资本形成总额，以及货物和服务的净出口总额，它反映本期生产的地区生产总值的使用及构成。

最终消费 指常住单位在一定时期内对于货物和服务的全部最终消费支出，也就是常住单位为满足物质、文化和精神生活的需要，从本国经济领土和国外购买的货物和服务的支出；不包括非常住单位在本国经济领土内的消费支出。最终消费分为居民消费和政府消费。

居民消费 指常住住户对货物和服务的全部最终消费支出。居民消费按市场价格计算，即按居民支付的购买者价格计算。购买者价格是购买者取得货物所支付的价格，包括购买者支付的运输和商业费用。居民消费除了直接以货币形式购买货物和服务的消费之外，还包括以其他方式获得的货物和服务的消费支出，即所谓的虚拟消费支出。居民虚拟消费支出包括以下几种类型：单位以实物报酬及实物转移的形式提供给劳动者的货物和服务；住户生产并由本住户消费了的货物和服务，其中的服务仅指住户的自有住房服务；金融机构提供的金融媒介服务；保险公司提供的保险服务。

政府消费 指政府部门为全社会提供公共服务的消费支出和免费或以较低价格向住户提供的货物和服务的净支出。前者等于政府服务的产出价值减去政府单位所获得的经营收入的价值，政府服务的产出价值等于它的经常性业务支出加上固定资产折旧；后者等于政府部门免费或以较低价格向住户提供的货物和服务的市场价值减去向住户收取的价值。

资本形成总额 指常住单位在一定时期内获得的减去处置的固定资产加存货的变动，包括固定资本形成总额和存货增加。

固定资本形成总额 指常住单位购置、转入和自产自用的固定资产，扣除固定资产的销售和转出后的价值，分有形固定资产形成总额和无形固定资产形成总额。有形固定资产形成总额包括一定时期内完成的建筑工程、安装工程和设备工器具购置（减处置）价值，以及土地改良、新增役、种、奶、毛、娱乐用牲畜和新增经济林木价值。无形固定资产形成总额包括矿藏的勘探、计算机软件、娱乐和文学艺术品原件等获得减处置。

存货增加 指常住单位存货实物量变动的市场价值，即期末价值减期初价值的差额。存货增加可以是正值，也可以是负值；正值表示存货上升，负值表示存货下降。它包括生产单位购进的原材料、燃料和储备物资等存货，以及生产单位生产的产成品、在制品等存货等。

货物和服务净出口 指货物和服务出口减货物和服务进口的差额。出口包括常住单位向非常住单位出售或无偿转让的各种货物和服务的价值；进口包括常住单位从非常住单位购买或无偿得到的各种货物和服务的价值。由于服务活动的提供与使用同时发生，因此服务的进出口业务并不发生出入境现象，一般把常住单位从国外得到的服务作为进口，非常住单位从本国得到的服务作为出口。货物的出口和进口都按离岸价格计算。

（三）人口和就业

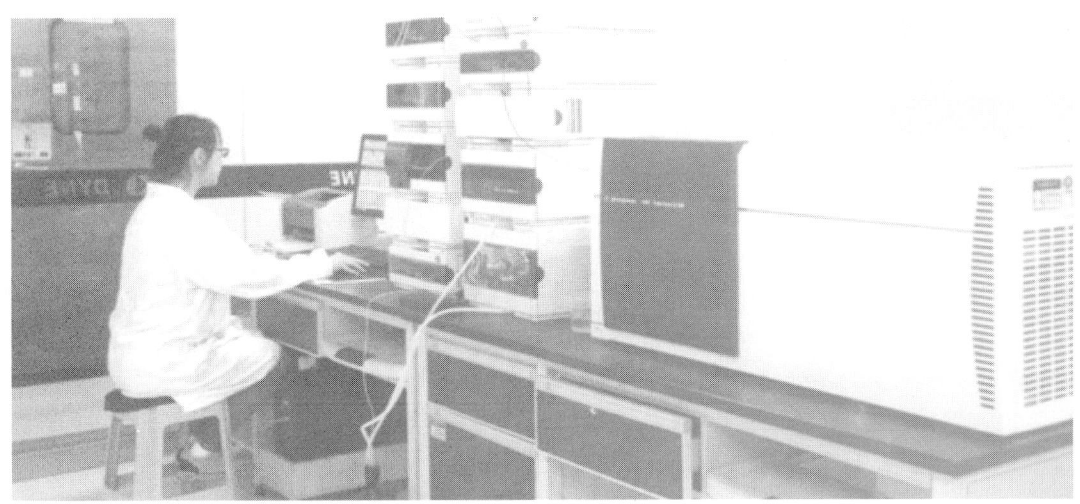

CHAPTER 3
POPULATION AND EMPLOYMENT

2019' NANJING STATISTICAL YEARBOOK 2019' NANJING STATISTICAL YEARBOOK 2019' NANJING STATISTICAL YEARBOOK 2019' NANJING STATISTICAL YEARBOOK

表3—1　人口主要指标

指　　标	2018年	2017年	2018年为上年%
一、户籍人口情况			
总户数（户）	2464426	2388840	103.2
总人口（人）	6969405	6806663	102.4
按性别分：			
男（人）	3468506	3392704	102.2
女（人）	3500899	3413959	102.5
性别比（以女性为100）	99.07	99.38	99.7
迁入人口（人）	176758	195915	90.2
迁出人口（人）	50279	63527	79.1
出生人口（人）	78750	90768	86.8
出生率（‰）	11.43	13.51	—
死亡人口（人）	41507	44362	93.6
死亡率（‰）	6.03	6.60	—
自然增长人口（人）	37243	46406	80.3
自然增长率（‰）	5.40	6.91	—
二、全市常住人口（万人）	843.62	833.50	101.2

注：本表户籍资料根据市公安局提供的户籍数据编制。

表 3—2　结婚及离婚登记情况

指　　标	2018 年	2017 年
结婚登记（对）	77230	78819
内地居民登记结婚初婚人数（人）	92697	95978
内地居民登记结婚再婚人数（人）	61763	61660
内地居民恢复结婚人数（人）	16107	17647
离婚登记（对）	48312	54343

注：本表根据市民政局提供的资料编制。

表 3—3　收养登记情况

计量单位：人

指　　标	2018 年	2017 年
一、收养人合计	58	130
二、被收养人情况	58	130
1、社会福利机构抚养的孤儿	57	82
2、社会福利机构抚养的弃婴		
3、社会弃婴		
4、父母无力抚养的儿童		
5、其他		

注：本表数据不含省属口径，由市民政局提供。

表 3—4　全市城镇非私营单位从业人员情况（2018 年）

计量单位：人

指　　标	单位从业人员	其 中		
		女性从业人员	在岗职工	其他从业人员
全　　市	2191563	770868	2004903	186660
按登记注册类型分组				
国有单位	420095	191714	397505	22590
城镇集体单位	18811	10070	17021	1790
其他单位	1752657	569084	1590377	162280
内资	1383810	400589	1234255	149555
港、澳、台商投资	109304	51519	103816	5488
外商投资	259543	116976	252306	7237
按国民经济行业分组				
农、林、牧、渔业	107	21	97	10
采矿业	2136	528	2093	43
制造业	444778	152910	437367	7411
电力、热力、燃气及水生产和供应业	15924	4614	15817	107
建筑业	470885	40686	388258	82627
批发和零售业	159581	91583	154575	5006
交通运输、仓储和邮政业	126779	30694	121755	5024
住宿和餐饮业	54147	33187	46697	7450
信息传输、软件和信息技术服务业	186841	65067	184327	2514
金融业	70504	37509	68415	2089
房地产业	80318	36222	74900	5418
租赁和商务服务业	101428	49063	61352	40076
科学研究和技术服务业	78945	23188	75701	3244
水利、环境和公共设施管理业	19464	7750	17907	1557
居民服务、修理和其他服务业	7672	2796	7537	135
教育	162621	92365	151367	11254
卫生和社会工作	79299	55388	72476	6823
文化、体育和娱乐业	27086	13487	25678	1408
公共管理、社会保障和社会组织	103048	33810	98584	4464

表3—5 全市城镇非私营单位分行业从业人数及构成（2018年）

计量单位：人

指标	全市	国有单位	城镇集体单位	其他类型单位
总计	2191563	420095	18811	1752657
按单位属性分组				
企业	1836502	93924	10014	1732564
事业	251372	226180	8496	16696
机关	95848	95575	40	233
民间非营利组织	3400	385	93	2922
其他	4441	4031	168	242
按国民经济行业分组				
农、林、牧、渔业	107	48	10	49
农业	17	17		
林业	68	19		49
畜牧业				
渔业	7	7		
农、林、牧、渔服务业	15	5	10	
采矿业	2136			2136
制造业	444778	7993	1994	434791
电力、热力、燃气及水生产和供应业	15924	4401	131	11392
电力、热力生产和供应业	7760	4259		3501
燃气生产和供应业	2606		13	2593
水的生产和供应业	5558	142	118	5298
建筑业	470885	2088	1123	467674
房屋建筑业	311289	1074	112	310103
土木工程建筑业	92498	775		91723
建筑安装业	41079	192	42	40845
建筑装饰和其他建筑业	26019	47	969	25003

表 3—5　全市城镇非私营单位分行业从业人数及构成（2018 年）（续表 1）

计量单位：人

指　　标	全　市	国有单位	城镇集体单位	其他类型单位
批发和零售业	159581	3031	1172	155378
批发业	69716	1823	253	67640
零售业	89865	1208	919	87738
交通运输、仓储和邮政业	126779	24526	647	101606
铁路运输业	18411	12011	207	6193
道路运输业	58513	6599	140	51774
水上运输业	19069	368		18701
航空运输业	10367	422		9945
管道运输业	705			705
装卸搬运和运输代理业	4232	84	11	4137
仓储业	5110	152	289	4669
邮政业	10372	4890		5482
住宿和餐饮业	54147	4419	321	49407
住宿业	20094	3391	312	16391
餐饮业	34053	1028	9	33016
信息传输、软件和信息技术服务业	186841	1141		185700
电信、广播电视和卫星传输服务	70089	869		69220
互联网和相关服务	51454	59		51395
软件和信息技术服务业	65298	213		65085
金融业	70504	20397	887	49220
货币金融服务	36665	16716	887	19062
资本市场服务	4022	27		3995
保险业	29756	3654		26102
其他金融业	61			61

表 3—5 全市城镇非私营单位分行业从业人数及构成（2018 年）（续表 2）

计量单位：人

指　　标	全　市	国有单位	城镇集体单位	其他类型单位
房地产业	80318	1643	136	78539
房地产开发经营	16828	773		16055
物业管理	59168	685	30	58453
房地产中介服务	2929	3	8	2918
租赁和商务服务业	1331	140	98	1093
租赁业	101428	13564	1578	86286
商务服务业	3363		17	3346
科学研究和技术服务业	98065	13564	1561	82940
研究和试验发展	78945	20916	274	57755
专业技术服务业	16664	11441		5223
科技推广和应用服务业	55586	8090	197	47299
水利、环境和公共设施管理业	6695	1385	77	5233
水利管理业	19464	5515	1363	12586
生态保护和环境治理业	1444	1381	31	32
公共设施管理业	313	213		100
居民服务、修理和其他服务业	16576	3401	1228	11947
居民服务业	1131	520	104	507
机动车、电子产品和日用产品修理业	7672	787	392	6493
其他服务业	1349	526	225	598
教育	4454	14	43	4397
初等教育	1869	247	124	1498
中等教育	162621	133461	4828	24332
高等教育	12092	8274	1587	2231
卫生和社会工作	26989	24244	1214	1531

表 3—5　全市城镇非私营单位分行业从业人数及构成（2018 年）（续表 3）

计量单位：人

指　　标	全　市	国有单位	城镇集体单位	其他类型单位
卫生	77592	61395	3580	12617
社会工作	1707	1371	63	273
文化、体育和娱乐业	27086	10629	245	16212
新闻和出版业	6635	1308		5327
广播、电视、电影和影视录音制作业	8989	4312	8	4669
文化艺术业	6463	3253	31	3179
体育	2579	1503	206	870
娱乐业	2420	253		2167
公共管理、社会保障和社会组织	103048	102770	67	211
中国共产党机关	3487	3487		
国家机构	97469	97229	29	211
人民政协、民主党派	549	549		
社会保障	658	629	29	
群众社团、社会团体和其他成员组织	885	876	9	

表3—6 主要年份户籍人口数及自然变动情况

年 份	年末户籍总人口（万人）	按农业、非农业分		按性别分		出生率（‰）	死亡率（‰）	自然增长率（‰）
		非农业人口	农业人口	男	女			
1949	256.70	102.02	154.68	136.68	120.02	30.45	17.36	13.09
1950	256.70	101.05	155.65	135.53	121.17	31.20	15.56	15.64
1952	256.18	96.99	159.19	133.82	122.36	34.40	14.57	19.83
1955	280.34	115.25	165.09	147.57	132.77	32.78	12.84	19.94
1957	304.85	133.83	171.02	160.03	144.82	42.75	9.60	33.15
1960	322.59	159.53	163.06	171.34	151.25	20.68	20.45	0.23
1962	322.55	149.10	173.45	166.56	155.99	36.87	8.27	28.60
1965	345.29	153.25	192.04	178.28	167.01	32.07	6.49	25.58
1970	360.53	132.47	228.06	185.69	174.84	26.04	5.28	20.76
1975	392.99	145.62	247.37	203.54	189.45	15.23	5.70	9.53
1978	412.38	156.37	256.01	213.65	198.73	14.50	5.66	8.84
1980	435.87	183.33	252.54	225.11	210.76	13.91	5.83	8.08
1985	465.77	226.70	239.07	241.64	224.13	10.16	5.60	4.56
1990	501.82	236.22	265.60	260.08	241.74	14.77	5.59	9.18
1995	521.72	259.04	262.68	270.77	250.95	8.56	5.94	2.62
1997	529.82	270.11	259.71	274.28	255.54	8.01	5.85	2.16
1998	532.31	276.23	256.08	275.41	256.90	7.12	6.12	1.00
1999	537.44	287.03	250.41	278.14	259.30	7.54	5.53	2.01
2000	544.89	309.52	235.37	281.66	263.23	10.17	7.69	2. 48
2002	563.28	339.35	223.93	291.34	271.94	7.11	5.47	1.64
2005	595.80	—	—	305.25	290.55	7.69	5.35	2.34
2007	617.17	—	—	314.70	302.47	8.40	5.56	2.84
2008	624.46	—	—	317.38	307.08	8.11	5.60	2.51
2009	629.77	—	—	319.16	310.61	7.87	5.69	2.18
2010	632.42	—	—	319.65	312.77	9.09	7.87	1.22
2011	636.36	—	—	320.90	315.46	9.19	5.50	3.69
2012	638.48	—	—	321.39	317.09	10.29	6.88	3.41
2013	643.09	—	—	322.90	320.19	9.98	5.77	4.21
2014	648.72	—	—	325.04	323.68	11.04	5.84	5.20
2015	653.40	—	—	326.78	326.62	10.35	6.21	4.14
2016	662.79	—	—	330.86	331.93	12.21	5.65	6.56
2017	680.67	—	—	339.27	341.40	13.51	6.60	6.91
2018	696.94	—	—	346.85	350.09	11.43	6.03	5.40

注：从2002年开始出生率、死亡率、自然增长率改为公安数据。

表 3—7　2000 年以来常住人口、城镇化率和城镇登记失业率

年　份	常住人口（万人）	常住人口 城镇化率%	城镇登记 失业率%
2000	614.85	—	3.11
2001	628.39	—	3.59
2002	641.99	—	4.13
2003	654.58	—	4.18
2004	668.18	—	4.03
2005	689.80	76.24	3.35
2006	719.06	76.40	3.33
2007	741.30	76.82	3.26
2008	758.89	76.95	3.16
2009	771.31	77.16	2.70
2010	800.76	78.50	2.60
2011	810.91	79.73	2.65
2012	816.10	80.23	2.69
2013	818.78	80.50	2.67
2014	821.61	80.92	2.50
2015	823.59	81.40	1.90
2016	827.00	82.00	1.88
2017	833.50	82.29	1.80
2018	843.62	82.50	1.78

主要统计指标解释

人口数 指一定时点、一定地区范围内的有生命的个人的总和。

年度统计的年末人口数指每年12月31日24时的人口数。年度统计的全国人口总数内未包括台湾省和港澳同胞以及海外华侨人数。

城镇人口和乡村人口 其定义有三种口径：

第一种口径（按行政建制） 城镇人口是指市辖区内和县辖镇的全部人口；乡村人口是指县辖乡人口。

第二种口径（按常住人口划分） 城镇人口是指设区的市的区人口和不设区的市所辖的街道人口以及不设区的市所辖镇的居民委员会人口和县辖镇的居民委员会人口，乡村人口是除上述两种人口以外的全部人口。

第三种口径 城乡人口的划分是按照国家统计局1999年发布的《关于统计上划分城乡的规定（试行）》计算的。

1952-1989年数据为第一种口径的数据，1990-1999年的数据为第二种口径的数据，2000年人口普查和2000年以后数据是按照国家统计局1999年发布的《关于统计上划分城乡的规定（试行）》计算的。

出生率（又称粗出生率） 指在一定时期内（通常为一年）一定地区的出生人数与同期内平均人数（或期中人数）之比。一般用千分率表示。

本资料中的出生率指年出生率，其计算公式为：出生率=年出生人数/年平均人数×1000

公式中：出生人数指活产婴儿，即胎儿脱离母体时（不管怀孕月数），有过呼吸或其他生命现象。年平均人数指年初、年底人口数的平均数，也可用年中人口数代替。

死亡率（又称粗死亡率） 指在一定时期内（通常为一年）一定地区的死亡人数与同期内平均人数（或期中人数）之比，一般用千分率表示。

本资料中的死亡率指年死亡率，其计算公式为：死亡率=年死亡人数/年平均人数×1000

人口自然增长率 指在一定时期内（通常为一年）人口自然增加数（出生人数减死亡人数）与该时期内平均人数（或期中人数）之比，一般用千分率表示。

计算公式为：人口自然增长率=（本年出生人数-本年死亡人数）/年平均人数×1000

常住人口 是指具有中华人民共和国国籍并在中华人民共和国境内常住的人。时间标准为半年，空间标准为乡镇街道。即只要一个人在某乡镇街道居住**半年以上，即为该地的常住人口。**

从业人员期末人数 指报告期末最后一日24时在本单位工作，并取得工资或其他形式劳动报酬的人员数。该指标为时点指标，不包括最后一日当天及以前已经与单位解除劳动合同关系的人员，是在岗职工、劳务派遣人员及其他从业人员之和。从业人员不包括：

1.离开本单位仍保留劳动关系，并定期领取生活费的人员；

2.在本单位实习的各类在校学生；

3.本单位因劳务外包而使用的人员，如：建筑业整建制使用的人员。

从业人员平均人数 指报告期内（年度、季度、月度）平均拥有的从业人员数。季度或年度平均人数按单位实际月平均人数计算得到，不得用期末人数替代。

（四）人民生活

CHAPTER 4
PEOPLE' S LIVELIHOOD

表 4—1　城镇居民家庭生活基本情况

指　　标	2018 年	2017 年	2018 年为上年%
调查户数（户）	1540	1470	104.8
平均每户家庭常住人口（人）	2.79	2.81	99.3
平均每户就业人员（人）	1.49	1.55	96.1
每一就业者负担人口（包括本人）（人）	1.87	1.81	103.3
平均每户就业面（%）	53.4	55.1	96.9
平均每人年可支配收入（元）	59308	54538	108.7
平均每人年消费支出（元）	33537	31385	106.9
人均现住房建筑面积（平方米）	40.1	39.8	100.8

表 4—2　城镇居民家庭全年人均可支配收入

计量单位：元

指　　标	2018 年	2017 年	2018 年为上年%	各项收入占可支配收入比重%	
				2018 年	2017 年
可支配收入	59308	54538	108.7	100	100
（一）工资性收入	36749	33761	108.9	62.0	61.9
（二）经营净收入	6355	5877	108.1	10.7	10.8
（三）财产净收入	6528	5976	109.2	11.0	10.9
（四）转移净收入	9677	8924	108.4	16.3	16.4

注：城镇居民人均可支配收入按照五等份分组，低收入组为 29732 元、中等偏下收入组为 43193 元、中等收入组为 54531 元、中等偏上收入组为 69856 元、高收入组为 111997 元。

表4—3　城镇居民家庭全年人均消费支出

计量单位：元

指　　标	2018年	2017年	2018年为上年%	各项费用占消费支出比重（%）	
				2018年	2017年
消费支出合计	33537	31385	106.9	100.0	100.0
一、食品烟酒	8489	7952	106.8	25.3	25.3
# 食品	5523	5230	105.6	16.5	16.7
烟酒	914	871	105.0	2.7	2.8
二、衣着	2379	2261	105.2	7.1	7.2
三、居住	7411	6884	107.7	22.1	21.9
四、生活用品及服务	1992	1880	106.0	5.9	6.0
五、交通通信	4151	3902	106.4	12.4	12.4
六、教育文化娱乐	6136	5752	106.7	18.3	18.3
七、医疗保健	1962	1804	108.8	5.9	5.7
八、其他用品和服务	1018	952	107.0	3.0	3.0

表 4—4　城镇居民家庭平均每百户年末耐用消费品拥有量

指　标	2018 年	2017 年
家用汽车（辆）	60.8	54.0
摩托车（辆）	9.6	19.2
助力车（辆）	68.6	61.5
洗衣机（台）	101.0	97.9
电冰箱（柜）（台）	109.1	102.6
微波炉（台）	90.6	92.9
彩色电视机（台）	162.8	167.2
其中：接入有线电视	119.6	146.9
空调（台）	249.1	221.1
热水器（台）	113.9	108.9
其中：太阳能热水器	43.4	48.1
洗碗机（台）	2.1	1.7
排油烟机（台）	92.1	90.6
固定电话（部）	30.3	63.2
移动电话（部）	240.0	233.3
其中：接入互联网	209.9	141.6
计算机（台）	106.9	108.9
其中：接入互联网	97.7	99.7
照相机（架）	31.6	59.6
中高档乐器（部）	15.2	11.9
健身器材（部）	11.9	9.4

表 4—5　农村居民家庭生活基本情况

指　　标	2018 年	2017 年	2018 年为上年%
调查户数（户）	460	380	121.1
平均每户家庭常住人口（人）	3.11	3.34	93.1
平均每户就业人员（人）	1.99	2.24	88.8
每一就业者负担人口（包括本人）（人）	1.56	1.49	104.7
平均每户就业面（%）	64.1	67.1	95.5
平均每人年可支配收入（元）	25263	23133	109.2
平均每人年消费支出（元）	18457	17155	107.6
人均现住房建筑面积（平方米）	57.6	56.9	101.2

表 4—6　农村居民家庭全年人均可支配收入

计量单位：元

指　　标	2018 年	2017 年	2018年为上年%	各项收入占可支配收入比重%	
				2018 年	2017 年
可支配收入	25263	23133	109.2	100.0	100.0
（一）工资性收入	17139	15728	109.0	67.8	68.0
（二）经营净收入	3994	3658	109.2	15.8	15.8
（三）财产净收入	1232	1125	109.5	4.9	4.9
（四）转移净收入	2898	2622	110.6	11.5	11.3

表4—7　农村居民家庭全年人均消费支出

计量单位：元

指　　标	2018年	2017年	2017年为上年%	各项费用占消费支出比重（%）	
				2018年	2017年
消费支出合计	18457	17155	107.6	100.0	100.0
一、食品烟酒	5365	4988	107.6	29.1	29.1
# 食品	2853	2638	108.2	15.5	15.4
烟酒	1314	1244	105.6	7.1	7.3
二、衣着	1003	938	106.9	5.4	5.5
三、居住	3601	3323	108.4	19.5	19.4
四、生活用品及服务	1187	1103	107.6	6.4	6.4
五、交通通信	2897	2696	107.5	15.7	15.7
六、教育文化娱乐	2793	2608	107.1	15.1	15.2
七、医疗保健	1009	928	108.7	5.5	5.4
八、其他用品和服务	602	571	105.4	3.3	3.3

表 4—8　农村居民家庭人均主要消费品购买量

指　　标	2018 年	2017 年
大米（公斤）	48.9	35.2
蔬菜和食用菌（公斤）	64.6	53.6
食用植物油（公斤）	6.8	8.7
豆类（公斤）	8.6	8.1
肉类（公斤）	33.6	25.2
禽类（公斤）	21.5	16.5
蛋类（公斤）	9.5	8.0
水产品（公斤）	17.9	15.1
糖果糕点类（公斤）	6.1	5.4
鲜瓜果（公斤）	43.8	43.0
卷烟（盒）	55.2	53.7

表4—9　农村居民家庭平均每百户年末耐用消费品拥有量

指　标	2018年	2017年
家用汽车（辆）	46.5	45.9
摩托车（辆）	34.8	56.5
助力车（辆）	107.4	99.1
洗衣机（台）	94.3	97.5
电冰箱（柜）（台）	116.7	113.0
微波炉（台）	75.2	80.3
彩色电视机（台）	163.5	175.6
其中：接入有线电视	127.6	159.0
空调（台）	189.6	164.7
热水器（台）	110.0	107.3
其中：太阳能热水器	94.3	95.0
洗碗机（台）	1.1	1.1
排油烟机（台）	65.2	62.8
固定电话（部）	18.0	58.9
移动电话（部）	259.1	271.4
其中：接入互联网	194.3	146.3
计算机（台）	70.2	73.7
其中：接入互联网	63.0	64.9
照相机（架）	6.7	23.5
中高档乐器（部）	3.7	3.5
健身器材（部）	5.2	4.6

表 4—10 全市城镇非私营单位从业人员工资总额（2018 年）

指 标	从业人员工资总额（万元）	在岗职工工资总额	其他人员工资总额	从业人员年平均人数（人）	从业人员年人均工资（元）
全 市	22912271	21906990	1005281	2159503	106100
按单位属性分组					
企业	17440189	16586534	853655	1807790	96472
事业	3641992	3517386	124606	249023	146251
机关	1737785	1714814	22970	94913	183092
民间非营利组织	24094	22625	1470	3280	73457
其他	68212	65631	2581	4497	151684
按国民经济行业分组					
农、林、牧、渔业	605	573	32	107	56533
采矿业	23722	23524	198	2168	109419
制造业	4271948	4197534	74414	449776	94979
电力、热力、燃气及水生产和供应业	213185	212497	688	15983	133382
建筑业	2698907	2272994	425912	447052	60371
批发和零售业	1386251	1352552	33699	158418	87506
交通运输、仓储和邮政业	1386291	1361603	24689	127672	108582
住宿和餐饮业	299483	283438	16045	53055	56448
信息传输、软件和信息技术服务业	2925212	2914443	10770	181774	160926
金融业	1394383	1382574	11809	69788	199803
房地产业	629818	605253	24565	78805	79921
租赁和商务服务业	617667	491435	126232	101030	61137
科学研究和技术服务业	1219936	1194111	25825	79201	154030
水利、环境和公共设施管理业	168563	160775	7788	18949	88956
居民服务、修理和其他服务业	69110	68289	822	7924	87217
教育	2185099	2102819	82281	160507	136137
卫生和社会工作	1179345	1114471	64875	77598	151981
文化、体育和娱乐业	409466	360374	49092	27467	149076
公共管理、社会保障和社会组织	1833281	1807735	25546	102229	179331

表 4—11　全市城镇非私营单位国有单位从业人员工资总额（2018 年）

指　　标	从业人员工资总额（万元）	在岗职工工资总额	其他人员工资总额	从业人员年平均人数（人）	从业人员年人均工资（元）
全　　市	6394925	6233802	161123	416149	153669
按单位属性分组					
企业	1315022	1291135	23887	92985	141423
事业	3277236	3164228	113007	224072	146258
机关	1734475	1711529	22946	94636	183279
民间非营利组织	4644	4602	42	387	119990
其他	63549	62308	1242	4069	156179
按国民经济行业分组					
农、林、牧、渔业	323	291	32	48	67333
采矿业					
制造业	90281	89788	493	7772	116162
电力、热力、燃气及水生产和供应业	65791	65558	233	4402	149457
建筑业	15006	14677	329	2108	71186
批发和零售业	30575	30156	419	3042	100509
交通运输、仓储和邮政业	326754	324530	2224	24567	133005
住宿和餐饮业	28219	26748	1471	4364	64664
信息传输、软件和信息技术服务业	14074	13977	98	1142	123242
金融业	423800	413399	10401	20185	209958
房地产业	17852	16784	1069	1661	107479
租赁和商务服务业	89690	88707	983	13328	67294
科学研究和技术服务业	385790	377551	8240	20856	184978
水利、环境和公共设施管理业	79617	78418	1199	5444	146248
居民服务、修理和其他服务业	10791	10494	297	780	138340
教育	1842043	1788833	53210	132372	139157
卫生和社会工作	976754	924461	52292	61477	158881
文化、体育和娱乐业	167328	164690	2638	10653	157071
公共管理、社会保障和社会组织	1830238	1804741	25496	101948	179527

表 4—12　全市城镇非私营单位集体单位从业人员工资总额（2018 年）

指　　标	从业人员工资总额（万元）	在岗职工工资总额	其他人员工资总额	从业人员年平均人数（人）	从业人员年人均工资（元）
全　　市	191523	180967	10556	18670	102583
按单位属性分组					
企业	82043	78404	3639	9941	82530
事业	106707	100938	5769	8449	126295
机关	263	263		40	65800
民间非营利组织	609	598	12	92	66217
其他	1901	764	1136	148	128419
按国民经济行业分组					
农、林、牧、渔业	86	86		10	85700
采矿业					
制造业	9927	9596	330	1917	51782
电力、热力、燃气及水生产和供应业	730	705	26	131	55756
建筑业	7265	6699	567	968	75055
批发和零售业	8596	8436	161	1168	73598
交通运输、仓储和邮政业	5944	5456	488	709	83829
住宿和餐饮业	2019	1896	123	358	56388
信息传输、软件和信息技术服务业					
金融业	14918	14731	187	885	168569
房地产业	729	726	2	135	53970
租赁和商务服务业	12787	12228	560	1569	81499
科学研究和技术服务业	2794	2773	21	278	100504
水利、环境和公共设施管理业	9544	8216	1328	1364	69970
居民服务、修理和其他服务业	2724	2665	60	396	68795
教育	67027	66270	757	4828	138830
卫生和社会工作	41711	36164	5548	3569	116871
文化、体育和娱乐业	4005	3630	375	319	125549
公共管理、社会保障和社会组织	717	691	26	66	108576

表 4—13　全市城镇非私营单位其他各种类型单位从业人员工资总额（2018 年）

指　　标	从业人员工资总额（万元）	在岗职工工资总额	其他人员工资总额	从业人员年平均人数（人）	从业人员年人均工资（元）
全　　市	16325824	15492222	833602	1724684	94660
按单位属性分组					
企业	16043124	15216995	826129	1704864	94102
事业	258050	252220	5830	16502	156375
机关	3047	3022	25	237	128544
民间非营利组织	18841	17425	1416	2801	67266
其他	2762	2559	203	280	98654
按国民经济行业分组					
农、林、牧、渔业	196	196		49	40000
采矿业	23722	23524	198	2168	109419
制造业	4171740	4098149	73591	440087	94794
电力、热力、燃气及水生产和供应业	146664	146234	429	11450	128091
建筑业	2676635	2251618	425017	443976	60288
批发和零售业	1347080	1313960	33120	154208	87355
交通运输、仓储和邮政业	1053593	1031616	21977	102396	102894
住宿和餐饮业	269245	254795	14450	48333	55706
信息传输、软件和信息技术服务业	2911138	2900466	10672	180632	161164
金融业	955665	954444	1221	48718	196163
房地产业	611237	587743	23494	77009	79372
租赁和商务服务业	515190	390501	124690	86133	59813
科学研究和技术服务业	831352	813788	17564	58067	143171
水利、环境和公共设施管理业	79402	74141	5260	12141	65399
居民服务、修理和其他服务业	55596	55131	465	6748	82388
教育	276029	247715	28314	23307	118432
卫生和社会工作	160880	153845	7035	12332	128171
文化、体育和娱乐业	238133	192053	46080	16495	144367
公共管理、社会保障和社会组织	2327	2302	25	215	108223

表4—14 全市城镇非私营单位在岗职工工资总额及平均工资（2018年）

指　　标	在岗职工工资总额（万元）	在岗职工年平均人数（人）	在岗职工年人均工资（元）
全　　市	21906990	1972347	111071
按登记注册类型分组			
国有单位	6233802	393592	158382
城镇集体单位	180967	16806	107680
其他单位	15492222	1561949	99185
内资	11937103	1204102	99137
港、澳、台商投资	1068246	102449	104271
外商投资	2486874	255398	97372
按单位属性分组			
企业	15216995	1543188	98608
事业	252220	15899	158639
机关	3022	225	134311
民间非营利组织	17425	2401	72575
其他	2559	236	108436
按国民经济行业分组			
农、林、牧、渔业	573	97	59021
采矿业	23524	2048	111015
制造业	4197534	399163	95084
电力、热力、燃气及水生产和供应业	212497	15132	133890
建筑业	2272994	295016	62182
批发和零售业	1352552	135030	88275
交通运输、仓储和邮政业	1361603	106623	111317
住宿和餐饮业	283438	41127	62365
信息传输、软件和信息技术服务业	2914443	175066	162653
金融业	1382574	66424	204260
房地产业	605253	69205	82545
租赁和商务服务业	491435	44826	80415
科学研究和技术服务业	1194111	69973	157360
水利、环境和公共设施管理业	160775	15474	92447
居民服务、修理和其他服务业	68289	6772	87707
教育	2102819	135288	140783
卫生和社会工作	1114471	65357	157240
文化、体育和娱乐业	360374	24259	139550
公共管理、社会保障和社会组织	1807735	82496	184747

表 4—15　城镇非私营单位主要年份在岗职工工资总额及平均工资

年　份	工资总额（万元）	#国有经济单位	#城镇集体经济单位	平均工资（元）	#国有经济单位	#城镇集体经济单位
1955	10448	10448	—	571	571	—
1960	23800	23800	—	548	548	—
1965	23054	23054	—	646	646	—
1970	23164	23164	—	582	582	—
1975	40954	30648	10306	546	587	452
1978	54649	41693	12956	560	615	441
1980	80362	58272	22090	730	785	616
1985	156556	104749	40143	1131	1193	996
1990	334781	253640	74359	2349	2514	1917
1995	1043754	800055	162415	7016	7589	5024
1997	1280823	1004362	166228	8847	9516	6004
1998	1343146	1016523	164861	9449	10059	6134
1999	1440432	941202	144030	10295	10779	6324
2000	1576409	1027036	134553	11897	12512	6815
2005	2716059	1482115	87548	25215	27922	12783
2007	3439839	1838467	99769	31905	36721	16620
2008	4076177	2209308	120106	36092	44880	20134
2009	4894546	2571369	142014	40134	50486	23225
2010	5703903	2897621	151423	45444	57373	26855
2011	7240564	3364479	154763	54713	67976	37105
2012	8456679	3847272	197582	60404	74560	43474
2013	13443124	3562962	157893	66381	81781	53890
2014	14998353	4114922	167717	72818	88295	61369
2015	16122677	4580666	154756	81075	95963	69103
2016	17231399	5284333	154917	90191	111820	76037
2017	18978397	5879289	154231	101503	129986	86052
2018	21906990	6233802	180967	111071	158382	107680

注：2012 年开始，城镇非私营单位离岗职工（离开本单位仍保留劳动关系，并定期领取生活费的人员）不包括在从业人员统计中，故原职工工资统计口径由原“在岗+离岗”改为“在岗+劳务派遣”。

表4—16　主要年份人民生活主要指标

计量单位：元

年　　份	城市居民人均可支配收入	农村居民人均可支配收入
1952	—	—
1957	—	—
1962	—	—
1965	—	—
1970	—	—
1975	—	—
1978	—	—
1979	—	—
1980	487	—
1985	823	530
1990	1591	970
1995	4996	2471
1997	6497	3533
1998	7018	3724
1999	7694	3862
2000	8233	4062
2002	9157	4579
2005	14997	6225
2007	20317	8020
2008	23123	8951
2009	25504	9858
2010	28312	11128
2011	32200	13108
2012	36322	14786
2013	39881	16531
2014	42568	17661
2015	46104	19483
2016	49997	21156
2017	54538	23133
2018	59308	25263

注：从2014年起“农村居民人均纯收入”改为“农村居民人均可支配收入”。

表 4—16　主要年份人民生活主要指标（续）

计量单位：元、平方米

年份	城乡居民人均消费支出		城乡居民人均现住房建筑面积	
	城镇	农村	城镇	农村
2000	7047	2498		33.75
2001	7326	2518		35.10
2002	7323	2590	20.01	35.61
2003	7725	3153	22.11	37.08
2004	8350	3619	21.61	37.63
2005	10704	4376	24.30	42.90
2006	12234	5512	25.21	44.69
2007	13278	6180	26.08	45.94
2008	15133	7033	26.91	47.07
2009	16339	7588	27.04	48.85
2010	18156	9956	27.44	49.94
2011	20763	8477	29.10	58.10
2012	23493	11114	29.61	58.10
2013	24129	12392	30.20	54.60
2014	25855	12818	36.30	55.40
2015	27794	14041	36.50	56.20
2016	29772	15773	36.70	56.60
2017	31385	17133	39.80	56.90
2018	33537	18457	40.10	57.60

主要统计指标解释

可支配收入 指调查户在调查期内获得的，可用于最终消费支出和储蓄的总和，即调查户可以用来自由支配的收入。可支配收入既包括现金，也包括实物收入。按照收入的来源，可支配收入包含四项，分别为：工资性收入、经营净收入、财产净收入和转移净收入。可以根据调查对象范围的不同，分为全体居民可支配收入、城镇居民可支配收入和农村居民可支配收入。

消费支出 指住户用于满足家庭日常生活消费需要的全部支出,包括用于消费品的支出和用于服务性消费的支出。根据用途不同，消费支出可划分为食品烟酒、衣着、居住、生活用品及服务、交通通信、 教育文化娱乐、医疗保健、其他用品及服务八大类。可以根据调查对象范围的不同，分为全体居民消费支出、城镇居民消费支出和农村居民消费支出。

城乡居民储蓄存款余额 指某一时点城乡居民存入银行及农村信用社的储蓄金额，包括城镇居民储蓄存款和农民个人储蓄存款，不包括居民的手存现金和工矿企业、部队、机关、团体等单位存款。

从业人员工资总额 根据《关于工资总额组成的规定》（1990 年 1 月 1 日国家统计局一号令）进行修订，本单位在报告期内（季度或年报）直接支付给本单位全部从业人员的劳动报酬总额。工资总额包括计时工资、计件工资、奖金、津贴和补贴、加班加点工资、特殊情况下支付的工资，是在岗职工工资总额、劳务派遣人员工资总额和其他从业人员工资总额之和。

工资总额是税前工资，包括单位从个人工资中直接为其代扣或代缴的房费、水费、电费、住房公积金和社会保险基金个人缴纳的部分等。

工资总额不论是计入成本的还是不计入成本的，不论是以货币形式支付的还是以实物形式支付的，均应列入工资总额的计算范围。

从业人员平均工资 指平均每人所得的工资额。指本单位从业人员在报告期内平均每人所得的工资额。

计算公式为：从业人员平均工资＝报告期从业人员工资总额÷报告期从业人员平均人数

（五）价格指数

CHAPTER 5 PRICE INDICES

表5—1　工业生产者出厂价格指数

指　　标	2018年 （以上年价格为100）	2017年 （以上年价格为100）
总指数	102.5	103.4
# 轻工业	99.7	101.2
重工业	103.2	103.9
# 生产资料	103.8	105.1
生活资料	99.2	98.8
按工业行业大类分		
黑色金属矿采选业	102.9	117.1
有色金属矿采选业	108.3	149.0
非金属矿采选业	99.3	95.5
农副食品加工业	97.2	99.8
食品制造业	100.2	99.8
酒、饮料和精制茶制造业	98.6	105.1
烟草制品业	100.0	100.0
纺织业	98.7	100.4
纺织服装、服饰业	102.5	102.8
皮革、毛皮、羽毛及其制品和制鞋业	103.5	103.2
木材加工和木、竹、藤、棕、草制品业	100.3	100.9
家具制造业	99.6	100.3
造纸和纸制品业	99.8	101.2
印刷和记录媒介复制业	97.8	97.6
文教、工美、体育和娱乐用品制造业	101.3	101.8
石油加工、炼焦和核燃料加工业	119.8	112.3

表5—1　工业生产者出厂价格指数（续表）

指　　标	2018年（以上年价格为100）	2017年（以上年价格为100）
化学原料和化学制品制造业	108.3	105.3
医药制造业	99.7	96.7
化学纤维制造业	96.5	106.0
橡胶和塑料制品业	100.2	102.9
非金属矿物制品业	114.1	108.7
黑色金属冶炼和压延加工业	112.0	124.6
有色金属冶炼和压延加工业	109.8	112.0
金属制品业	105.9	100.0
通用设备制造业	98.4	96.9
专用设备制造业	101.4	99.2
汽车制造业	98.9	97.4
铁路、船舶、航空航天和其他运输设备制造业	97.2	101.9
电气机械和器材制造业	99.3	99.3
计算机、通信和其他电子设备制造业	92.0	101.1
仪器仪表制造业	99.6	101.0
废弃资源综合利用业	102.3	101.5
金属制品、机械和设备修理业	100.0	100.0
电力、热力生产和供应业	101.4	100.0
燃气生产和供应业	113.1	102.8
水的生产和供应业	99.7	99.8

表5—2　居民消费价格指数

指　　标	2018年（以上年价格为100）	2017年（以上年价格为100）
居民消费价格总指数	102.4	101.9
一、食品烟酒	103.6	102.2
粮　　食	101.3	100.9
鲜　　菜	112.6	93.7
畜　　肉	98.1	96.2
水 产 品	101.8	105.5
蛋	116.3	96.6
鲜　　果	106.5	109.0
二、衣着	101.7	101.1
三、居住	102.4	102.4
四、生活用品及服务	104.6	102.4
五、交通和通信	101.3	101.1
六、教育文化和娱乐	101.6	102.3
七、医疗保健	100.9	100.5
八、其他用品和服务	102.0	101.8

表 5—3 商品零售价格指数

指 标	2018 年（以上年价格为 100）	2017 年（以上年价格为 100）
商品零售价格总指数	102.8	101.6
一、食品	104.0	101.7
粮 食	101.4	100.9
鲜 菜	112.6	93.7
畜 肉	97.6	96.0
水 产 品	101.6	105.5
蛋	116.3	96.6
鲜 果	106.5	109.0
二、饮料、烟酒	102.2	102.4
三、服装、鞋帽	101.6	101.1
四、纺织品	105.5	94.8
五、家用电器及音像器材	99.9	102.2
六、文化办公用品	102.5	100.3
七、日用品	106.3	102.7
八、体育娱乐用品	105.0	104.7
九、交通、通信用品	98.2	99.3
十、家具	102.9	102.7
十一、化妆品	103.3	101.5
十二、金银珠宝	97.1	103.4
十三、中西药品及医疗保健用品	102.8	101.5
十四、书报杂志及电子出版物	105.7	99.5
十五、燃料	111.2	108.6
十六、建筑材料及五金电料	104.6	100.4

表 5—4　主要年份价格指数

（以上年价格为 100）

年　　份	城市居民消费价格指数	城市商品零售价格指数
1952	99.4	99.3
1957	102.2	102.5
1962	—	100.4
1965	—	97.3
1970	—	—
1975	99.8	99.9
1978	—	107.4
1979	101.1	101.1
1980	104.9	105.0
1985	110.1	110.5
1990	105.3	104.4
1995	115.1	111.2
1997	99.7	97.6
1998	100.0	98.2
1999	98.6	97.1
2000	100.0	99.2
2005	102.1	96.7
2007	103.7	99.9
2008	106.2	103.7
2009	100.1	98.7
2010	104.2	103.5
2011	105.4	104.2
2012	102.7	101.4
2013	102.7	101.2
2014	102.6	102.0
2015	102.0	100.6
2016	102.7	100.5
2017	101.9	101.6
2018	102.4	102.8

注：本表 1978 年前数据为国营商业牌价。

表 5—4　主要年份价格指数（续）

（以上年价格=100）

年份	工业生产者出厂价格指数	按生产生活部门分组	
		生产资料	生活资料
2003	103.7	104.7	99.3
2004	107.1	109.3	99.8
2005	101.7	102.6	98.8
2006	99.0	98.9	99.9
2007	101.6	101.8	100.3
2008	105.5	106.1	102.3
2009	90.8	89.1	100.1
2010	105.6	106.8	100.6
2011	104.3	105.0	100.9
2012	97.3	96.7	100.5
2013	97.0	96.5	99.6
2014	97.3	97.0	98.9
2015	90.5	89.1	97.1
2016	97.7	97.6	98.2
2017	103.4	105.1	98.8
2018	102.5	103.8	99.2

主要统计指标解释

工业生产者价格指数 是通过调查收集部分代表企业的代表产品的价格变动资料进行加权计算的相对数，以反映工业产品价格变动趋势和变动程度。

居民消费价格指数 是度量一组代表性消费品及服务项目价格水平随着时间而变动的相对数，反映居民家庭购买的消费品及服务价格水平的变动情况。它是宏观经济分析和决策、价格总水平监测和调控以及国民经济核算的重要指标。其按年度计算的变动率通常被用来作为反映通货膨胀（或紧缩）程度的指标。

商品零售价格指数 是反映城乡商品零售价格变动趋势的一种经济指数。零售物价的调整变动直接影响到城乡居民的生活支出和国家的财政收入，影响居民购买力和市场供需平衡，影响消费与积累的比例。因此，计算零售价格指数，可以从一个侧面对上述经济活动进行观察和分析。

（六）农业

CHAPTER 6
AGRICULTURE

表 6—1　农村组织情况和从业人员情况（2018 年）

指　　标	全　市	江北新区直管区	浦　口	栖　霞	雨花台	江　宁
一、农村基层组织情况（个）						
村委会个数	279	8	26	27		72
村民小组个数	11705	436	962	361	127	3776
二、农村人口、从业人员资源及主要行业分布						
乡村户数（万户）	62.68	2.82	5.87	2.30	0.86	14.89
乡村人口数（万人）	195.77	8.37	18.69	6.70	2.23	45.09
劳动年龄内人口数（万人）	114.46	4.84	10.86	4.03	1.55	28.30
# 劳动年龄内上学的人口数	5.78	0.25	0.72	0.22	0.14	1.42
超过劳动年龄而实际参加劳动的人数	11.52	0.36	1.13	0.46	0.13	2.51
乡村实有从业人员合计（万人）	112.68	4.67	9.19	3.92	1.44	27.74
男从业人员	60.22	2.51	4.94	2.11	0.78	14.44
女从业人员	52.46	2.16	4.25	1.81	0.66	13.30
农林牧渔业从业人员（万人）	21.46	0.60	1.65	1.16	0.11	5.03
# 种植业从业人员	16.45	0.47	1.18	1.06	0.01	4.33
工业从业人员（万人）	35.57	1.88	2.98	1.26	0.59	10.53
建筑业从业人员（万人）	23.37	0.56	1.40	0.39	0.17	4.65
交通运输业、仓储业和邮政业从业人员（万人）	6.71	0.29	0.69	0.23	0.16	1.46
信息传输、计算机服务和软件业从业人员（万人）	1.32	0.08	0.13	0.03	0.03	0.35
批发与零售业从业人员（万人）	7.90	0.35	0.83	0.25	0.14	1.69
住宿与餐饮业从业人员（万人）	4.50	0.22	0.47	0.09	0.09	0.97
金融、保险业从业人员（万人）	0.69	0.04	0.06	0.01	0.01	0.17
其他从业人员（万人）	11.16	0.65	0.98	0.50	0.14	2.89

表6—1　农村组织情况和从业人员情况（2018年）（续表）

指　　标	六　合	溧　水	高　淳
一、农村基层组织情况（个）			
村委会个数	47	39	60
村民小组个数	2450	2156	1437
二、农村人口、从业人员资源及主要行业分布			
乡村户数（万户）	13.23	10.67	12.04
乡村人口数（万人）	44.7	32.31	37.68
劳动年龄内人口数（万人）	25.8	18.12	20.96
# 劳动年龄内上学的人口数	1.12	0.93	0.98
超过劳动年龄而实际参加劳动的人数（万人）	2.55	1.72	2.66
乡村实有从业人员合计（万人）	25.78	17.9	22.04
男从业人员	13.6	10.14	11.7
女从业人员	12.18	7.76	10.34
农林牧渔业从业人员（万人）	5.18	3.68	4.05
# 种植业从业人员	4.67	2.81	1.92
工业从业人员（万人）	6.83	5.63	5.87
建筑业从业人员（万人）	5.81	3.51	6.88
交通运输业、仓储业和邮政业从业人员（万人）	1.36	1.00	1.52
信息传输、计算机服务和软件业从业人员　（万人）	0.18	0.27	0.25
批发与零售业从业人员（万人）	2.11	1.25	1.28
住宿与餐饮业从业人员（万人）	1.29	0.59	0.78
金融、保险业从业人员（万人）	0.11	0.16	0.13
其他从业人员（万人）	2.91	1.81	1.28

表6—2 农、林、牧、渔业总产值（现价）（2018年）

计量单位：万元

指　　标	合　计	农　业	林　业	牧　业	渔　业	农林牧渔服务业
全　　市	4894743	2772828	291455	333709	1230410	266341
增长（%）	0.7		7.6	-19.8	6.8	8.0
# 江北新区直管区	111169	81088	2785	13025	11327	2944
浦口区	792917	410500	84516	69681	169550	58670
栖霞区	136439	115000	1283	7170	8490	4496
雨花台区	12179	2135	9157		887	
江宁区	1149503	693436	42137	71068	297932	44930
六合区	1079997	716310	65752	77939	176143	43853
溧水区	808566	516800	47100	63000	121166	60500
高淳区	803973	237559	38725	31826	444915	50948

注：增长速度按可比价计算。

表6—3 农、林、牧、渔业增加值（现价）（2018年）

计量单位：万元

指　　标	合　计	农　业	林　业	牧　业	渔　业	农林牧渔服务业
全　　市	2884064	1749794	165722	131666	686967	149915
# 江北新区直管区	63712	51043	914	6073	3779	1903
浦口区	453619	262758	48502	26769	81335	34255
栖霞区	79123	67700	663	2950	5413	2397
雨花台区	7019	1322	5164		533	
江宁区	684117	425433	24607	28180	179786	26111
六合区	651731	465264	36535	30867	96511	22554
溧水区	475790	326400	27190	23500	64500	34200
高淳区	468953	149874	22147	13327	255110	28495

表6—4 农业机械化、农业化学化、农田水利化情况（2018年）

指　　标	计量单位	2018年
一、农业机械化情况		
农用机械总动力合计	万千瓦	231.62
柴油发动机动力	万千瓦	151.72
汽油发动机动力	万千瓦	6.75
电动机动力	万千瓦	73.15
其他机械动力	万千瓦	
（一）耕作机械		
大型及以上拖拉机	台	508
大型及以上拖拉机动力	万千瓦	3.82
中型拖拉机	台	6028
中型拖拉机动力	万千瓦	22.16
小型拖拉机	台	19242
小型拖拉机动力	万千瓦	18.88
拖拉机配套农具	部	40813
#与58.8千瓦及以上拖拉机配套	部	5546
（二）农用排灌机械		
农用水泵	万台	6.39
节水灌溉机械	套	5441
#田园管理机	台	5404
田园管理机动力	万千瓦	1.29
（三）收获机械		
联合收割机	台	2797
机动割晒机	台	
其他收获机械	台	4609
#秸秆粉碎还田机	台	4413
机动脱粒机	台	222
干燥机械	台	1038

注：本表数据来源于市农业农村局。

表 6—4 农业机械化、农业化学化、农田水利化情况（2018 年）（续表 1）

指　标	计量单位	2018 年
（四）田间管理机械		
机动植保机械	台	17074
机动植保机械动力	万千瓦	4.10
（五）林果业机械		
茶树修剪机	台	2302
果树修剪机	台	1383
（六）畜牧养殖机械	台	3959
（七）渔业机械	台	41485
（八）农副产品初加工动力机械	台	8349
农副产品初加工动力机械动力	万千瓦	11.27
# 柴油机	台	1969
柴油机动力	万千瓦	2.70
电动机	台	6383
电动机动力	万千瓦	8.58
（九）农副产品初加工作业机械	台	11010
# 粮食加工机械	台	4855
棉花加工机械	台	1642
油料加工机械	台	696
（十）其他农业机械		
农田基本建设机械	台	1405
农田基本建设机械动力	万千瓦	8.21

注：本表数据来源于市农业农村局。

表6—4 农业机械化、农业化学化、农田水利化情况（2018年）（续表2）

指　　标	计量单位	2018年
二、农业主要能源及物资消耗		
农村用电量	万千瓦小时	320800
农用化肥使用量（按折纯法计算）	吨	67124
氮肥	吨	34109
磷肥	吨	5477
钾肥	吨	4352
复合肥	吨	23186
农用塑料薄膜使用量	吨	5030
# 地膜使用量	吨	2618
地膜覆盖面积	公顷	19524
农用柴油	吨	22814
农药使用量	吨	1488
三、农田水利建设情况		
有效灌溉面积	千公顷	221.6
新增有效灌溉面积	千公顷	3.84
新增节水灌溉面积	千公顷	2.33

注：本表中有效灌溉面积、新增有效灌溉面积、新增节水灌溉面积由市水务局提供。

表6—5　农业主要产品生产情况（全社会）（2018年）

指　　标	播种面积（千公顷）	每公顷产量（公斤）	总产量（吨）
农作物总播种面积	270.06		
一、粮食作物合计	151.38	7063	1069242
（一）夏收粮食	53.94	4881	263292
1、夏收谷物	53.25	4908	261347
小麦	53.14	4911	260947
元麦			
大麦	0.11	3636	400
2、夏收豆类（蚕豌豆）	0.69	2819	1945
（二）秋收粮食	97.44	8271	805950
1、秋收谷物	91.02	8553	778515
稻谷	86.10	8670	746506
早稻			
中稻和一季晚稻	86.10	8670	746506
双季晚稻			
稻谷中：籼稻	27.78	8317	231057
粳稻	56.70	8846	501587
糯稻	1.62	8557	13862
玉米	4.85	6507	31559
谷子			
高粱	0.07	6429	450
其他谷物			
2、秋收豆类	4.29	2582	11075
大豆	4.01	2611	10470
绿豆	0.17	2221	378

表 6—5 农业主要产品生产情况（全社会）（2018 年）（续表）

指 标	播种面积（千公顷）	每公顷产量（公斤）	总产量（吨）
其他豆类	0.11	2068	228
3、秋收薯类（按五折一计算）	2.13	7681	16360
二、油料合计	13.77	2426	33404
（一）花生	1.04	2811	2923
（二）油菜籽	12.12	2414	29256
（三）芝麻	0.61	2008	1225
（四）其他油料			
三、棉花（皮棉）	1.06	1338	1418
四、麻类合计	0.24	2467	592
# 苎麻	0.24	2467	592
五、糖料合计	0.11	45955	5055
# 甘蔗	0.11	45955	5055
六、烟叶合计			
# 烤烟叶			
七、药材类合计	0.28		
八、蔬菜（含菜用瓜）	82.11	34644	2844621
九、瓜果类	6.19	32700	202415
# 西瓜	4.92	35344	173893
甜瓜	0.25	30608	7652
草莓	1.02	20461	20870
十、其他农作物	14.92		
# 青饲料	12.67		
绿肥	0.57		
附：常年种蔬菜面积	16.09		

表 6—6　茶叶、水果生产情况（2018 年）

指　　标	计量单位	2018 年
一、茶叶合计	吨	1539
红毛茶	吨	8
绿毛茶	吨	1525
白　茶	吨	
其它茶	吨	
二、园林水果	吨	170515
1、苹果	吨	
# 红富士苹果	吨	
国光苹果	吨	
2、梨	吨	26356
# 雪花梨	吨	6700
鸭梨	吨	6998
3、柑桔类	吨	2
# 柑	吨	

注：本表数据来源于市农业农村局。

表 6—6　茶叶、水果生产情况（2018 年）（续表）

指　　标	计量单位	2018 年
4、其他园林水果	吨	144157
# 桃子	吨	27491
猕猴桃	吨	414
葡萄	吨	64248
枇杷	吨	
红枣（干折鲜 1：5）	吨	
柿子（干折鲜 1：5）	吨	3496
三、年末实有茶园面积	公顷	7896
# 当年采摘面积	公顷	7634
四、年末果园面积合计	公顷	13737
# 苹果园	公顷	
梨　园	公顷	1890
柑桔园	公顷	2
桃　园	公顷	3130
猕猴桃园	公顷	83
葡萄园	公顷	3006
五、年末实有桑园面积	公顷	

注：本表数据来源于市农业农村局。

表 6—7　林业生产情况（2018 年）

指　　标	计量单位	2018 年
一、造林面积	公顷	1134
（一）按造林方式分		
1、人工造林	公顷	1134
# 新造混交林面积	公顷	177
新造灌木林面积	公顷	79
2、飞播造林	公顷	
3、无林地和疏林地新封	公顷	
（二）按经济成份分		
1、公有经济造林	公顷	558
（1）国有经济造林	公顷	307
（2）集体经济造林	公顷	251
2、非公有经济造林	公顷	576
（三）按林种用途分		
1、用材林	公顷	74
2、经济林	公顷	984
3、防护林	公顷	76
4、薪炭林	公顷	
5、特种用途林	公顷	
二、森林抚育面积（中、幼龄林抚育）	公顷	6668
三、年末实有封山（沙）育林面积	公顷	1785
四、四旁（零星）植树	万株	417.65
五、林木种苗		
1、林木种子采集量	吨	3
2、当年苗木产量	万株	12479.13
# 当年造林绿化实际用苗数量	万株	4152.94
3、育苗面积	公顷	21401
# 国有育苗面积	公顷	811

注：本表数据来源于市绿化园林局。

表6—7　林业生产情况（2018年）（续表）

指　　标	计量单位	2018年
六、竹木采伐		
1、商品材	立方米	91211
（1）原木	立方米	82360
（2）薪材	立方米	8851
按来源分：		
（1）天然林	立方米	30337
（2）人工林	立方米	60874
按生产单位分：		
（1）系统内国有企业单位生产	立方米	1320
（2）系统内国有林场、事业单位生产	立方米	12407
（3）系统外企、事业单位采伐自营林地	立方米	38317
（4）乡（镇）集体企业及单位生产	立方米	14140
（5）村及村以下各级组织和农民个人生产	立方米	25027
2、非商品材	立方米	2640
3、竹材	根	598753
# 村及村以下采伐	根	375090
七、主要林产品产量		
1、油桐籽	吨	
2、油茶籽	吨	
3、乌桕籽	吨	
4、棕　片	吨	
5、竹笋干	吨	402
6、核　桃	吨	25
7、板　栗	吨	2868
8、银杏（白果）	吨	85
9、花　椒	吨	20
10、八　角	吨	
11、松　子	吨	

注：本表数据来源于市绿化园林局。

表6—8　畜牧业主要产品生产情况（2018年）

指　　标	当年出栏头数	年末存栏头数	肉产量（吨）
一、大牲畜（万头）	0.23	0.49	407
# 从事农事劳役的			
1、牛	0.23	0.49	407
# 黄牛			
良种及改良乳牛		0.28	2
水牛	0.23	0.20	405
2、驴			
二、猪（万头）	35.32	18.06	25786
三、羊（万只）	5.35	3.03	751
1、山羊	5.35	3.03	751
2、绵羊			
四、家禽（万只）	1434.35	499.85	21515
五、兔（万只）	2.51	0.50	33

表6—8　畜牧业主要产品生产情况（2018年）（续表）

指　　标	计量单位	2018年
六、肉类总产量	吨	48586
七、奶类产量	吨	14035
# 牛奶产量	吨	14035
八、蜂蜜产量	吨	332
九、禽蛋产量	吨	33573
十、蚕茧产量	吨	

表 6—9　渔业生产情况（2018 年）

指　　标	计量单位	2018 年
水产品总产量	吨	165994
# 鱼类	吨	119195
虾蟹类	吨	40227
贝类	吨	6340
其他类	吨	232
# 内陆水域捕捞	吨	7455
内陆水域养殖	吨	158539
内陆水域养殖面积	千公顷	18.89
# 池塘养殖	千公顷	15.39
湖泊养殖	千公顷	0.01
河沟养殖	千公顷	2.35
水库养殖	千公顷	0.90
其他养殖	千公顷	0.23

注：本表数据来源于市农业农村局。

表 6—10　主要年份农林牧渔业总产值（现价）

计量单位：万元

年　份	合　计	农　业	林　业	牧　业	渔　业	农林牧渔服务业
1978	61713	48846	1013	10943	911	—
1980	77728	58761	1266	16009	1692	—
1985	154358	101895	3897	41969	6597	—
1990	308287	172537	4591	111029	20130	—
1995	764367	510727	13068	168272	72300	—
1997	942439	585783	16069	229413	111174	—
1998	979644	586628	16834	247533	128649	—
1999	989199	599064	19370	224822	145943	—
2000	1063412	616473	24033	253261	169645	—
2003	1325889	675733	18645	301214	244707	85590
2005	1553837	854544	19637	338746	293414	47496
2007	1749179	944763	22788	351247	373128	57253
2008	1940094	1051973	24505	400745	401579	61292
2009	2236617	1228116	30453	387016	477113	113919*
2010	2447531	1394403	31168	394385	506240	121335
2011	2835016	1624518	32153	470153	571982	136210
2012	3185439	1834683	33868	511676	654571	150641
2013	3513124	2052345	36620	520407	737894	165858
2014	3846279	2184996	198412	482330	798629	181912
2015	4152664	2399141	219509	461894	872752	199368
2016	4511638	2587494	242567	468297	993610	219670
2017	4706496	2689900	265918	407943	1102093	240642
2018	4894743	2772828	291455	333709	1230410	266341

注：2009 年农林牧渔服务业业产值根据第二次经济普查数据进行了调整。

表6—11 主要年份主要农产品产量

年 份	粮 食（万吨）	棉 花（吨）	油 料（吨）	麻 类（吨）	蚕 茧（吨）	园林水果（吨）
1949	37.84	836	9194	104	27	913
1950	49.53	892	10577	121	31	934
1955	72.44	2160	11024	595	118	1587
1960	45.84	656	7833	244	308	1448
1965	96.12	1825	10468	878	169	2887
1970	102.57	2360	9928	1693	565	4774
1975	120.44	2718	15841	2545	940	6492
1978	147.20	3621	21882	3593	797	5077
1980	138.01	5528	28025	2710	1095	9653
1985	173.70	4459	90542	9906	629	6802
1990	173.26	2392	96797	1727	487	8526
1995	168.57	3520	144872	1320	1127	13639
1997	182.51	4501	146179	1561	484	18530
1998	176.91	4838	106504	1631	580	18685
1999	169.77	3699	192144	1687	494	22032
2000	143.37	4461	220119	2318	536	23625
2005	96.54	5920	211685	4013	441	42495
2007	100.88	2325	124528	3841	394	68267
2008	114.43	4327	133405	2709	431	79304
2009	110.69	4016	134144	2378	119	107016
2010	110.64	4135	117697	2008	170	85273
2011	112.06	4319	104859	1659	139	99358
2012	117.50	4113	106317	1710	85	119842
2013	116.95	4217	107872	1569	85	145135
2014	114.72	4175	114711	1130	33	157721
2015	114.06	3837	108415	857	11	154459
2016	108.04	3071	74337	673	2	155916
2017	102.71	2591	62749	648		163181
2018	106.92	1418	33404	592		170515

主要统计指标解释

农林牧渔业总产值 指以货币表现的农、林、牧、渔业全部产品和对农业生产进行各种支持性服务活动的总量，它反映一定时期内农业生产总规模和总成果。从 2003 年开始农林牧渔业总产值执行新的国民经济行业分类标准，包括农业、林业、牧业、渔业、农林牧渔服务业，不再包括农民家庭兼营商品性工业。农林牧渔业总产值中的农、林、牧、渔四业的计算方法通常是按农、林、牧、渔业产品及其副产品的产量分别乘以各自单位产品价格求得，现行价格从 2003 年开始使用生产价格调查的价格； 少数生产周期较长，当年没有产品或产品产量不易统计的，则采用间接方法匡算其产值；然后将四业产品产值与农林牧渔服务业产值相加即为农林牧渔业总产值。1957 年以前的农林牧渔业总产值中包括了厩肥和农民自给性手工业（如农民自制衣服、鞋、袜，自己从事粮食初步加工等）。1958 年及以后，林业中增加了村及村以下竹木采伐产值；牧业中取消了厩肥产值；副业中取消了农民自给性手工业产值，增加了村及村以下办的工业产值；渔业中增加了海洋捕捞水产品产值。1980 年及以后，在副业中增加了农民家庭兼营工业商品部分的产值。从 1984 年起村及村以下工业产值划归工业。从 1993 年起取消副业，将野生动物的捕猎划入牧业、野生植物采集和农民家庭兼营商品性工业划归农业，从 2003 年起不再包括农民家庭兼营商品性工业产值。1996 年第一次农业普查以后，由于畜牧业产品年报数据与普[illegible]数据之间存在一定的差距，国家统计局农调总队对畜牧业年报数据与普查数据进行衔接，相应的畜牧业产值进行调整。

粮食产量 指全社会的产量。包括国有经济经营的、集体统一经营的和农民家庭经营的粮食产量，还包括工矿企业办的农场和其他生产单位的产量。粮食除包括稻谷、小麦、玉米、高粱、谷子及其他杂粮外，还包括薯类和豆类。其产量计算方法，豆类按去豆荚后的干豆计算；薯类（包括甘薯和马铃薯，不包括芋头和木薯）1963 年以前按每 4 公斤鲜薯折 1 公斤粮食计算，从 1964 年开始改为按 5 公斤鲜薯折 1 公斤粮食计算。城市郊区作为蔬菜的薯类（如马铃薯等）按鲜品计算，并且不作粮食统计。其他粮食一律按脱粒后的原粮计算。

棉花产量 指全社会的产量。包括春播棉和夏播棉。产量按皮棉计算。

油料产量 指全部油料作物的生产量。包括花生、油菜籽、芝麻、向日葵籽、胡麻籽（亚麻籽）和其他油料。不包括大豆、木本油料和野生油料。花生以带壳干花生计算。

水产品产量 指人工养殖的水产品和天然生长的水产品的捕捞量。包括海水的鱼类、虾蟹类、贝类和藻类以及内陆水域的鱼类、虾蟹类和贝类，不包括淡水水生植物。

猪、牛、羊肉产量 指当年出栏并已屠宰、除去头蹄下水后带骨肉（即胴体重）的重量。

期初（末）畜禽存栏头（只）数 指报告期初（末）农村各种合作经济组织和国营农场、农民个人、机关、团体、学校、工矿企业、部队等单位以及城镇居民饲养的大牲畜、猪、羊、家禽等畜禽的存栏数。

耕地面积 是指年初可用来种植农作物并经常进行耕种、能够正常收获的土地。包括当年实际耕种的熟地、当年新开荒地、休闲不满三年随时可以复耕的地和当年休闲地以及以种植农作物为主并附带种植桑树、茶树、果树和其他林木的土地、沿海、沿湖地区已围垦利用的“海涂”、“湖田”等面积。不包括临时种植农作物的坡度在25度以上的陡坡地、在河套、湖畔、库区临时开发的成片或零星土地，属于专业性的桑园、茶园、果园、果木苗圃、林地、芦苇地、天然或人工草地面积、也不包括已列为国家和省（区、市）退耕计划但临时耕种的土地。

农作物播种面积 指实际播种或移植有农作物的面积。凡是实际种植有农作物的面积，不论种植在耕地上还是种植在非耕地上，均包括在农作物播种面积中。在播种季节基本结束后，因遭灾而重新改种和补种的农作物面积，也包括在内。

有效灌溉面积 指具有一定的水源，地块比较平整，灌溉工程或设备已经配套，在一般年景下当年能够进行正常灌溉的耕地面积。在一般情况下，有效灌溉面积应等于灌溉工程或设备已经配备，能够进行正常灌溉的水田和水浇地面积之和。

农用化肥施用量 指本年内实际用于农业生产的化肥数量，包括氮肥、磷肥、钾肥和复合肥。化肥施用量要求按折纯量计算数量。折纯量是指把氮肥、磷肥、钾肥分别按含氮、含五氧化二磷、含氧化钾的百分之一百成份进行折算后的数量。复合肥按其所含主要成分折算。

农业机械总动力 指主要用于农、林、牧、渔业的各种动力机械的动力总和。包括耕作机械、排灌机械、收获机械、农用运输机械、植物保护机械、牧业机械、林业机械、渔业机械和其他农业机械〔内燃机按引擎马力折成瓦（特）计算、电动机按功率折成瓦（特）计算〕。不包括专门用于乡、镇、村、组办工业、基本建设、非农业运输、科学试验和教学等非农业生产方面用的动力机械与作业机械。

大中型拖拉机 指发动机额定功率在14.7千瓦（含14.7千瓦即20马力）以上的拖拉机，有链轨式和轮式两种。

小型拖拉机 指发动机额定功率在2.2千瓦（含2.2千瓦）以上，小于14.7千瓦的拖拉机，包括小四轮与手扶式。

拖拉机配套农具 指由拖拉机牵引或悬挂的田间移动作业机具，例如：机引犁、拖耕机、机引耙、播种机等农具。与大中型拖拉机配套使用的农具称为大中型拖拉机配套农具，与小型拖拉机配套使用的农具称为小型拖拉机配套农具。

农林牧渔业劳动力 指全社会直接参加农林牧渔业生产活动的劳动力。

（七）工业和能源

CHAPTER 7
INDUSTRY AND ENERGY

表 7—1　规模以上工业企业主要经济指标（2018 年）

计量单位：万元

指　　标	企业单位数（个）	#亏损企业
总　　计	2556	400
一、按经济类型分组：		
内资企业	2010	271
国有企业	11	1
集体企业	11	2
股份合作企业	3	
联营企业	2	
有限责任公司	505	92
股份有限公司	116	16
私营企业	1362	160
其他企业		
港、澳、台商投资企业	169	40
外商投资企业	377	89
二、在总计中：国有控股	216	35
三、按轻重工业分组：		
轻工业	751	122
重工业	1805	278
四、按企业规模分组：		
大型企业	88	12
中型企业	307	31
小微企业	2161	357
五、按隶属关系分组：		
中央	68	5
地方	102	23
其他	2386	372

注：规模以上工业的统计范围为“年主营业务收入 2000 万元及以上的工业企业”。

表 7—1　规模以上工业企业主要经济指标（2018 年）（续表 1）

计量单位：万元

指　　标	企业单位数（个）	# 亏损企业
六、按工业行业分组		
采矿业	3	1
煤炭开采和洗选业		
石油和天然气开采业	1	
黑色金属矿采选业		
有色金属矿采选业	2	1
非金属矿采选业		
开采专业及辅助性活动		
其他采矿业		
制造业	2507	391
农副食品加工业	47	8
食品制造业	52	6
酒、饮料和精制茶制造业	17	1
烟草制品业	1	
纺织业	19	4
纺织服装、服饰业	120	24
皮革、毛皮、羽毛及其制品和制鞋业	17	1
木材加工和木、竹、藤、棕、草制品业	10	1
家具制造业	19	3
造纸和纸制品业	26	4
印刷和记录媒介复制业	55	7
文教、工美、体育和娱乐用品制造业	56	15
石油、煤炭及其他燃料加工业	6	

表 7—1　规模以上工业企业主要经济指标（2018 年）（续表 2）

计量单位：万元

指　　标	企业单位数（个）	# 亏损企业
化学原料和化学制品制造业	176	27
医药制造业	76	11
化学纤维制造业	8	2
橡胶和塑料制品业	125	18
非金属矿物制品业	180	38
黑色金属冶炼和压延加工业	21	1
有色金属冶炼和压延加工业	43	1
金属制品业	180	23
通用设备制造业	236	36
专用设备制造业	191	20
汽车制造业	172	36
铁路、船舶、航空航天和其他运输设备制造业	78	13
电气机械和器材制造业	273	44
计算机、通信和其他电子设备制造业	186	38
仪器仪表制造业	100	8
其他制造业	4	1
废弃资源综合利用业	11	
金属制品、机械和设备修理业	2	
电力、热力、燃气及水生产和供应业	46	8
电力、热力生产和供应业	19	3
燃气生产和供应业	12	1
水的生产和供应业	15	4

表 7—1 规模以上工业企业主要经济指标（2018 年）（续表 3）

计量单位：万元

指标	资产总计	流动资产	固定资产原价	累计折旧	负债	流动负债
总计	129905475	71542364	64538991	30603342	68880348	59063603
一、按经济类型分组：						
内资企业	90314013	50438952	39993119	19381083	47976388	41656543
国有企业	1623260	869955	834557	322390	1128196	821820
集体企业	42311	34913	10692	5656	27642	27642
股份合作企业	15978	13588	6501	4400	3840	3840
联营企业	8791	6749	6165	4613	3762	3762
有限责任公司	44875256	26026614	20139594	9585020	24656765	20403818
股份有限公司	20273035	9417665	10218144	5629806	8882368	8380158
私营企业	23475382	14069468	8777466	3829198	13273815	12015503
其他企业						
港、澳、台商投资企业	11020479	5998710	5257837	1822264	6076133	4889892
外商投资企业	28570983	15104703	19288034	9399996	14827828	12517168
二、在总计中：国有控股	59901901	30266308	35528629	17954977	30721901	25529831
三、按轻重工业分组：						
轻工业	21788072	13351513	8440387	3576525	10224233	9000861
重工业	108117403	58190851	56098604	27026817	58656115	50062742
四、按企业规模分组：						
大型企业	68375110	35294761	39222064	19628443	35314215	30192900
中型企业	27347095	15434975	12727805	5591451	14420462	12247549
小微企业	34183270	20812628	12589122	5383448	19145671	16623154
五、按隶属关系分组：						
中央	28676742	12195618	21832850	11117459	14182690	11864678
地方	15146743	8787279	5867343	2720154	8411698	6496447
其他	86081990	50559467	36838797	16765729	46285960	40702479

表 7—1 规模以上工业企业主要经济指标（2018 年）（续表 4）

计量单位：万元

指 标	资产总计	流动资产	固定资产原价	累计折旧	负债	流动负债
六、按工业行业分组						
采矿业	780982	40444	1191893	818087	603439	523201
煤炭开采和洗选业						
石油和天然气开采业	737788	20767	1160289	798879	569598	494196
黑色金属矿采选业						
有色金属矿采选业	43194	19677	31604	19207	33841	29005
非金属矿采选业						
开采专业及辅助性活动						
其他采矿业						
制造业	122236345	69753664	57407929	27443417	64474774	56295118
农副食品加工业	1013868	513666	355405	122162	697150	498088
食品制造业	1341225	725171	590484	285664	508565	436210
酒、饮料和精制茶制造业	479443	210822	437874	228879	168880	165720
烟草制品业	2693323	2192942	578580	266001	483916	483364
纺织业	329142	198786	248379	156980	172215	138505
纺织服装、服饰业	2452818	1383165	507117	201030	1439724	1257225
皮革、毛皮、羽毛及其制品和制鞋业	143273	114007	38218	22073	58399	54950
木材加工和木、竹、藤、棕、草制品业	42823	29731	15884	7617	27262	27250
家具制造业	289591	114507	112780	25846	91545	84738
造纸和纸制品业	388676	213559	234621	85552	169783	124767
印刷和记录媒介复制业	573241	308814	407115	217688	283920	274587
文教、工美、体育和娱乐用品制造业	389866	293669	114494	55730	259103	247201
石油、煤炭及其他燃料加工业	2625790	1073374	2635807	1554964	1281381	1259809

表 7—1 规模以上工业企业主要经济指标（2018 年）（续表 5）

计量单位：万元

指 标	资产总计	流动资产	固定资产原价	累计折旧	负债	流动负债
化学原料和化学制品制造业	18499221	8921445	14698706	8531947	8756113	7113540
医药制造业	4047671	2537988	1125036	443456	1378200	1210585
化学纤维制造业	455882	268582	298960	168372	193763	179016
橡胶和塑料制品业	1368199	787750	839805	385551	837827	716842
非金属矿物制品业	3860615	2432485	1704132	794127	2431769	2285938
黑色金属冶炼和压延加工业	8302166	2807477	7816416	3998616	3939304	3551329
有色金属冶炼和压延加工业	1108113	670849	218075	106668	584354	537179
金属制品业	2423282	1621469	1037988	515723	1332371	1274854
通用设备制造业	7286949	5048933	2303151	1052300	4231797	3966517
专用设备制造业	3393535	2496158	832131	319667	1793553	1671564
汽车制造业	12909332	8267140	5461620	2523269	8910151	7626412
铁路、船舶、航空航天和其他运输设备制造业	4348654	2973505	943552	492722	2641029	2544879
电气机械和器材制造业	13648068	8956264	4168279	1577940	8025994	7186641
计算机、通信和其他电子设备制造业	19633756	9776098	8650774	2908398	10435940	8173735
仪器仪表制造业	8031732	4740281	941972	372053	3246648	3116417
其他制造业	46653	11748	32935	4290	30063	30063
废弃资源综合利用业	98839	54967	54364	16969	57970	51107
金属制品、机械和设备修理业	10602	8316	3278	1162	6088	6088
电力、热力、燃气及水生产和供应业	6888148	1748256	5939169	2341839	3802135	2245284
电力、热力生产和供应业	3335474	605140	3780400	1740916	1806137	1145344
燃气生产和供应业	786381	276234	500287	122337	434185	423563
水的生产和供应业	2766293	866882	1658482	478585	1561814	676377

表7—1 规模以上工业企业主要经济指标（2018年）（续表6）

计量单位：万元

指 标	主营业务收入	主营业务税金及附加	利税总额	盈亏相抵后利润总额	从业人员平均人数（人）
总 计	121572303	4812572	18812814	10207339	644109
一、按经济类型分组：					
内资企业	80769977	4354162	14017820	7016284	405613
国有企业	685666	4872	23767	12223	5344
集体企业	179673	781	12627	6071	1168
股份合作企业	15149	110	4360	3390	259
联营企业	12163	145	3794	2563	350
有限责任公司	36998876	2459137	7091838	3437446	161791
股份有限公司	19148306	1759434	3824538	1452619	58347
私营企业	23730144	129682	3056896	2101973	178354
其他企业					
港、澳、台商投资企业	7825579	39095	782135	512952	61460
外商投资企业	32976747	419315	4012859	2678103	177036
二、在总计中：国有控股	55939001	4465874	11762815	5396030	155745
三、按轻重工业分组：					
轻工业	20787298	1533118	4544500	2006790	179110
重工业	100785004	3279455	14268315	8200549	464999
四、按企业规模分组：					
大型企业	70453027	4513320	12821409	6141086	252888
中型企业	20454376	135021	2688353	1909319	159384
小微企业	30664900	164231	3303052	2156934	231837
五、按隶属关系分组：					
中央	30686837	4002777	7093430	1940205	71008
地方	12772273	233691	2020008	1425096	56708
其他	78113193	576104	9699376	6842038	516393

表7—1 规模以上工业企业主要经济指标（2018年）（续表7）

计量单位：万元

指标	主营业务收入	主营业务税金及附加	利税总额	盈亏相抵后利润总额	从业人员平均人数（人）
六、按工业行业分组					
采矿业	298482	15061	62804	31230	2129
煤炭开采和洗选业					
石油和天然气开采业	255286	13575	42152	16296	1380
黑色金属矿采选业					
有色金属矿采选业	43195	1486	20653	14935	749
非金属矿采选业					
开采专业及辅助性活动					
其他采矿业					
制造业	118543578	4768705	18404200	9956401	629320
农副食品加工业	977822	3669	81888	57401	5291
食品制造业	1214727	6897	213933	148146	14643
酒、饮料和精制茶制造业	444708	11334	61090	28685	4921
烟草制品业	2211717	1419532	2050185	331606	1453
纺织业	332451	2266	27410	13290	5827
纺织服装、服饰业	2267527	10677	189212	105752	34220
皮革、毛皮、羽毛及其制品和制鞋业	254851	1371	28186	19741	3445
木材加工和木、竹、藤、棕、草制品业	90315	252	6596	3781	851
家具制造业	216066	1679	21260	11570	4541
造纸和纸制品业	363338	1439	32444	20363	2591
印刷和记录媒介复制业	615005	3687	55258	33628	7572
文教、工美、体育和娱乐用品制造业	921847	4063	38375	15189	9827
石油、煤炭及其他燃料加工业	10131593	1682412	2608508	598560	5548

表 7—1 规模以上工业企业主要经济指标（2018 年）（续表 8）

计量单位：万元

指 标	主营业务收 入	主营业务税金及附加	利税总额	盈亏相抵后利润总额	从业人员平均人数（人）
化学原料和化学制品制造业	22071580	865825	3119694	1698660	49105
医药制造业	2939707	33025	951145	683983	24194
化学纤维制造业	274185	2678	18649	11006	3222
橡胶和塑料制品业	1451638	7314	54066	1000	14634
非金属矿物制品业	3489965	25118	479545	309992	23573
黑色金属冶炼和压延加工业	9254266	50483	1189145	889915	15826
有色金属冶炼和压延加工业	2342143	6332	178632	127844	5891
金属制品业	2290039	14722	252868	158631	23713
通用设备制造业	4804251	31986	567937	404959	48624
专用设备制造业	2509993	19475	385291	275608	26307
汽车制造业	16620106	428998	2988521	2113102	70526
铁路、船舶、航空航天和其他运输设备制造业	2409370	16143	248668	150825	22288
电气机械和器材制造业	11060951	50967	1268143	896896	68956
计算机、通信和其他电子设备制造业	13391845	45655	719811	402336	111946
仪器仪表制造业	3475017	19916	555410	435200	18600
其他制造业	24414	66	-889	-1193	160
废弃资源综合利用业	81750	669	11893	9068	812
金属制品、机械和设备修理业	10393	55	1325	857	213
电力、热力、燃气及水生产和供应业	2730243	28807	345810	219707	12660
电力、热力生产和供应业	1828981	24009	211204	114864	4698
燃气生产和供应业	587983	1163	92365	78393	2900
水的生产和供应业	313280	3635	42241	26450	5062

表 7—2　规模以上工业企业主要产品产量

产品名称	2018 年	2017 年	同比增长（%）
饲料（吨）	217991	187520	16.2
精制食用植物油（吨）	209028	186134	12.3
饮料酒（千升）	262200	307457	-14.7
饮料（吨）	1399556	1139612	22.8
卷烟（万支）	3361963	3422488	-1.8
纱（吨）	26462	18540	42.7
布（万米）	138	143	-3.4
服装（万件）	17597	26275	-33.0
皮革鞋靴（万双）	100	291	-65.6
家具（件）	776656	488798	58.9
机制纸及纸板（吨）	15510	12378	25.3
原油加工量（吨）	30215122	27699473	9.1
汽油（吨）	7406516	6343434	16.8
煤油（吨）	4402241	3845303	14.5
柴油（吨）	6312020	6471368	-2.5
液化石油气（吨）	1620197	1513316	7.1
焦炭（吨）	3312140	3844390	-13.8
硫酸（折 100%）（吨）	398482	613088	-35.0
烧碱（折 100%）（吨）	138188	175112	-21.1
乙烯（吨）	1609153	1450075	11.0
纯苯（吨）	829152	657318	26.1

表 7—2 规模以上工业企业主要产品产量（续表 1）

产品名称	2018 年	2017 年	同比增长（%）
浓硝酸（折 100%）（吨）	182913	200426	-8.7
合成氨（无水氨）（吨）	225780	246841	-8.5
农用氮、磷、钾化学肥料总计（折纯）（吨）	11439	14416	-20.7
化学农药原药（折有效成分 100%）（吨）	242026	199503	21.3
涂料（吨）	200493	355725	-43.6
初级形态塑料（吨）	1791098	1621541	10.5
合成橡胶（吨）	347428	305327	13.8
合成纤维单体（吨）	740529	1112365	-33.4
化学药品原药（吨）	32	37	-14.4
中成药（吨）	4006	3655	9.6
化学纤维（吨）	165216	172589	-4.3
橡胶轮胎外胎（条）	3404856	3435232	-0.9
塑料制品（吨）	378024	241128	56.8
水泥熟料（吨）	9095448	8453172	7.6
水泥（吨）	7561286	7942367	-4.8
日用玻璃制品（吨）	89956	86061	4.5
生铁（吨）	16122426	16096119	0.2
粗钢（吨）	17531830	17017867	3.0
钢材（吨）	16445749	15443285	6.5
泵（台）	231746	246801	-6.1
气体压缩机（台）	16176	16803	-3.7

表 7—2　规模以上工业企业主要产品产量（续表 2）

产品名称	2018 年	2017 年	同比增长（%）
汽车（辆）	609160	646716	-5.8
其中：基本型乘用车（轿车）	364519	289339	26.0
客车	41885	41733	0.4
载货汽车	41408	38461	7.7
改装汽车（辆）	5505	5300	3.9
摩托车整车（辆）	67923	46077	47.4
民用钢质船舶（载重吨）	735134	1650833	-55.5
发电机组（发电设备）（千瓦）	3714500	2933500	26.6
交流电动机（千瓦）	4195624	3932169	6.7
变压器（千伏安）	25427892	22100804	15.1
家用洗衣机（台）	4959542	4850874	2.2
电光源（万只）	3334	4969	-32.9
移动通信手持机（手机）（台）	6289393	5934867	6.0
电子计算机整机（台）	574348	587268	-2.2
彩色电视机（台）	3709208	4237339	-12.5
其中：液晶电视机	3709208	4237339	-12.5
发电量（万千瓦小时）	4629110	5015991	-7.7
煤气生产量（万立方米）	2485489	2514684	-1.2
自来水生产量（万立方米）	129439	115990	11.6

表 7—3　规模以上国有工业企业主要经济指标（2018 年）

计量单位：万元

指　　标	企业单位数（个）	#亏损企业
总　　计	11	1
一、按轻重工业分组：		
轻工业	2	
重工业	9	1
二、按企业规模分组：		
大型企业	1	1
中型企业	4	
小微企业	6	
三、按行业分组：		
采矿业		
煤炭开采和洗选业		
石油和天然气开采业		
黑色金属矿采选业		
有色金属矿采选业		
非金属矿采选业		
开采专业及辅助性活动		
其他采矿业		
制造业	8	1
农副食品加工业	1	
食品制造业		
酒、饮料和精制茶制造业		
烟草制品业		
纺织业		
纺织服装、服饰业		
皮革、毛皮、羽毛及其制品和制鞋业		
木材加工和木、竹、藤、棕、草制品业		
家具制造业		

表 7—3　规模以上国有工业企业主要经济指标（2018 年）（续表 1）

计量单位：万元

指　　标	企业单位数（个）	#亏损企业
造纸和纸制品业		
印刷和记录媒介复制业	1	
文教、工美、体育和娱乐用品制造业		
石油、煤炭及其他燃料加工业		
化学原料和化学制品制造业	2	
医药制造业		
化学纤维制造业		
橡胶和塑料制品业		
非金属矿物制品业		
黑色金属冶炼和压延加工业		
有色金属冶炼和压延加工业		
金属制品业		
通用设备制造业		
专用设备制造业		
汽车制造业	1	1
铁路、船舶、航空航天和其他运输设备制造业	2	
电气机械和器材制造业		
计算机、通信和其他电子设备制造业		
仪器仪表制造业	1	
其他制造业		
废弃资源综合利用业		
金属制品、机械和设备修理业		
电力、热力、燃气及水生产和供应业	3	
电力、热力生产和供应业	2	
燃气生产和供应业		
水的生产和供应业	1	

表 7—3　规模以上国有工业企业主要经济指标（2018 年）（续表 2）

计量单位：万元

指　　标	资产总计	流动资产	固定资产原价	累计折旧	负债	流动负债
总　　计	1623260	869955	834557	322390	1128196	821820
一、按轻重工业分组：						
轻工业	27638	6504	20942	11241	10150	10150
重工业	1595622	863451	813615	311150	1118046	811670
二、按企业规模分组：						
大型企业	369776	234010	30582	9053	292508	292340
中型企业	834553	393043	628990	279538	513168	345472
小微企业	418930	242902	174985	33799	322520	184009
三、按行业分组：						
采矿业						
煤炭开采和洗选业						
石油和天然气开采业						
黑色金属矿采选业						
有色金属矿采选业						
非金属矿采选业						
开采专业及辅助性活动						
其他采矿业						
制造业	872560	577451	200697	101311	448385	422282
农副食品加工业	19707	1609	15886	7770	6350	6350
食品制造业						
酒、饮料和精制茶制造业						
烟草制品业						
纺织业						
纺织服装、服饰业						
皮革、毛皮、羽毛及其制品和制鞋业						
木材加工和木、竹、藤、棕、草制品业						
家具制造业						

表7—3 规模以上国有工业企业主要经济指标（2018年）（续表3）

计量单位：万元

指标	资产总计	流动资产	固定资产原价	累计折旧	负债	流动负债
造纸和纸制品业						
印刷和记录媒介复制业	7931	4895	5056	3470	3800	3800
文教、工美、体育和娱乐用品制造业						
石油、煤炭及其他燃料加工业						
化学原料和化学制品制造业	53068	39420	21852	9206	11080	10817
医药制造业						
化学纤维制造业						
橡胶和塑料制品业						
非金属矿物制品业						
黑色金属冶炼和压延加工业						
有色金属冶炼和压延加工业						
金属制品业						
通用设备制造业						
专用设备制造业						
汽车制造业	369776	234010	30582	9053	292508	292340
铁路、船舶、航空航天和其他运输设备制造业	392988	278512	122624	69115	112480	95300
电气机械和器材制造业						
计算机、通信和其他电子设备制造业						
仪器仪表制造业	29090	19005	4698	2696	22168	13676
其他制造业						
废弃资源综合利用业						
金属制品、机械和设备修理业						
电力、热力、燃气及水生产和供应业	750700	292504	633861	221079	679810	399538
电力、热力生产和供应业	542748	92044	622452	216479	509004	321825
燃气生产和供应业						
水的生产和供应业	207951	200461	11409	4600	170807	77713

表 7—3 规模以上国有工业企业主要经济指标（2018 年）（续表 4）

计量单位：万元

指 标	主营业务收 入	主营业务税金及附加	利税总额	盈亏相抵后利润总额	从业人员平均人数（人）
总 计	685666	4872	23767	12223	5344
一、按轻重工业分组：					
轻工业	63870	604	15225	11556	225
重工业	621797	4268	8542	667	5119
二、按企业规模分组：					
大型企业	252458	63	-40236	-29179	2138
中型企业	298634	3641	31550	16087	2377
小微企业	134574	1168	32453	25316	829
三、按行业分组：					
采矿业					
煤炭开采和洗选业					
石油和天然气开采业					
黑色金属矿采选业					
有色金属矿采选业					
非金属矿采选业					
开采专业及辅助性活动					
其他采矿业					
制造业	433677	1148	-9512	-3954	4314
农副食品加工业	58001	580	14989	11454	115
食品制造业					
酒、饮料和精制茶制造业					
烟草制品业					
纺织业					
纺织服装、服饰业					
皮革、毛皮、羽毛及其制品和制鞋业					
木材加工和木、竹、藤、棕、草制品业					
家具制造业					

表7—3 规模以上国有工业企业主要经济指标（2018年）（续表5）

计量单位：万元

指标	主营业务收入	主营业务税金及附加	利税总额	盈亏相抵后利润总额	从业人员平均人数（人）
造纸和纸制品业					
印刷和记录媒介复制业	5868	24	236	102	110
文教、工美、体育和娱乐用品制造业					
石油、煤炭及其他燃料加工业					
化学原料和化学制品制造业	29033	122	5958	4826	443
医药制造业					
化学纤维制造业					
橡胶和塑料制品业					
非金属矿物制品业					
黑色金属冶炼和压延加工业					
有色金属冶炼和压延加工业					
金属制品业					
通用设备制造业					
专用设备制造业					
汽车制造业	252458	63	-40236	-29179	2138
铁路、船舶、航空航天和其他运输设备制造业	79706	360	9153	8636	1234
电气机械和器材制造业					
计算机、通信和其他电子设备制造业					
仪器仪表制造业	8612		389	207	274
其他制造业					
废弃资源综合利用业					
金属制品、机械和设备修理业					
电力、热力、燃气及水生产和供应业	251989	3724	33279	16177	1030
电力、热力生产和供应业	243390	3506	21814	6383	894
燃气生产和供应业					
水的生产和供应业	8599	218	11464	9794	136

表 7—4　规模以上集体工业企业主要经济指标（2018 年）

计量单位：万元

指　　标	企业单位数（个）	#亏损企业
总　　计	11	2
一、按轻重工业分组：		
轻工业	7	2
重工业	4	
二、按企业规模分组：		
大型企业		
中型企业		
小微企业	11	2
三、按行业分组：		
采矿业		
煤炭开采和洗选业		
石油和天然气开采业		
黑色金属矿采选业		
有色金属矿采选业		
非金属矿采选业		
开采专业及辅助性活动		
其他采矿业		
制造业	10	2
农副食品加工业	1	
食品制造业		
酒、饮料和精制茶制造业		
烟草制品业		
纺织业		
纺织服装、服饰业	1	
皮革、毛皮、羽毛及其制品和制鞋业	1	
木材加工和木、竹、藤、棕、草制品业		
家具制造业		

表 7—4　规模以上集体工业企业主要经济指标（2018 年）（续表 1）

计量单位：万元

指　　标	企业单位数（个）	#亏损企业
造纸和纸制品业		
印刷和记录媒介复制业		
文教、工美、体育和娱乐用品制造业	2	2
石油、煤炭及其他燃料加工业	1	
化学原料和化学制品制造业		
医药制造业		
化学纤维制造业		
橡胶和塑料制品业	1	
非金属矿物制品业		
黑色金属冶炼和压延加工业		
有色金属冶炼和压延加工业		
金属制品业		
通用设备制造业	1	
专用设备制造业		
汽车制造业		
铁路、船舶、航空航天和其他运输设备制造业		
电气机械和器材制造业	2	
计算机、通信和其他电子设备制造业		
仪器仪表制造业		
其他制造业		
废弃资源综合利用业		
金属制品、机械和设备修理业		
电力、热力、燃气及水生产和供应业	1	
电力、热力生产和供应业		
燃气生产和供应业		
水的生产和供应业	1	

表 7—4 规模以上集体工业企业主要经济指标（2018 年）（续表 2）

计量单位：万元

指 标	资产总计	流动资产	固定资产原价	累计折旧	负债	流动负债
总 计	42311	34913	10692	5656	27642	27642
一、按轻重工业分组：						
轻工业	26720	21592	7016	3433	20201	20200
重工业	15591	13320	3676	2222	7442	7442
二、按企业规模分组：						
大型企业						
中型企业						
小微企业	42311	34913	10692	5656	27642	27642
三、按行业分组：						
采矿业						
煤炭开采和洗选业						
石油和天然气开采业						
黑色金属矿采选业						
有色金属矿采选业						
非金属矿采选业						
开采专业及辅助性活动						
其他采矿业						
制造业	40805	33516	10552	5622	26734	26734
农副食品加工业	4086	1916	2134	1117	1979	1979
食品制造业						
酒、饮料和精制茶制造业						
烟草制品业						
纺织业						
纺织服装、服饰业	718	583	285	150	331	331
皮革、毛皮、羽毛及其制品和制鞋业	4289	3529	1425	666	2866	2866
木材加工和木、竹、藤、棕、草制品业						
家具制造业						

表7—4 规模以上集体工业企业主要经济指标（2018年）（续表3）

计量单位：万元

指标	资产总计	流动资产	固定资产原价	累计折旧	负债	流动负债
造纸和纸制品业						
印刷和记录媒介复制业						
文教、工美、体育和娱乐用品制造业	3359	3031	1446	1229	3688	3687
石油、煤炭及其他燃料加工业	3159	2892	80	53	883	883
化学原料和化学制品制造业						
医药制造业						
化学纤维制造业						
橡胶和塑料制品业	12228	10496	1683	232	11207	11207
非金属矿物制品业						
黑色金属冶炼和压延加工业						
有色金属冶炼和压延加工业						
金属制品业						
通用设备制造业	756	624	359	228	592	592
专用设备制造业						
汽车制造业						
铁路、船舶、航空航天和其他运输设备制造业						
电气机械和器材制造业	12212	10446	3139	1948	5190	5190
计算机、通信和其他电子设备制造业						
仪器仪表制造业						
其他制造业						
废弃资源综合利用业						
金属制品、机械和设备修理业						
电力、热力、燃气及水生产和供应业	1506	1396	140	33	908	908
电力、热力生产和供应业						
燃气生产和供应业						
水的生产和供应业	1506	1396	140	33	908	908

表 7—4　规模以上集体工业企业主要经济指标（2018 年）（续表 4）

计量单位：万元

指　　标	主营业务收　　入	主营业务税金及附加	利税总额	盈亏相抵后利润总额	从业人员平均人数（人）
总　　计	179673	781	12627	6071	1168
一、按轻重工业分组：					
轻工业	156834	735	11062	5111	807
重工业	22840	46	1565	960	361
二、按企业规模分组：					
大型企业					
中型企业					
小微企业	179673	781	12627	6071	1168
三、按行业分组：					
采矿业					
煤炭开采和洗选业					
石油和天然气开采业					
黑色金属矿采选业					
有色金属矿采选业					
非金属矿采选业					
开采专业及辅助性活动					
其他采矿业					
制造业	177410	781	12182	5791	1149
农副食品加工业	30960	288	3944	2008	118
食品制造业					
酒、饮料和精制茶制造业					
烟草制品业					
纺织业					
纺织服装、服饰业	31564	242	4816	2154	148
皮革、毛皮、羽毛及其制品和制鞋业	17255	70	2030	1227	133
木材加工和木、竹、藤、棕、草制品业					
家具制造业					

表7—4 规模以上集体工业企业主要经济指标（2018年）（续表5）

计量单位：万元

指 标	主营业务收入	主营业务税金及附加	利税总额	盈亏相抵后利润总额	从业人员平均人数（人）
造纸和纸制品业					
印刷和记录媒介复制业					
文教、工美、体育和娱乐用品制造业	64250	59	-600	-891	214
石油、煤炭及其他燃料加工业	3134	9	103	16	11
化学原料和化学制品制造业					
医药制造业					
化学纤维制造业					
橡胶和塑料制品业	8763	61	491	387	138
非金属矿物制品业					
黑色金属冶炼和压延加工业					
有色金属冶炼和压延加工业					
金属制品业					
通用设备制造业	3893	9	161	70	75
专用设备制造业					
汽车制造业					
铁路、船舶、航空航天和其他运输设备制造业					
电气机械和器材制造业	17593	43	1237	821	290
计算机、通信和其他电子设备制造业					
仪器仪表制造业					
其他制造业					
废弃资源综合利用业					
金属制品、机械和设备修理业					
电力、热力、燃气及水生产和供应业	2263		445	279	19
电力、热力生产和供应业					
燃气生产和供应业					
水的生产和供应业	2263		445	279	19

表 7—5　规模以上有限责任公司工业企业主要经济指标（2018 年）

计量单位：万元

指　　标	企业单位数（个）	#亏损企业
总　　计	1955	288
一、按经济类型分组：		
国有独资公司	45	5
私营有限责任公司	1256	152
与港澳台商合资经营	68	21
中外合资经营	126	23
其他有限责任公司	460	87
二、按轻重工业分组：		
轻工业	585	81
重工业	1370	207
三、按企业规模分组：		
大型企业	45	7
中型企业	199	16
小微企业	1711	265
四、按行业分组：		
采矿业	2	1
煤炭开采和洗选业		
石油和天然气开采业		
黑色金属矿采选业		
有色金属矿采选业	2	1
非金属矿采选业		
开采专业及辅助性活动		
其他采矿业		
制造业	1921	279
农副食品加工业	35	5
食品制造业	41	3
酒、饮料和精制茶制造业	11	
烟草制品业	1	
纺织业	16	2
纺织服装、服饰业	99	18
皮革、毛皮、羽毛及其制品和制鞋业	8	
木材加工和木、竹、藤、棕、草制品业	9	1

表 7—5 规模以上有限责任公司工业企业主要经济指标（2018 年）（续表 1）

计量单位：万元

指　　标	企业单位数（个）	#亏损企业
家具制造业	15	
造纸和纸制品业	22	4
印刷和记录媒介复制业	47	6
文教、工美、体育和娱乐用品制造业	42	9
石油、煤炭及其他燃料加工业	3	
化学原料和化学制品制造业	111	15
医药制造业	59	8
化学纤维制造业	5	1
橡胶和塑料制品业	107	14
非金属矿物制品业	159	32
黑色金属冶炼和压延加工业	19	1
有色金属冶炼和压延加工业	37	1
金属制品业	149	18
通用设备制造业	174	29
专用设备制造业	152	17
汽车制造业	122	25
铁路、船舶、航空航天和其他运输设备制造业	66	10
电气机械和器材制造业	210	30
计算机、通信和其他电子设备制造业	118	23
仪器仪表制造业	69	7
其他制造业	3	
废弃资源综合利用业	10	
金属制品、机械和设备修理业	2	
电力、热力、燃气及水生产和供应业	32	8
电力、热力生产和供应业	12	3
燃气生产和供应业	8	1
水的生产和供应业	12	4

表 7—5 规模以上有限责任公司工业企业主要经济指标（2018 年）（续表 2）

计量单位：万元

指　　标	资产总计	流动资产	固定资产原价	累计折旧	负债	流动负债
总　　计	84152496	48748680	41423623	19618745	46467944	39619823
一、按经济类型分组：						
国有独资公司	8815931	5627236	4108357	1858136	4036937	3710858
私营有限责任公司	19754407	12019437	8136839	3575326	11476036	10381115
与港澳台商合资经营	4965894	3366896	1652437	760042	3013474	2826020
中外合资经营	14556939	7335734	11494753	5698357	7321669	6008869
其他有限责任公司	36059325	20399378	16031238	7726884	20619828	16692961
二、按轻重工业分组：						
轻工业	13409844	8814376	4616475	1931985	6385464	5783405
重工业	70742653	39934305	36807148	17686760	40082480	33836418
三、按企业规模分组：						
大型企业	44406205	25003268	25191790	12670652	23506600	19819214
中型企业	16281720	9067568	7794573	3406063	8926344	7488983
小微企业	23464571	14677844	8437259	3542031	14035000	12311626
四、按行业分组：						
采矿业	43194	19677	31604	19207	33841	29005
煤炭开采和洗选业						
石油和天然气开采业						
黑色金属矿采选业						
有色金属矿采选业	43194	19677	31604	19207	33841	29005
非金属矿采选业						
开采专业及辅助性活动						
其他采矿业						
制造业	79159684	47706918	36983379	17893992	43956198	38259415
农副食品加工业	696346	271781	254604	68875	461408	273073
食品制造业	1182037	648270	465093	206013	462069	401045
酒、饮料和精制茶制造业	231494	112534	259354	151499	117764	117613
烟草制品业	2693323	2192942	578580	266001	483916	483364
纺织业	138365	86574	79822	51641	90156	87444
纺织服装、服饰业	1606424	1130314	454475	175529	880132	755084
皮革、毛皮、羽毛及其制品和制鞋业	24539	16967	10711	6262	18449	18449
木材加工和木、竹、藤、棕、草制品业	33615	25599	7955	4442	22423	22411

表 7—5　规模以上有限责任公司工业企业主要经济指标（2018 年）（续表 3）

计量单位：万元

指　　标	资产总计	流动资产	固定资产原价	累计折旧	负债	流动负债
家具制造业	182313	76388	79328	13552	69697	64998
造纸和纸制品业	144510	82915	81175	36635	79526	61891
印刷和记录媒介复制业	409920	218732	280882	148790	198552	193654
文教、工美、体育和娱乐用品制造业	303785	226067	88112	41863	209311	207657
石油、煤炭及其他燃料加工业	301532	186435	60565	37474	66715	60119
化学原料和化学制品制造业	14206717	6881837	12122172	7327499	6846831	5610132
医药制造业	2244090	1480924	715068	296446	867933	793478
化学纤维制造业	82492	35591	138225	65088	60947	60191
橡胶和塑料制品业	951551	652792	383995	185836	569503	541666
非金属矿物制品业	3031041	1949440	1398102	658058	2025814	1945445
黑色金属冶炼和压延加工业	5550044	2262906	4065227	1888812	2630168	2264508
有色金属冶炼和压延加工业	463856	338235	146856	71007	209478	207452
金属制品业	1882897	1245005	824898	410751	1060402	1019441
通用设备制造业	4857264	3576770	1411425	735577	2877729	2745367
专用设备制造业	2210933	1662190	536432	202307	1262470	1176379
汽车制造业	9979493	6532006	4337072	2128679	7019986	5871843
铁路、船舶、航空航天和其他运输设备制造业	3152981	2338792	700740	363778	2259118	2190955
电气机械和器材制造业	7511371	5387739	1435470	489124	4744093	4374967
计算机、通信和其他电子设备制造业	12293016	6363863	5653022	1679872	7032506	5481237
仪器仪表制造业	2676834	1655868	357276	167379	1259559	1166875
其他制造业	13849	8696	4918	1399	7286	7286
废弃资源综合利用业	92448	50432	48547	12646	56167	49305
金属制品、机械和设备修理业	10602	8316	3278	1162	6088	6088
电力、热力、燃气及水生产和供应业	4949618	1022086	4408640	1705546	2477905	1331403
电力、热力生产和供应业	2083435	373643	2415128	1147298	899689	528272
燃气生产和供应业	499314	129449	401946	106291	282437	271814
水的生产和供应业	2366869	518994	1591566	451958	1295779	531317

表 7—5 规模以上有限责任公司工业企业主要经济指标（2018 年）（续表 4）

计量单位：万元

指　　标	主营业务收　　入	主营业务税金及附加	利税总额	盈亏相抵后利润总额	从业人员平均人数（人）
总　　计	78775610	2949782	12992640	7349543	404474
一、按经济类型分组：					
国有独资公司	6030559	1435209	2326080	508749	29531
私营有限责任公司	21259010	114316	2628411	1786491	159008
与港澳台商合资经营	3979335	21362	551269	365787	27701
中外合资经营	16538389	354967	2721122	1759819	55974
其他有限责任公司	30968317	1023928	4765758	2928697	132260
二、按轻重工业分组：					
轻工业	13507750	1489537	3738102	1455129	119904
重工业	65267860	1460245	9254538	5894414	284570
三、按企业规模分组：					
大型企业	42929173	2749586	8890393	4620625	128090
中型企业	13152300	81027	1753898	1246631	100576
小微企业	22694138	119169	2348349	1482287	175808
四、按行业分组：					
采矿业	43195	1486	20653	14935	749
煤炭开采和洗选业					
石油和天然气开采业					
黑色金属矿采选业					
有色金属矿采选业	43195	1486	20653	14935	749
非金属矿采选业					
开采专业及辅助性活动					
其他采矿业					
制造业	76799358	2927701	12750457	7202363	394027
农副食品加工业	514807	2449	65798	49492	3687
食品制造业	1128546	5789	204253	143835	13069
酒、饮料和精制茶制造业	340645	2908	40222	21117	3764
烟草制品业	2211717	1419532	2050185	331606	1453
纺织业	175963	1202	19294	12134	3821
纺织服装、服饰业	1947284	9115	165888	96094	29113
皮革、毛皮、羽毛及其制品和制鞋业	93850	510	10913	6150	1881
木材加工和木、竹、藤、棕、草制品业	79699	234	5788	2991	651

表 7—5　规模以上有限责任公司工业企业主要经济指标（2018 年）（续表 5）

计量单位：万元

指　　标	主营业务收　　入	主营业务税金及附加	利税总额	盈亏相抵后利润总额	从业人员平均人数（人）
家具制造业	156556	1136	15545	9376	3198
造纸和纸制品业	168680	1177	19835	12381	1950
印刷和记录媒介复制业	451405	2896	39437	24094	5443
文教、工美、体育和娱乐用品制造业	789023	3489	37399	16920	7322
石油、煤炭及其他燃料加工业	368100	1097	27330	19000	1016
化学原料和化学制品制造业	17723747	845251	2678951	1382422	37105
医药制造业	2050001	22947	602408	418050	15266
化学纤维制造业	58563	1509	7338	2977	2079
橡胶和塑料制品业	1236430	6569	107209	58964	12153
非金属矿物制品业	2927859	20524	389374	250053	18144
黑色金属冶炼和压延加工业	6232620	29397	805201	595651	11049
有色金属冶炼和压延加工业	1793049	5053	80340	55425	3329
金属制品业	1887609	12141	210652	129158	18622
通用设备制造业	2832029	19143	310867	215267	28308
专用设备制造业	1659593	12563	228566	151893	18635
汽车制造业	14014314	419965	2836280	1995928	49901
铁路、船舶、航空航天和其他运输设备制造业	1962070	13064	201873	118429	16669
电气机械和器材制造业	5469197	27368	863840	619904	32428
计算机、通信和其他电子设备制造业	6779695	32589	517514	305160	43368
仪器仪表制造业	1644341	7445	196578	148791	9704
其他制造业	19720	44	1923	1641	150
废弃资源综合利用业	71853	540	8331	6604	536
金属制品、机械和设备修理业	10393	55	1325	857	213
电力、热力、燃气及水生产和供应业	1933057	20596	221531	132245	9698
电力、热力生产和供应业	1190204	16659	144543	78867	2730
燃气生产和供应业	452406	808	49469	38688	2330
水的生产和供应业	290446	3129	27519	14690	4638

表 7—6 规模以上股份有限公司工业企业主要经济指标（2018 年）

计量单位：万元

指 标	企业单位数（个）	#亏损企业
总 计	205	24
一、按经济类型分组：		
股份有限公司	116	16
私营股份有限公司	80	8
港澳台商投资股份有限公司	5	
外商投资股份有限公司	4	
二、按轻重工业分组：		
轻工业	44	9
重工业	161	15
三、按企业规模分组：		
大型企业	16	1
中型企业	52	3
小微企业	137	20
四、按行业分组：		
采矿业	1	
煤炭开采和洗选业		
石油和天然气开采业	1	
黑色金属矿采选业		
有色金属矿采选业		
非金属矿采选业		
开采专业及辅助性活动		
其他采矿业		
制造业	200	24
农副食品加工业	1	
食品制造业	4	1
酒、饮料和精制茶制造业		
烟草制品业		
纺织业		
纺织服装、服饰业	3	1
皮革、毛皮、羽毛及其制品和制鞋业	1	
木材加工和木、竹、藤、棕、草制品业		

表7—6 规模以上股份有限公司工业企业主要经济指标（2018年）（续表1）

计量单位：万元

指　　标	企业单位数（个）	#亏损企业
家具制造业	2	1
造纸和纸制品业		
印刷和记录媒介复制业	3	1
文教、工美、体育和娱乐用品制造业	1	
石油、煤炭及其他燃料加工业	2	
化学原料和化学制品制造业	21	1
医药制造业	10	2
化学纤维制造业	2	
橡胶和塑料制品业	3	1
非金属矿物制品业	8	
黑色金属冶炼和压延加工业	2	
有色金属冶炼和压延加工业	5	
金属制品业	8	
通用设备制造业	19	1
专用设备制造业	21	2
汽车制造业	9	2
铁路、船舶、航空航天和其他运输设备制造业	4	2
电气机械和器材制造业	26	6
计算机、通信和其他电子设备制造业	23	2
仪器仪表制造业	22	1
其他制造业		
废弃资源综合利用业		
金属制品、机械和设备修理业		
电力、热力、燃气及水生产和供应业	4	
电力、热力生产和供应业	2	
燃气生产和供应业	1	
水的生产和供应业	1	

表 7—6　规模以上股份有限公司工业企业主要经济指标（2018 年）（续表 2）

计量单位：万元

指　　标	资产总计	流动资产	固定资产原价	累计折旧	负债	流动负债
总　　计	24871515	11874311	11148111	5995693	11031642	10318210
一、按经济类型分组：						
股份有限公司	20273035	9417665	10218144	5629806	8882368	8380158
私营股份有限公司	3622601	1996808	576535	220098	1753108	1592099
港澳台商投资股份有限公司	507894	250679	297188	128124	217320	179120
外商投资股份有限公司	467985	209159	56245	17666	178846	166834
二、按轻重工业分组：						
轻工业	2794847	1454251	562714	219950	1144116	1049843
重工业	22076668	10420060	10585397	5775743	9887526	9268367
三、按企业规模分组：						
大型企业	14327956	5370697	8608650	4853974	6461866	6168458
中型企业	5842488	3723349	1662805	768079	2515751	2314265
小微企业	4701071	2780266	876655	373640	2054025	1835487
四、按行业分组：						
采矿业	737788	20767	1160289	798879	569598	494196
煤炭开采和洗选业						
石油和天然气开采业	737788	20767	1160289	798879	569598	494196
黑色金属矿采选业						
有色金属矿采选业						
非金属矿采选业						
开采专业及辅助性活动						
其他采矿业						
制造业	23571260	11627234	9298900	4801067	10178572	9578478
农副食品加工业	9398	4332	456	94	3515	3515
食品制造业	43957	18658	21913	4795	23719	23141
酒、饮料和精制茶制造业						
烟草制品业						
纺织业						
纺织服装、服饰业	690212	149094	7426	4985	486120	433607
皮革、毛皮、羽毛及其制品和制鞋业	21453	11815	7135	3227	3900	3900
木材加工和木、竹、藤、棕、草制品业						

表7—6 规模以上股份有限公司工业企业主要经济指标（2018年）（续表3）

计量单位：万元

指 标	资产总计	流动资产	固定资产原价	累计折旧	负债	流动负债
家具制造业	100091	33198	28028	8865	17269	16689
造纸和纸制品业						
印刷和记录媒介复制业	104805	64746	74439	44066	51966	51169
文教、工美、体育和娱乐用品制造业	5032	2691	1421	375	4573	4573
石油、煤炭及其他燃料加工业	2321099	884047	2575162	1517438	1213783	1198807
化学原料和化学制品制造业	1811179	989530	474607	206795	693671	610960
医药制造业	1072631	700834	281112	108789	246499	228644
化学纤维制造业	217708	135054	9712	5735	44148	30157
橡胶和塑料制品业	33977	22545	13870	5284	14817	14817
非金属矿物制品业	470745	297518	153873	83656	258710	227920
黑色金属冶炼和压延加工业	2752122	544571	3751188	2109804	1309136	1286821
有色金属冶炼和压延加工业	642663	331218	70772	35412	374507	329359
金属制品业	367468	253459	108910	40352	184589	178521
通用设备制造业	683224	489517	132708	60048	284692	245593
专用设备制造业	832173	550314	200318	72212	399207	369587
汽车制造业	629195	419007	166800	48726	295059	242091
铁路、船舶、航空航天和其他运输设备制造业	710550	301306	63484	25219	227276	217085
电气机械和器材制造业	2564546	1617751	410862	135852	1407865	1271908
计算机、通信和其他电子设备制造业	2376905	909546	263578	133313	782102	767220
仪器仪表制造业	5104129	2896484	481127	146026	1851451	1822396
其他制造业						
废弃资源综合利用业						
金属制品、机械和设备修理业						
电力、热力、燃气及水生产和供应业	562466	226310	688922	395747	283472	245536
电力、热力生产和供应业	346607	70423	632006	372882	189092	179035
燃气生产和供应业	25893	9855	1549	871	61	61
水的生产和供应业	189966	146031	55367	21994	94320	66439

表7—6　规模以上股份有限公司工业企业主要经济指标（2018年）（续表4）

计量单位：万元

指　标	主营业务收　入	主营业务税金及附加	利税总额	盈亏相抵后利润总额	从业人员平均人数（人）
总　计	21955187	1776830	4295410	1802196	80629
一、按经济类型分组：					
股份有限公司	19148306	1759434	3824538	1452619	58347
私营股份有限公司	2192822	13696	390978	292630	16678
港澳台商投资股份有限公司	467522	2458	54853	38242	3736
外商投资股份有限公司	146537	1243	25041	18704	1868
二、按轻重工业分组：					
轻工业	1144106	11699	258637	175098	16256
重工业	20811081	1765131	4036772	1627098	64373
三、按企业规模分组：					
大型企业	16454428	1737180	3472257	1208078	33165
中型企业	3309833	24708	474580	328078	28230
小微企业	2190925	14943	348572	266039	19234
四、按行业分组：					
采矿业	255286	13575	42152	16296	1380
煤炭开采和洗选业					
石油和天然气开采业	255286	13575	42152	16296	1380
黑色金属矿采选业					
有色金属矿采选业					
非金属矿采选业					
开采专业及辅助性活动					
其他采矿业					
制造业	21395252	1760298	4234078	1776369	78243
农副食品加工业	6142	2	925	924	28
食品制造业	29728	266	4206	2815	484
酒、饮料和精制茶制造业					
烟草制品业					
纺织业					
纺织服装、服饰业	61271	369	3694	431	810
皮革、毛皮、羽毛及其制品和制鞋业	20718	179	3609	2836	318
木材加工和木、竹、藤、棕、草制品业					

表7—6 规模以上股份有限公司工业企业主要经济指标（2018年）（续表5）

计量单位：万元

指　　标	主营业务收　　入	主营业务税金及附加	利税总额	盈亏相抵后利润总额	从业人员平均人数（人）
家具制造业	54485	512	7394	4104	1081
造纸和纸制品业					
印刷和记录媒介复制业	82851	497	7857	4487	1389
文教、工美、体育和娱乐用品制造业	2305	7	11	3	98
石油、煤炭及其他燃料加工业	9760359	1681306	2581074	579545	4521
化学原料和化学制品制造业	1695494	7396	182163	132285	6394
医药制造业	537793	7067	169704	113037	5615
化学纤维制造业	12997	80	14142	13797	426
橡胶和塑料制品业	30291	216	5322	4373	264
非金属矿物制品业	302145	2219	31834	18684	3852
黑色金属冶炼和压延加工业	3021646	21086	383945	294265	4777
有色金属冶炼和压延加工业	545305	1269	98109	72326	2532
金属制品业	157311	1228	19791	14885	2074
通用设备制造业	416145	3574	78841	57051	5638
专用设备制造业	501136	4499	84505	61841	5171
汽车制造业	340352	1643	38765	30299	4631
铁路、船舶、航空航天和其他运输设备制造业	234454	1831	23959	14886	2456
电气机械和器材制造业	1277384	8916	104666	65526	10410
计算机、通信和其他电子设备制造业	726709	5228	75403	40057	9045
仪器仪表制造业	1578236	10912	314160	247917	6229
其他制造业					
废弃资源综合利用业					
金属制品、机械和设备修理业					
电力、热力、燃气及水生产和供应业	304649	2957	19180	9531	1006
电力、热力生产和供应业	290674	2656	15860	7372	723
燃气生产和供应业	2003	13	508	473	14
水的生产和供应业	11971	288	2812	1686	269

表 7—7　规模以上“三资”工业企业主要经济指标（2018 年）

计量单位：万元

指　　标	企业单位数（个）	#亏损企业
总　　计	546	129
一、按轻重工业分组：		
轻工业	171	46
重工业	375	83
二、按企业规模分组：		
大型企业	46	7
中型企业	98	18
小微企业	402	104
三、按行业分组：		
采矿业		
煤炭开采和洗选业		
石油和天然气开采业		
黑色金属矿采选业		
有色金属矿采选业		
非金属矿采选业		
开采专业及辅助性活动		
其他采矿业		
制造业	533	128
农副食品加工业	10	3
食品制造业	16	3
酒、饮料和精制茶制造业	10	1
烟草制品业		
纺织业	8	2
纺织服装、服饰业	30	12
皮革、毛皮、羽毛及其制品和制鞋业	7	1
木材加工和木、竹、藤、棕、草制品业	1	

表7—7 规模以上“三资”工业企业主要经济指标（2018年）（续表1）

计量单位：万元

指标	企业单位数（个）	#亏损企业
家具制造业	3	2
造纸和纸制品业	4	
印刷和记录媒介复制业	7	1
文教、工美、体育和娱乐用品制造业	16	5
石油、煤炭及其他燃料加工业		
化学原料和化学制品制造业	64	16
医药制造业	12	2
化学纤维制造业	2	1
橡胶和塑料制品业	15	4
非金属矿物制品业	18	8
黑色金属冶炼和压延加工业	2	
有色金属冶炼和压延加工业	3	
金属制品业	23	5
通用设备制造业	58	10
专用设备制造业	27	3
汽车制造业	62	13
铁路、船舶、航空航天和其他运输设备制造业	12	2
电气机械和器材制造业	48	13
计算机、通信和其他电子设备制造业	59	20
仪器仪表制造业	13	
其他制造业	1	1
废弃资源综合利用业	2	
金属制品、机械和设备修理业		
电力、热力、燃气及水生产和供应业	13	1
电力、热力生产和供应业	4	
燃气生产和供应业	7	
水的生产和供应业	2	1

表 7—7 规模以上“三资”工业企业主要经济指标（2018 年）（续表 2）

计量单位：万元

指 标	资产总计	流动资产	固定资产原价	累计折旧	负债	流动负债
总 计	39591462	21103412	24545872	11222260	20903961	17407061
一、按轻重工业分组：						
轻工业	9086220	5165365	4813162	2089828	4549014	3948614
重工业	30505242	15938047	19732710	9132431	16354946	13458447
二、按企业规模分组：						
大型企业	21333838	10652221	14810971	6718513	10928883	8631255
中型企业	8975663	4849749	4973083	2187975	4924980	4300811
小微企业	9281961	5601443	4761818	2315771	5050098	4474995
三、按行业分组：						
采矿业						
煤炭开采和洗选业						
石油和天然气开采业						
黑色金属矿采选业						
有色金属矿采选业						
非金属矿采选业						
开采专业及辅助性活动						
其他采矿业						
制造业	38158820	20716805	23517909	10914295	20059261	16690881
农副食品加工业	352192	258073	97583	49419	229117	218390
食品制造业	795383	394755	370551	191833	149645	136527
酒、饮料和精制茶制造业	426824	184489	394665	209523	145981	143900
烟草制品业						
纺织业	236238	142102	202413	131838	99311	68313
纺织服装、服饰业	225167	158340	79640	41491	112292	107114
皮革、毛皮、羽毛及其制品和制鞋业	92992	81695	18946	11919	33185	29735
木材加工和木、竹、藤、棕、草制品业	9208	4132	7929	3175	4839	4839

表7—7 规模以上“三资”工业企业主要经济指标（2018年）（续表3）

计量单位：万元

指 标	资产总计	流动资产	固定资产原价	累计折旧	负债	流动负债
家具制造业	99193	36543	29205	12000	21487	19379
造纸和纸制品业	244166	130644	153445	48918	90256	62877
印刷和记录媒介复制业	138087	85047	100043	54203	80912	75661
文教、工美、体育和娱乐用品制造业	107999	75527	48634	23993	52608	41295
石油、煤炭及其他燃料加工业						
化学原料和化学制品制造业	5608605	2358371	6467872	3870637	2065349	1646605
医药制造业	1331215	825662	261464	92413	472795	397444
化学纤维制造业	206799	113028	276890	158811	124212	123495
橡胶和塑料制品业	441212	137691	486680	217653	294164	201311
非金属矿物制品业	667778	313374	467476	240911	305718	247719
黑色金属冶炼和压延加工业	79279	64609	32744	20353	29186	29186
有色金属冶炼和压延加工业	155442	147559	33634	25988	26521	26476
金属制品业	285221	199222	150319	81554	143541	133280
通用设备制造业	2852503	1831737	1113754	470288	1730167	1621850
专用设备制造业	790445	631396	189230	76744	341790	327130
汽车制造业	6559113	4059188	3543981	1817110	3846241	3387679
铁路、船舶、航空航天和其他运输设备制造业	896191	742301	128995	75158	713423	710982
电气机械和器材制造业	5413292	2997370	2904813	1133836	3275620	2870534
计算机、通信和其他电子设备制造业	9589427	4368545	5693337	1724384	5366332	3762506
仪器仪表制造业	481853	365316	201394	122416	264128	262712
其他制造业	32804	3052	28017	2891	22777	22777
废弃资源综合利用业	40195	7038	34256	4840	17663	11163
金属制品、机械和设备修理业						
电力、热力、燃气及水生产和供应业	1432642	386608	1027963	307965	844700	716180
电力、热力生产和供应业	642264	117396	492388	172925	374555	261468
燃气生产和供应业	740771	257158	488570	117033	424294	413671
水的生产和供应业	49607	12054	47005	18008	45851	41041

表 7—7 规模以上“三资”工业企业主要经济指标（2018 年）（续表 4）

计量单位：万元

指　　标	主营业务收　入	主营业务税金及附加	利税总额	盈亏相抵后利润总额	从业人员平均人数（人）
总　计	40802326	458410	4794994	3191054	238496
一、按轻重工业分组：					
轻工业	9171438	48087	1130197	790640	70183
重工业	31630888	410323	3664798	2400414	168313
二、按企业规模分组：					
大型企业	23041633	367890	3025632	1982765	131269
中型企业	8083482	47432	930255	667900	54060
小微企业	9677211	43088	839107	540389	53167
三、按行业分组：					
采矿业					
煤炭开采和洗选业					
石油和天然气开采业					
黑色金属矿采选业					
有色金属矿采选业					
非金属矿采选业					
开采专业及辅助性活动					
其他采矿业					
制造业	39925735	453692	4673993	3101609	234879
农副食品加工业	406364	563	19517	13811	1545
食品制造业	607870	2563	132183	99603	5799
酒、饮料和精制茶制造业	384902	10904	49755	21245	3879
烟草制品业					
纺织业	224654	1498	18884	9316	3275
纺织服装、服饰业	383334	1912	23715	10681	7849
皮革、毛皮、羽毛及其制品和制鞋业	123028	611	11634	9529	1091
木材加工和木、竹、藤、棕、草制品业	10616	19	808	789	200

表 7—7 规模以上“三资”工业企业主要经济指标（2018 年）（续表 5）

计量单位：万元

指　　标	主营业务收　入	主营业务税金及附加	利税总额	盈亏相抵后利润总额	从业人员平均人数（人）
家具制造业	52493	449	5406	2430	1158
造纸和纸制品业	194658	262	12609	7982	641
印刷和记录媒介复制业	136519	467	14717	11721	1300
文教、工美、体育和娱乐用品制造业	214518	1402	16396	7696	3564
石油、煤炭及其他燃料加工业					
化学原料和化学制品制造业	6304350	37856	909406	673195	10769
医药制造业	858937	8547	385276	313198	6819
化学纤维制造业	228537	2260	784	-3938	2294
橡胶和塑料制品业	198439	702	-63026	-67467	2293
非金属矿物制品业	424816	4663	62904	37362	3482
黑色金属冶炼和压延加工业	76962	443	7291	4779	311
有色金属冶炼和压延加工业	1297273	2596	22949	14867	322
金属制品业	350329	1929	42544	29740	3342
通用设备制造业	2154349	13996	233541	154441	20631
专用设备制造业	578707	4663	121785	100179	4445
汽车制造业	8964863	315545	1909049	1271277	34680
铁路、船舶、航空航天和其他运输设备制造业	673200	2878	44015	25858	3906
电气机械和器材制造业	5764517	16784	476841	321537	32712
计算机、通信和其他电子设备制造业	8699590	16217	129318	-37933	73725
仪器仪表制造业	592527	3625	84739	69321	4647
其他制造业	4694	22	-2813	-2835	10
废弃资源综合利用业	14691	316	3766	3225	190
金属制品、机械和设备修理业					
电力、热力、燃气及水生产和供应业	876590	4718	121001	89445	3617
电力、热力生产和供应业	314782	3553	43434	26200	961
燃气生产和供应业	546736	1076	90749	77256	2510
水的生产和供应业	15072	89	-13182	-14011	146

表 7—8　规模以上大中型工业企业主要经济指标（2018 年）

计量单位：万元

指　　标	企业单位数（个）	#亏损企业
总　　计	395	43
一、按登记注册类型分组		
内资企业	251	18
国有企业	5	1
集体企业		
股份合作企业		
联营企业		
有限责任公司	104	9
股份有限公司	46	4
私营企业	96	4
其他企业		
港、澳、台商投资企业	47	7
外商投资企业	97	18
二、按轻重工业分组：		
轻工业	130	13
重工业	265	30
三、按企业规模分组：		
大型企业	88	12
中型企业	307	31
四、按行业分祖：		
采矿业	2	
煤炭开采和洗选业		
石油和天然气开采业	1	
黑色金属矿采选业		
有色金属矿采选业	1	
非金属矿采选业		
开采专业及辅助性活动		
其他采矿业		
制造业	380	41
农副食品加工业	2	1
食品制造业	8	1
酒、饮料和精制茶制造业	4	
烟草制品业	1	

表7—8 规模以上大中型工业企业主要经济指标（2018年）（续表1）

计量单位：万元

指标	企业单位数（个）	#亏损企业
纺织业	8	2
纺织服装、服饰业	33	3
皮革、毛皮、羽毛及其制品和制鞋业	4	
木材加工和木、竹、藤、棕、草制品业		
家具制造业	4	
造纸和纸制品业		
印刷和记录媒介复制业	3	1
文教、工美、体育和娱乐用品制造业	9	
石油、煤炭及其他燃料加工业	3	
化学原料和化学制品制造业	26	2
医药制造业	24	1
化学纤维制造业	3	1
橡胶和塑料制品业	6	1
非金属矿物制品业	11	1
黑色金属冶炼和压延加工业	2	
有色金属冶炼和压延加工业	2	
金属制品业	13	1
通用设备制造业	36	6
专用设备制造业	19	
汽车制造业	50	8
铁路、船舶、航空航天和其他运输设备制造业	14	
电气机械和器材制造业	40	3
计算机、通信和其他电子设备制造业	42	9
仪器仪表制造业	13	
其他制造业		
废弃资源综合利用业		
金属制品、机械和设备修理业		
电力、热力、燃气及水生产和供应业	13	2
电力、热力生产和供应业	7	1
燃气生产和供应业	3	
水的生产和供应业	3	1

表 7—8　规模以上大中型工业企业主要经济指标（2018 年）（续表 2）

计量单位：万元

指　　标	资产总计	流动资产	固定资产原价	累计折旧	负债	流动负债
总　　计	95722205	50729736	51949868	25219895	49734677	42440449
一、按登记注册类型分组						
内资企业	65412705	35227766	32165815	16313406	33880814	29508383
国有企业	1204329	627053	659572	288592	805675	637812
集体企业						
股份合作企业						
联营企业						
有限责任公司	34687795	20257069	16408764	8230201	18845309	15729750
股份有限公司	17683711	7667898	9697193	5398806	7972291	7555641
私营企业	11836869	6675746	5400286	2395809	6257538	5585181
其他企业						
港、澳、台商投资企业	7405819	3694410	4145761	1388514	3793615	2789944
外商投资企业	22903681	11807560	15638293	7517974	12060248	10142122
二、按轻重工业分组：						
轻工业	14252711	8945731	5796023	2403954	6121096	5360802
重工业	81469494	41784004	46153845	22815941	43613581	37079646
三、按企业规模分组：						
大型企业	68375110	35294761	39222064	19628443	35314215	30192900
中型企业	27347095	15434975	12727805	5591451	14420462	12247549
四、按行业分祖：						
采矿业	772869	38515	1184596	815453	588715	508477
煤炭开采和洗选业						
石油和天然气开采业	737788	20767	1160289	798879	569598	494196
黑色金属矿采选业						
有色金属矿采选业	35081	17748	24307	16574	19117	14280
非金属矿采选业						
开采专业及辅助性活动						
其他采矿业						
制造业	89870826	49662743	45786051	22371652	46449526	40317888
农副食品加工业	316680	116904	99051	14126	232797	168997
食品制造业	884927	480297	361205	181828	336860	291094
酒、饮料和精制茶制造业	212106	121276	190722	112118	104671	105428
烟草制品业	2693323	2192942	578580	266001	483916	483364

表7—8 规模以上大中型工业企业主要经济指标（2018年）（续表3）

计量单位：万元

指　标	资产总计	流动资产	固定资产原价	累计折旧	负债	流动负债
纺织业	252516	150370	206588	130362	119906	88632
纺织服装、服饰业	1058633	780031	280904	100141	589358	548299
皮革、毛皮、羽毛及其制品和制鞋业	56171	41059	11837	6158	10913	10913
木材加工和木、竹、藤、棕、草制品业						
家具制造业	208404	61246	82862	14979	62192	56913
造纸和纸制品业						
印刷和记录媒介复制业	108102	76667	71141	43080	62792	60792
文教、工美、体育和娱乐用品制造业	144931	115829	39667	21326	88131	88046
石油、煤炭及其他燃料加工业	2521809	990211	2600119	1531088	1269483	1254507
化学原料和化学制品制造业	13963857	6746529	11587900	7149345	6477405	5422132
医药制造业	2893980	1786837	783133	306960	978368	843209
化学纤维制造业	420420	245061	284967	163939	166584	151876
橡胶和塑料制品业	423124	138273	453376	202753	276042	178416
非金属矿物制品业	1477146	914788	634691	311424	852640	826349
黑色金属冶炼和压延加工业	7995351	2579781	7693209	3932958	3808846	3422374
有色金属冶炼和压延加工业	361580	141020	62825	30503	215356	213517
金属制品业	1057366	777422	477722	259488	607561	586089
通用设备制造业	5200365	3573753	1657826	810922	3092568	2918511
专用设备制造业	1209926	947992	251577	93593	654316	635791
汽车制造业	11203839	7108594	4886746	2284362	7830408	6631998
铁路、船舶、航空航天和其他运输设备制造业	3523860	2392925	661451	338658	2101527	2030227
电气机械和器材制造业	9519827	6208509	3392874	1258025	5115035	4555252
计算机、通信和其他电子设备制造业	16898133	7758146	7816933	2551362	8700535	6549381
仪器仪表制造业	5264450	3216283	618147	256154	2211317	2195783
其他制造业						
废弃资源综合利用业						
金属制品、机械和设备修理业						
电力、热力、燃气及水生产和供应业	5078510	1028478	4979222	2032790	2696436	1614084
电力、热力生产和供应业	2356891	440365	3077654	1536000	1228724	846985
燃气生产和供应业	659088	207980	460952	104476	399787	390854
水的生产和供应业	2062530	380133	1440616	392314	1067925	376246

表 7—8　规模以上大中型工业企业主要经济指标（2018 年）（续表 4）

计量单位：万元

指　　标	主营业务收　入	主营业务税金及附加	利税总额	盈亏相抵后利润总额	从业人员平均人数（人）
总　　计	90907403	4648341	15509763	8050405	412272
一、按登记注册类型分组					
内资企业	59782288	4233019	11553875	5399740	226943
国有企业	551092	3704	-8686	-13093	4515
集体企业					
股份合作企业					
联营企业					
有限责任公司	29881519	2421594	6349893	2962381	113759
股份有限公司	17982807	1751765	3655426	1325289	47814
私营企业	11366871	55956	1557243	1125162	60855
其他企业					
港、澳、台商投资企业	4988653	27776	529773	358921	42043
外商投资企业	26136462	387546	3426114	2291744	143286
二、按轻重工业分组：					
轻工业	13652864	1491381	3735417	1493173	106337
重工业	77254540	3156960	11774346	6557231	305935
三、按企业规模分组：					
大型企业	70453027	4513320	12821409	6141086	252888
中型企业	20454376	135021	2688353	1909319	159384
四、按行业分祖：					
采矿业	291549	15045	63974	32536	2011
煤炭开采和洗选业					
石油和天然气开采业	255286	13575	42152	16296	1380
黑色金属矿采选业					
有色金属矿采选业	36263	1470	21823	16240	631
非金属矿采选业					
开采专业及辅助性活动					
其他采矿业					
制造业	88673591	4610710	15203423	7861374	400680
农副食品加工业	58355	808	2066	-3264	925
食品制造业	756005	3268	128396	92074	8985
酒、饮料和精制茶制造业	309541	8169	35552	13523	3184
烟草制品业	2211717	1419532	2050185	331606	1453

表 7—8 规模以上大中型工业企业主要经济指标（2018 年）（续表 5）

计量单位：万元

指 标	主营业务收入	主营业务税金及附加	利税总额	盈亏相抵后利润总额	从业人员平均人数（人）
纺织业	236735	1682	19735	8767	4497
纺织服装、服饰业	1295003	5448	116680	72349	21321
皮革、毛皮、羽毛及其制品和制鞋业	58691	620	12531	9633	1593
木材加工和木、竹、藤、棕、草制品业					
家具制造业	118082	1003	12737	7161	2984
造纸和纸制品业					
印刷和记录媒介复制业	145167	676	13306	9745	1779
文教、工美、体育和娱乐用品制造业	553363	2351	24783	12422	4183
石油、煤炭及其他燃料加工业	10034414	1682004	2598001	591369	5224
化学原料和化学制品制造业	17090976	841889	2499765	1250536	35232
医药制造业	2172007	26573	773239	557341	17526
化学纤维制造业	232901	2309	14421	9484	2608
橡胶和塑料制品业	251368	1015	-57735	-64061	3032
非金属矿物制品业	1299163	10650	236030	169349	7882
黑色金属冶炼和压延加工业	8959592	49295	1163318	871096	14232
有色金属冶炼和压延加工业	375460	780	65030	43740	2318
金属制品业	657112	4096	53346	30447	7483
通用设备制造业	3020434	19462	347524	254932	29243
专用设备制造业	875403	6682	152281	118549	9412
汽车制造业	14767767	422086	2873283	2042645	56516
铁路、船舶、航空航天和其他运输设备制造业	1600535	10939	148961	87985	14690
电气机械和器材制造业	8239482	37981	1030528	750702	45418
计算机、通信和其他电子设备制造业	11110396	37341	512401	293732	90137
仪器仪表制造业	2243922	14052	381189	299514	8823
其他制造业					
废弃资源综合利用业					
金属制品、机械和设备修理业					
电力、热力、燃气及水生产和供应业	1942264	22587	242365	156495	9581
电力、热力生产和供应业	1399286	19286	135056	69161	3767
燃气生产和供应业	323471	716	76069	65667	1991
水的生产和供应业	219507	2585	31241	21667	3823

表7—9 规模以上工业企业能源购进、消费及库存（2018年）

项 目	购进量	消费量合计	#工业生产消 费	年末库存
原煤 （吨）	25301935	25171752	25171742	1193795
洗精煤（用于炼焦）（吨）	4954431	4918079	4918079	329338
其他洗煤（吨）				
焦炭（吨）	4737269	7982725	7982725	162427
焦炉煤气（万立方米）	6	119485	119485	
高炉煤气（万立方米）	32148	2152890	2152890	
转炉煤气（万立方米）	17	159818	159818	
天然气（气态）（万立方米）	261944	262711	262360	
液化天然气（吨）	1468	1468	1468	
原油（吨）	30255592	30230507	30230507	886771
汽油（吨）	16569	16711	6466	68
煤油（吨）	180	206	206	6
柴油（吨）	60572	61096	52934	1597
燃料油（吨）	1514	1509	262	23
液化石油气（吨）	75265	298559	298462	883
炼厂干气（吨）	17556	1031578	1031578	
石脑油（吨）	2640073	2446514	2446514	121900
润滑油（吨）	2055	2036	1585	17
石蜡（吨）	12	12	12	
溶剂油（吨）	3059	3030	3030	34
石油焦（吨）	174416	172480	172480	12140
其他石油制品（吨）	6759713	14843087	14843087	47015
热力（百万千焦）	48296963	116268486	116226075	
电力（万千瓦时）	2574955	3312336	3299953	
城市生活垃圾（用于燃料）	2439772	1989409	1989409	20676
生物燃料（吨标准煤）	53630	53056	51827	774

注：本表口径为年主营业务收入在2000万元及以上的工业企业。

表7—10 规模以上工业企业能源产品生产销售与库存（2018年）

产品名称	年初库存	本年生产	本年销售	年末库存
原油加工量（吨）		30215122		
汽油（吨）	68174	7406516	7441724	32893
煤油（吨）	58021	4402241	4409048	51194
柴油（吨）	35730	6312020	6273911	73716
润滑油（吨）	2078	38916	37731	3263
燃料油（吨）	565	140227	140227	565
石脑油（吨）	10189	3271799	3411521	21441
溶剂油（吨）	183	14501	14684	
液化石油气（吨）	3215	1620197	1394900	5281
石油焦（吨）	7691	1429500	1427736	1800
石油沥青（吨）	17355	1436294	1451434	2215
其他石油制品（吨）	745	13721496	5633278	819
焦炭（吨）		3312140		
发电量（万千瓦时）		4629110	3808484	
其中：火力发电量（万千瓦时）		4621243	3800617	
燃煤发电量		3604385	3277526	
燃气发电量		671975	412999	
余热、余压、余气发电量		248128	26520	
垃圾焚烧发电量		96755	83572	
风力发电（万千瓦时）		7867	7867	
煤气生产量（万立方米）		2485489	85438	

注：本表口径为年主营业务收入在2000万元及以上的工业企业。

表 7—11　主要能源品种按工业行业分组消费量（2018 年）

行业分类	原煤（吨）	洗精煤（吨）	其他洗煤（吨）
总　　计	25171752	4918079	
黑色金属矿采选业			
有色金属矿采选业			
非金属矿采选业			
农副食品加工业			
食品制造业			
酒、饮料和精制茶制造业			
烟草制品业			
纺织业			
纺织服装、服饰业			
皮革、毛皮、羽毛及其制品和制鞋业			
木材加工及木、竹、藤、棕、草制品业			
家具制造业			
造纸及纸制品业			
印刷业和记录媒介复制业			
文教、工美、体育和娱乐用品制造业			
石油加工、炼焦及核燃料加工业	1398812		
化学原料及化学制品制造业	3044351		
医药制造业			
化学纤维制造业	129205		
橡胶和塑料制品业			
非金属矿物制品业	973529		
黑色金属冶炼及压延加工业	1819249	4918079	
有色金属冶炼及压延加工业			
金属制品业			
通用设备制造业	10		
专用设备制造业			
汽车制造业			
铁路、船舶、航空航天和其他运输设备制造业	9		
电气机械及器材制造业			
计算机、通信和其他电子设备制造业			
仪器仪表制造业			
其他制造业			
废弃资源综合利用业			
金属制品、机械和设备修理业			
电力、热力的生产和供应业	17806587		
燃气生产和供应业			
水的生产和供应业			

注：本表口径为年主营业务收入在 2000 万元及以上的工业企业。

表7—11　主要能源品种按工业行业分组消费量（2018年）（续表1）

行业分类	焦炭（吨）	焦炉煤气（万立方米）	高炉煤气（万立方米）
总　　计	7982725	119485	2152890
黑色金属矿采选业			
有色金属矿采选业			
非金属矿采选业			
农副食品加工业	238		
食品制造业			
酒、饮料和精制茶制造业			
烟草制品业			
纺织业			
纺织服装、服饰业			
皮革、毛皮、羽毛及其制品和制鞋业			
木材加工及木、竹、藤、棕、草制品业			
家具制造业			
造纸及纸制品业			
印刷业和记录媒介复制业			
文教、工美、体育和娱乐用品制造业			
石油加工、炼焦及核燃料加工业			
化学原料及化学制品制造业	3325		
医药制造业			
化学纤维制造业			
橡胶和塑料制品业			
非金属矿物制品业	8254	6	11015
黑色金属冶炼及压延加工业	7970419	119479	2120754
有色金属冶炼及压延加工业	417		
金属制品业	72		21121
通用设备制造业			
专用设备制造业			
汽车制造业			
铁路、船舶、航空航天和其他运输设备制造业			
电气机械及器材制造业			
计算机、通信和其他电子设备制造业			
仪器仪表制造业			
其他制造业			
废弃资源综合利用业			
金属制品、机械和设备修理业			
电力、热力的生产和供应业			
燃气生产和供应业			
水的生产和供应业			

注：本表口径为年主营业务收入在2000万元及以上的工业企业。

表 7—11　主要能源品种按工业行业分组消费量（2018 年）（续表 2）

行业分类	转炉煤气（万立方米）	天然气（气态）（万立方米）	液化天然气（液态）（吨）
总　　计	159818	262711	1468
黑色金属矿采选业			
有色金属矿采选业			
非金属矿采选业			
农副食品加工业		302	392
食品制造业		863	
酒、饮料和精制茶制造业		58	
烟草制品业		357	
纺织业		802	
纺织服装、服饰业		189	
皮革、毛皮、羽毛及其制品和制鞋业			
木材加工及木、竹、藤、棕、草制品业		20	565
家具制造业		34	
造纸及纸制品业		120	
印刷业和记录媒介复制业		329	
文教、工美、体育和娱乐用品制造业		74	
石油加工、炼焦及核燃料加工业		10030	
化学原料及化学制品制造业		144540	210
医药制造业		271	
化学纤维制造业		844	
橡胶和塑料制品业		957	
非金属矿物制品业		4276	
黑色金属冶炼及压延加工业	159818	906	
有色金属冶炼及压延加工业		2376	
金属制品业		589	
通用设备制造业		420	
专用设备制造业		1121	
汽车制造业		3449	145
铁路、船舶、航空航天和其他运输设备制造业		294	89
电气机械及器材制造业		1490	67
计算机、通信和其他电子设备制造业		2401	
仪器仪表制造业		18	
其他制造业			
废弃资源综合利用业		176	
金属制品、机械和设备修理业			
电力、热力的生产和供应业		85408	
燃气生产和供应业			
水的生产和供应业			

注：本表口径为年主营业务收入在 2000 万元及以上的工业企业。

表 7—11 主要能源品种按工业行业分组消费量（2018 年）（续表 3）

行业分类	原油（吨）	汽油（吨）	煤油（吨）
总　　计	30230507	16711	206
黑色金属矿采选业			
有色金属矿采选业			
非金属矿采选业			
农副食品加工业		206	
食品制造业		58	
酒、饮料和精制茶制造业			
烟草制品业			
纺织业		127	
纺织服装、服饰业		107	
皮革、毛皮、羽毛及其制品和制鞋业		145	
木材加工及木、竹、藤、棕、草制品业		49	
家具制造业		28	
造纸及纸制品业		56	
印刷业和记录媒介复制业		317	
文教、工美、体育和娱乐用品制造业		189	
石油加工、炼焦及核燃料加工业	18013964	31	
化学原料及化学制品制造业	12216543	1600	30
医药制造业		213	
化学纤维制造业		56	
橡胶和塑料制品业		333	
非金属矿物制品业		420	52
黑色金属冶炼及压延加工业		580	20
有色金属冶炼及压延加工业		1082	
金属制品业		495	
通用设备制造业		753	32
专用设备制造业		790	
汽车制造业		3592	
铁路、船舶、航空航天和其他运输设备制造业		389	1
电气机械及器材制造业		2965	71
计算机、通信和其他电子设备制造业		636	
仪器仪表制造业		568	
其他制造业			
废弃资源综合利用业		14	
金属制品、机械和设备修理业			
电力、热力的生产和供应业		13	
燃气生产和供应业		663	
水的生产和供应业		235	

注：本表口径为年主营业务收入在 2000 万元及以上的工业企业。

表 7—11　主要能源品种按工业行业分组消费量（2018 年）（续表 4）

行业分类	柴油（吨）	燃料油（吨）	液化石油气（吨）	炼厂干气（吨）
总　　计	61096	1509	298559	1031578
黑色金属矿采选业				
有色金属矿采选业				
非金属矿采选业				
农副食品加工业	408		32	
食品制造业	806		19	
酒、饮料和精制茶制造业	143			
烟草制品业	150			
纺织业	155			
纺织服装、服饰业	187		4	
皮革、毛皮、羽毛及其制品和制鞋业	20			
木材加工及木、竹、藤、棕、草制品业	143			
家具制造业	2			
造纸及纸制品业	175			
印刷业和记录媒介复制业	817			
文教、工美、体育和娱乐用品制造业	162		10	
石油加工、炼焦及核燃料加工业	101		4234	838919
化学原料及化学制品制造业	4826	73	288129	191277
医药制造业	1888		490	
化学纤维制造业	2645		142	
橡胶和塑料制品业	217			
非金属矿物制品业	28932	117	86	1383
黑色金属冶炼及压延加工业	5280		3003	
有色金属冶炼及压延加工业	439		447	
金属制品业	687	6	295	
通用设备制造业	730		558	
专用设备制造业	865	31	1	
汽车制造业	1556	49	50	
铁路、船舶、航空航天和其他运输设备制造业	3218	1233	698	
电气机械及器材制造业	617		236	
计算机、通信和其他电子设备制造业	537		43	
仪器仪表制造业	200		80	
其他制造业	158			
废弃资源综合利用业	1371			
金属制品、机械和设备修理业				
电力、热力的生产和供应业	2539		2	
燃气生产和供应业	1055			
水的生产和供应业	67		2	

注：本表口径为年主营业务收入在 2000 万元及以上的工业企业。

表7—11 主要能源品种按工业行业分组消费量（2018年）（续表5）

行业分类	石脑油（吨）	润滑油（吨）	石蜡（吨）	溶剂油（吨）
总计	2446514	2036	12	3030
黑色金属矿采选业				
有色金属矿采选业				
非金属矿采选业				
农副食品加工业				
食品制造业				
酒、饮料和精制茶制造业				
烟草制品业				
纺织业				
纺织服装、服饰业				
皮革、毛皮、羽毛及其制品和制鞋业				
木材加工及木、竹、藤、棕、草制品业				
家具制造业				
造纸及纸制品业				381
印刷业和记录媒介复制业				
文教、工美、体育和娱乐用品制造业				
石油加工、炼焦及核燃料加工业				
化学原料及化学制品制造业	2446514	13		2641
医药制造业				
化学纤维制造业				
橡胶和塑料制品业				
非金属矿物制品业		25		
黑色金属冶炼及压延加工业				
有色金属冶炼及压延加工业				
金属制品业		200	12	
通用设备制造业		1125		8
专用设备制造业		87		
汽车制造业		511		
铁路、船舶、航空航天和其他运输设备制造业		30		
电气机械及器材制造业				
计算机、通信和其他电子设备制造业				
仪器仪表制造业		1		
其他制造业				
废弃资源综合利用业		45		
金属制品、机械和设备修理业				
电力、热力的生产和供应业				
燃气生产和供应业				
水的生产和供应业				

注：本表口径为年主营业务收入在2000万元及以上的工业企业。

表7—11 主要能源品种按工业行业分组消费量（2018年）（续表6）

行业分类	石油焦（吨）	其它石油制品（吨）	热力（百万千焦）	电力（万千瓦时）
总计	172480	14843087	116268486	3312336
黑色金属矿采选业				
有色金属矿采选业				4576
非金属矿采选业				
农副食品加工业			353692	10708
食品制造业			1045785	15993
酒、饮料和精制茶制造业			285569	10498
烟草制品业				3532
纺织业			63985	20480
纺织服装、服饰业			49162	11368
皮革、毛皮、羽毛及其制品和制鞋业				1596
木材加工及木、竹、藤、棕、草制品业				1783
家具制造业				3999
造纸及纸制品业			12277	7229
印刷业和记录媒介复制业			54571	15562
文教、工美、体育和娱乐用品制造业				2789
石油加工、炼焦及核燃料加工业	1641	9263295	14390612	203236
化学原料及化学制品制造业	6014	5575794	54640625	999706
医药制造业			979610	26640
化学纤维制造业			3090758	24770
橡胶和塑料制品业			173413	32938
非金属矿物制品业	164825		3033795	122035
黑色金属冶炼及压延加工业		3080	35182512	765038
有色金属冶炼及压延加工业				17087
金属制品业			92040	40186
通用设备制造业		665	19433	79934
专用设备制造业		205	102883	30048
汽车制造业		48	542927	129193
铁路、船舶、航空航天和其他运输设备制造业			17496	20839
电气机械及器材制造业			55206	58701
计算机、通信和其他电子设备制造业			1680336	329215
仪器仪表制造业			25371	14627
其他制造业				1289
废弃资源综合利用业				1954
金属制品、机械和设备修理业				37
电力、热力的生产和供应业			376428	263970
燃气生产和供应业				1264
水的生产和供应业				39516

注：本表口径为年主营业务收入在2000万元及以上的工业企业。

表 7—11　主要能源品种按工业行业分组消费量（2018 年）（续表 7）

行业分类	城市生活垃圾（用于燃料）（吨）	生物燃料（吨标准煤）
总　　计	1989409	53056
黑色金属矿采选业		
有色金属矿采选业		
非金属矿采选业		
农副食品加工业		2583
食品制造业		3075
酒、饮料和精制茶制造业		4786
烟草制品业		
纺织业		6287
纺织服装、服饰业		639
皮革、毛皮、羽毛及其制品和制鞋业		
木材加工及木、竹、藤、棕、草制品业		
家具制造业		
造纸及纸制品业		4162
印刷业和记录媒介复制业		947
文教、工美、体育和娱乐用品制造业		
石油加工、炼焦及核燃料加工业		
化学原料及化学制品制造业		10313
医药制造业		45
化学纤维制造业		
橡胶和塑料制品业		4021
非金属矿物制品业		11678
黑色金属冶炼及压延加工业		
有色金属冶炼及压延加工业		3217
金属制品业		688
通用设备制造业		53
专用设备制造业		
汽车制造业		7
铁路、船舶、航空航天和其他运输设备制造业		115
电气机械及器材制造业		
计算机、通信和其他电子设备制造业		440
仪器仪表制造业		
其他制造业		
废弃资源综合利用业		
金属制品、机械和设备修理业		
电力、热力的生产和供应业	1989409	
燃气生产和供应业		
水的生产和供应业		

注：本表口径为年主营业务收入在 2000 万元及以上的工业企业。

表 7—12　工业行业综合能耗（2018 年）

行业分类	综合能源消费量（吨标准煤）	增幅（%）
全部工业企业	38269742	0.69
黑色金属矿采选业		
有色金属矿采选业	5624	11.90
非金属矿采选业		
农副食品加工业	32623	-10.10
食品制造业	69377	5.82
酒、饮料和精制茶制造业	28371	-2.73
烟草制品业	7681	-10.02
纺织业	42947	-8.08
纺织服装、服饰业	18722	-14.68
皮革、毛皮、羽毛及其制品和制鞋业	1864	-8.34
木材加工及木、竹、藤、棕、草制品业	3673	47.21
家具制造业	5150	30.50
造纸及纸制品业	15542	25.91
印刷业和记录媒介复制业	27311	1.51
文教、工美、体育和娱乐用品制造业	4462	-28.62
石油加工、炼焦及核燃料加工业	3154011	8.40
化学原料及化学制品制造业	14995427	3.83
医药制造业	73142	-5.75
化学纤维制造业	161568	-5.68
橡胶和塑料制品业	61544	-6.05
非金属矿物制品业	1212598	2.01
黑色金属冶炼及压延加工业	10037045	-0.59
有色金属冶炼及压延加工业	55999	-2.75
金属制品业	84492	4.56
通用设备制造业	107579	2.72
专用设备制造业	56133	9.28
汽车制造业	221528	8.98
铁路、船舶、航空航天和其他运输设备制造业	33767	3.25
电气机械及器材制造业	94287	-9.61
计算机、通信和其他电子设备制造业	492136	22.60
仪器仪表制造业	19325	-5.49
其他制造业	1815	163.40
废弃资源综合利用业	6466	168.90
金属制品、机械和设备修理业	45	-6.37
电力、热力的生产和供应业	7086360	-7.73
燃气生产和供应业	2748	15.17
水的生产和供应业	48381	5.59

注：本表口径为年主营业务收入在 2000 万元及以上的工业企业。

表 7—13　规模以上工业企业主要单位产品能源消耗

指标名称	计量单位	2018 年	2017 年	比上年增减%
吨粘胶纤维综合能耗（长丝）	千克标准煤/吨	2936.64	2645.29	11.01
吨粘胶纤维用电量（长丝）	千瓦时/吨	6285.02	6510.25	-3.46
炼焦工序单位能耗	千克标准煤/吨	106.47	107.66	-1.10
原油加工单位耗电	千瓦时/吨	63.67	60.84	4.64
原油加工单位综合能耗	千克标准油/吨	55.98	52.99	5.64
单位烧碱生产综合能耗（离子膜法 30%）	千克标准煤/吨	363.02	335.11	8.33
单位烧碱生产耗交流电（离子膜法 30%）	千瓦时/吨	2272.98	2077.88	9.39
单位乙烯生产综合能耗	千克标准煤/吨	801.78	809.02	-0.89
单位乙烯生产耗电	千瓦时/吨	117.78	123.38	-4.54
单位合成氨生产综合能耗	千克标准煤/吨	1669.47	1536.24	8.67
单位合成氨耗电	千瓦时/吨	288.23	295.83	-2.57
单位合成氨耗原料煤	千克标煤/吨	1472.79	1471.46	0.09
吨水泥熟料综合能耗	千克标准煤/吨	109.70	111.81	-1.88
吨水泥熟料综合电耗	千瓦时/吨	51.66	51.37	0.57
吨水泥熟料烧成标准煤耗	千克标准煤/吨	102.46	106.93	-4.17
吨水泥综合能耗	千克标准煤/吨	90.11	91.42	-1.43
吨水泥综合电耗	千瓦时/吨	67.80	67.31	0.72
吨水泥标准煤耗	千克标准煤/吨	88.85	88.64	0.23
吨钢综合能耗	千克标准煤/吨	575.41	594.35	-3.19
吨钢耗电	千瓦时/吨	434.42	428.92	1.28
吨钢可比能耗	千克标准煤/吨	508.09	518.88	-2.08
炼铁工序单位能耗	千克标准煤/吨	388.80	392.25	-0.88
铁矿烧结工序单位能耗	千克标准煤/吨	48.94	49.08	-0.29
转炉炼钢综合工序单位能耗	千克标准煤/吨	-15.46	-15.75	-1.84
电炉炼钢综合工序单位能耗	千克标准煤/吨	63.76	62.59	1.88
电炉炼钢综合电力消耗	千瓦时/吨	300.20	300.94	-0.24
轧钢工序单位能耗	千克标准煤/吨	56.07	55.49	1.05
轧钢工序单位电力消耗	千瓦时/吨	98.04	98.79	-0.76
吨钢耗新水	吨/吨	2.36	2.73	-13.68
电厂火力发电标准煤耗	克标准煤/千瓦时	277.63	279.63	-0.72
电厂火力供电标准煤耗	克标准煤/千瓦时	291.07	292.89	-0.62
发电厂用电率	%	4.59	4.49	2.16

注：1、本表口径为年耗能万吨及以上工业企业。
2、本表中的本同期指标值为按国家目录统计的生产每单位产品的能源消耗量。

表 7—14　规模以上工业企业取水总量按行业分类（2018 年）

计量单位：万立方米

行业分类	工业取水总量				重复用水总量
	合　计	#自来水	地表水	地下水	
总　计	173327.71	23206.47	147800.27	111.19	744223.04
黑色金属矿采选业					
有色金属矿采选业	82.32	9.72		72.60	189.91
非金属矿采选业					
农副食品加工业	164.69	164.60			
食品制造业	433.78	433.45	0.33		0.25
酒、饮料和精制茶制造业	334.47	334.47			247.41
烟草制品业	42.08	41.77			257.44
纺织业	164.88	128.84	36.04		17.37
纺织服装、服饰业	190.18	187.01	2.95	0.22	1.48
皮革、毛皮、羽毛及其制品和制鞋业	22.16	22.16			
木材加工及木、竹、藤、棕、草制品业	8.88	8.88			
家具制造业	23.54	23.50		0.04	0.59
造纸及纸制品业	30.79	29.25	1.54		
印刷业和记录媒介复制业	83.67	83.50		0.17	20.47
文教、工美、体育和娱乐用品制造业	40.86	39.21	0.62	1.03	0.92
石油加工、炼焦及核燃料加工业	2648.45	47.34	2600.95		1513.01
化学原料及化学制品制造业	15963.43	10133.25	5652.29	10.49	436193.33
医药制造业	503.29	485.37			316.86
化学纤维制造业	6160.00	671.13	5488.87		273.64
橡胶和塑料制品业	179.35	178.89	0.04	0.42	428.48
非金属矿物制品业	1787.80	755.36	997.68	22.46	873.46
黑色金属冶炼及压延加工业	4366.41	46.79	4318.38	0.34	254922.98
有色金属冶炼及压延加工业	85.63	85.22		0.41	315.37
金属制品业	273.45	270.24	3.04	0.17	7.07
通用设备制造业	399.58	397.75	0.49	1.33	157.25
专用设备制造业	273.32	272.50	0.02	0.70	54.30
汽车制造业	941.60	939.10			504.95
铁路、船舶、航空航天和其他运输设备制造业	176.06	175.43	0.63		403.71
电气机械及器材制造业	435.57	433.92	0.83	0.81	154.36
计算机、通信和其他电子设备制造业	3211.80	3150.48			617.87
仪器仪表制造业	147.38	144.88	2.50		
其他制造业	2.96	2.96			
废弃资源综合利用业	60.00	31.02	28.98		28.98
金属制品、机械和设备修理业	0.61	0.61			
电力、热力的生产和供应业	12300.51	447.41	9916.39		46721.47
燃气生产和供应业	27.20	26.64			0.10
水的生产和供应业	121761.02	3003.83	118747.69		

注：本表口径为年主营业务收入在 2000 万元及以上的工业企业。

表7—15　主要年份规模以上工业企业职工人数、主营业务收入和利税总额

年　份	职工人数（万人）	主营业务收入（万元）	利税总额（万元）
1978	—	479852	124043
1979	55.26	567621	136507
1980	58.66	616995	93441
1981	62.90	610863	85509
1982	65.58	668852	87733
1983	70.87	752944	127087
1984	71.41	876503	165675
1985	78.50	1120919	260540
1986	81.32	1151405	241801
1987	85.18	1508476	254047
1988	86.52	1845851	284969
1989	85.66	2202471	324272
1990	86.26	2477840	310481
1992	89.50	4081394	451528
1993	87.95	5642341	495640
1994	90.74	6608363	681163
1995	92.17	8645998	723396
1996	86.92	9197414	693749
1997	81.97	10077056	851273
1998	75.04	11624513	975555
1999	68.13	12534665	1200216
2000	62.04	15402200	1423719
2004	55.24	30914407	3442973
2005	56.27	40273019	3650834
2007	59.29	58189978	6172559
2008	70.96	66355400	4703237
2009	73.39	67309878	7388915
2010	80.59	86253519	10799554
2011	78.11	104723129	11925432
2012	79.71	112832558	13727842
2013	79.71	124252054	17891738
2014	80.64	130038382	17248720
2015	78.42	121806956	16958610
2016	74.44	124423598	18499969
2017	64.26	109364660	16366378
2018	64.41	121572303	18812814

表7—16　2000年以来规模以上工业出口交货值、利润总额

计量单位：亿元、%

年　份	工业出口交货值		工业利润总额	
	亿元	增长%	亿元	增长%
2000	150.70	33.5	56.70	31.5
2001	162.38	10.1	51.82	-8.6
2002	176.45	9.5	70.78	36.6
2003	293.77	63.6	112.51	59.0
2004	469.41	59.3	199.30	77.1
2005	867.44	61.8	196.83	-1.2
2006	960.16	10.9	214.88	9.2
2007	1155.73	20.1	369.45	71.9
2008	1155.18	-0.1	125.51	-66.0
2009	795.99	-31.1	354.18	182.2
2010	983.85	23.6	467.97	32.1
2011	1104.08	12.2	594.40	27.0
2012	1301.55	17.9	604.44	1.7
2013	1390.19	6.8	979.10	62.0
2014	1831.36	6.7	879.39	-10.2
2015	1975.46	7.9	828.91	-5.7
2016	1784.18	-9.7	959.35	15.7
2017	1579.01	-11.5	867.69	-9.6
2018	1580.94	0.1	1020.73	17.6

注：“规模以上工业”从2006年开始，统计口径为由原来的“全部国有及年主营业务收入500万元及以上的非国有法人企业”，调整为“年主营业务收入1000万元及以上的法人工业企业”；2011年开始是指年主营业务收入在2000万元及以上的法人工业企业。

表7—17　2000年以来全社会用电量

计量单位：万千瓦时

年　份	全社会用电量	第一产业用电量	第二产业用电量	第三产业用电量
2000	1377395	—	—	—
2001	1484439	—	—	—
2002	1620788	—	—	—
2003	1840333	—	—	—
2004	2072997	15625	1516541	280799
2005	2466661	14507	1772227	377701
2006	2705710	14117	1906213	435703
2007	2991293	14806	2104964	503645
2008	3107922	15350	2109267	567103
2009	3370545	16264	2274994	626941
2010	3736638	16871	2461481	728152
2011	3997431	18313	2605097	844872
2012	4249554	18853	2699199	930843
2013	4626718	19536	2920266	1011428
2014	4704973	20441	2946677	1130462
2015	4951753	23820	3069749	1204713
2016	5247863	30133	3167669	1285568
2017	5569607	31438	3243525	1483254
2018	6064005	18389	3381783	1734407

表 7—18　2000 年以来工业和城乡居民生活用电量

计量单位：万千瓦时

年　份	工业用电量	城乡居民生活用电量
2000	983357	161776
2001	1050714	214813
2002	1160082	189578
2003	1297208	233660
2004	1476061	260031
2005	1735282	302226
2006	1870393	349677
2007	2071067	367878
2008	2077025	416202
2009	2237473	452346
2010	2426591	530134
2011	2568421	529149
2012	2656421	600659
2013	2867065	675488
2014	2890160	607393
2015	3005429	653471
2016	3108114	764493
2017	3181389	811390
2018	3312687	929426

表7—19　2018年大中型工业企业名单

企业名称	规模	企业名称	规模
中国石化股份有限公司金陵分公司	大型	中国石化集团南京化学工业有限公司	大型
中国石化扬子石油化工有限公司	大型	南京中电熊猫平板显示科技有限公司	大型
南京钢铁集团有限公司	大型	熊猫电子集团有限公司	大型
上汽大众汽车有限公司南京分公司	大型	南京金龙客车制造有限公司	大型
南京汽车集团有限公司	大型	南京群志光电有限公司	大型
上海梅山钢铁股份有限公司	大型	江苏奥赛康药业股份有限公司	大型
江苏中烟工业有限责任公司南京卷烟厂	大型	国电南京自动化股份有限公司	大型
红太阳集团有限公司	大型	江苏华瑞国际实业集团有限公司	大型
扬子石化-巴斯夫有限责任公司	大型	中车南京浦镇车辆有限公司	大型
长安马自达汽车有限公司	大型	南京乐金熊猫电器有限公司	大型
乐金化学（南京）信息电子材料有限公司	大型	南京中车浦镇城轨车辆有限责任公司	大型
乐金显示（南京）有限公司	大型	南京依维柯汽车有限公司	大型
国电南瑞科技股份有限公司	大型	南京云海特种金属股份有限公司	大型
喜星电子（南京）有限公司	大型	国电南瑞南京控制系统有限公司	大型
国睿集团有限公司	大型	红宝丽集团股份有限公司	大型
南京爱立信熊猫通信有限公司	大型	中国石化集团金陵石油化工有限责任公司	大型
吉宝通讯（南京）有限公司	大型	南京中电熊猫液晶显示科技有限公司	大型
南京南瑞继保工程技术有限公司	大型	南京创维家用电器有限公司	大型
艾欧史密斯（中国）热水器有限公司	大型	瑞仪光电（南京）有限公司	大型
南京高速齿轮制造有限公司	大型	南京德朔实业有限公司	大型
仕达利恩（南京）光电有限公司	大型	南京顶益食品有限公司	大型
博西华电器（江苏）有限公司	大型	上汽大通汽车有限公司南京分公司	大型

表 7—19　2018 年大中型工业企业名单（续表 1）

企业名称	规模	企业名称	规模
中国石油化工股份有限公司华东油气分公司	大型	南京莱斯康电子有限公司	大型
南京港华燃气有限公司	大型	江苏中圣压力容器装备制造有限公司	大型
舍弗勒（南京）有限公司	大型	南京造币有限公司	大型
南京正大天晴制药有限公司	大型	南京泉峰汽车精密技术股份有限公司	大型
南京长安汽车有限公司	大型	艾欧史密斯（南京）水处理产品有限公司	大型
西门子数控（南京）有限公司	大型	南京高精齿轮集团有限公司	大型
东华汽车实业有限公司	大型	菲尼克斯亚太电气（南京）有限公司	大型
南京康尼机电股份有限公司	大型	可隆（南京）特种纺织品有限公司	大型
南京南瑞继保电气有限公司	大型	南京圣和药业股份有限公司	大型
南京汽轮电机（集团）有限责任公司	大型	南京冠盛汽配有限公司	大型
长安福特马自达发动机有限公司	大型	博世汽车技术服务（中国）有限公司	大型
南京天加环境科技有限公司	大型	南京水务集团有限公司	大型
南京卫岗乳业有限公司	大型	南京京滨化油器有限公司	大型
南京奥托立夫汽车安全系统有限公司	大型	马勒发动机零部件（南京）有限公司	大型
南京金陵船厂有限公司	大型	南京微创医学科技股份有限公司	大型
台积电（南京）有限公司	大型	南京金陵金箔集团股份有限公司	大型
江苏太古可口可乐饮料有限公司	大型	南京金斯瑞生物科技有限公司	大型
英华达（南京）科技有限公司	大型	弓箭玻璃器皿（中国）有限公司	大型
南京喜之郎食品有限公司	大型	南京华东电子信息科技股份有限公司	大型
代傲电子控制（南京）有限公司	大型	金陵药业股份有限公司	大型
中材科技股份有限公司	大型	汉桑（南京）科技有限公司	大型
艾欧史密斯（中国）水系统有限公司	大型	江苏高淳陶瓷股份有限公司	大型

表 7—19　2018 年大中型工业企业名单（续表 2）

企业名称	规模	企业名称	规模
南京 LG 新港新技术有限公司	中型	布雷博（南京）制动系统有限公司	中型
南京福邦特东方化工有限公司	中型	安百拓（南京）建筑矿山设备有限公司	中型
南京诚志清洁能源有限公司	中型	南京四方亿能电力自动化有限公司	中型
南京中联混凝土有限公司	中型	高淳县第二机油泵制造有限公司	中型
南京乐金化学新能源电池有限公司	中型	诺玛科（南京）汽车零部件有限公司	中型
南京邦奇自动变速箱有限公司	中型	南京联塑科技实业有限公司	中型
华能南京金陵发电有限公司	中型	南京聚隆科技股份有限公司	中型
江苏德纳化学股份有限公司	中型	南京协众汽车空调集团有限公司	中型
塞拉尼斯（南京）多元化工有限公司	中型	中建五洲工程装备有限公司	中型
南京创维平面显示科技有限公司	中型	精博电子（南京）有限公司	中型
南京汇众汽车底盘系统有限公司	中型	江苏华瑞服装有限公司	中型
南京国电南自电网自动化有限公司	中型	南京金浦锦湖化工有限公司	中型
江苏苏博特新材料股份有限公司	中型	江苏中旗科技股份有限公司	中型
中国石化集团资产经营管理有限公司扬子石化	中型	南京锦湖轮胎有限公司	中型
江苏南热发电有限责任公司	中型	南京威迩德汽车零部件有限公司	中型
南京先声东元制药有限公司	中型	南京优科制药有限公司	中型
南京绿叶制药有限公司	中型	南京消防器材股份有限公司	中型
兰精（南京）纤维有限公司	中型	南京胜捷电机制造有限公司	中型
南京化学工业园热电有限公司	中型	南京熊猫电子装备有限公司	中型
南京普天通信股份有限公司	中型	南京华脉科技股份有限公司	中型
博世华域转向系统（南京）有限公司	中型	南京中燃城市燃气发展有限公司	中型
东爵有机硅（南京）有限公司	中型	南京大全电气有限公司	中型
大唐南京发电厂	中型	南京国盛电子有限公司	中型
南京奥特佳新能源科技有限公司	中型	华能国际电力股份有限公司南京电厂	中型
中国水泥厂有限公司	中型	南京钛白化工有限责任公司	中型
南京国轩电池有限公司	中型	南京莱斯信息技术股份有限公司	中型
南京炼油厂有限责任公司	中型	南京华润热电有限公司	中型
南京红宝丽聚氨酯有限公司	中型	南京百事可乐饮料有限公司	中型
扬子江药业集团南京海陵药业有限公司	中型	江苏金智科技股份有限公司	中型
南京华信藤仓光通信有限公司	中型	南京龙源环保有限公司	中型
蓝星安迪苏南京有限公司	中型	南京中联水泥有限公司	中型
南京市比亚迪汽车有限公司	中型	南京兰叶建设集团有限公司	中型
南京西普水泥工程集团有限公司	中型	艾默生过程控制流量技术有限公司	中型
江苏钟山化工有限公司	中型	南京威尔药业股份有限公司	中型
南京创源天地动力科技有限公司	中型	南京高捷轻工设备有限公司	中型
法雷奥凯佩科液力变矩器（南京）有限公司	中型	江苏金陵机械制造总厂	中型
江苏双龙集团有限公司	中型	南京江宁水务集团有限公司	中型
高淳县东艺制衣有限公司	中型	南京法雷奥离合器有限公司	中型
南京立业电力变压器有限公司	中型	南京中车浦镇海泰制动设备有限公司	中型

表 7—19　2018 年大中型工业企业名单（续表 3）

企业名称	规模	企业名称	规模
南京红太阳生物化学有限责任公司	中型	中国能源建设集团南京线路器材有限公司	中型
金城化学（江苏）有限公司	中型	南京天河汽车零部件股份有限公司	中型
南京音飞储存设备（集团）股份有限公司	中型	南京洛普股份有限公司	中型
南京星乔威泰克汽车零部件有限公司	中型	南京迪威尔高端制造股份有限公司	中型
南京海辰药业股份有限公司	中型	上美塑胶（南京）有限公司	中型
南京圣迪奥时装有限公司	中型	南京康正制衣有限责任公司	中型
江苏龙蟠科技股份有限公司	中型	南京中船绿洲机器有限公司滨江公司	中型
南京汽轮电机长风新能源股份有限公司	中型	江苏久吾高科技股份有限公司	中型
江苏信宁新型建材有限公司	中型	南京华格电汽塑业有限公司	中型
蔚然（南京）动力科技有限公司	中型	南京马波斯自动化设备有限公司	中型
南京宝色股份公司	中型	苏世博（南京）减振系统有限公司	中型
南京佳和日化有限公司	中型	南京际华三五〇三服装有限公司	中型
南京恩瑞特实业有限公司	中型	南京法伯耳纺织有限公司	中型
美埃（中国）环境净化有限公司	中型	大协西川东阳汽车部件（南京）有限公司	中型
霍尼韦尔传感控制（中国）有限公司	中型	南京埃斯顿自动化股份有限公司	中型
江苏南瑞帕威尔电气有限公司	中型	南京日立产机有限公司	中型
南京越博动力系统股份有限公司	中型	南京恩梯恩精密机电有限公司	中型
赛科利（南京）汽车模具技术应用有限公司	中型	南京我乐家居股份有限公司	中型
南京高乐玩具有限公司	中型	南京玉华机械有限公司	中型
南京科远自动化集团股份有限公司	中型	南京利德东方橡塑科技有限公司	中型
基蛋生物科技股份有限公司	中型	中船重工鹏力（南京）塑造科技有限公司	中型
南京创新机油泵制造有限公司	中型	南京泽蕾金属材料厂	中型
南京控特电机股份有限公司	中型	南京全信传输科技股份有限公司	中型
南京际华三五二一特种装备有限公司	中型	南京康尼新能源汽车零部件有限公司	中型
南京大吉铁塔制造有限公司	中型	南京高精船用设备有限公司	中型
李尔长安（重庆）汽车系统有限责任公司南京	中型	南京振先轻工机械有限公司	中型
布雷博（南京）汽车零部件有限公司	中型	亿泰精密工业（南京）有限公司	中型
多伦科技股份有限公司	中型	东盟电气集团南京股份有限公司	中型
南京拓马制衣有限公司	中型	江苏无线电厂有限公司	中型
南京公用水务有限公司	中型	南京爱德印刷有限公司	中型
南京国电南自维美德自动化有限公司	中型	南京佳力图机房环境技术股份有限公司	中型
南京梦丽偲纺织品有限公司	中型	南京白敬宇制药有限责任公司	中型
溢泰（南京）环保科技有限公司	中型	南京市罗奇泰克电子有限公司	中型
南京药石科技股份有限公司	中型	江苏大烨智能电气股份有限公司	中型
南京同仁堂药业有限责任公司	中型	南京长江涂料有限公司	中型
南京福斯特牧业科技有限公司	中型	南京电气绝缘子有限公司	中型
南京瀚宇彩欣科技有限责任公司	中型	南京银茂铅锌矿业有限公司	中型
南京威孚金宁有限公司	中型	蓝深集团股份有限公司	中型
南京迈瑞生物医疗电子有限公司	中型	艾志（南京）环保管接技术股份有限公司	中型

表7—19　2018年大中型工业企业名单（续表4）

企业名称	规模	企业名称	规模
南京聪龙制衣有限公司	中型	南京洛普科技有限公司	中型
江苏金海宁新型建材科技有限公司	中型	南京塔塔汽车零部件系统有限公司	中型
南京金峰汽车零部件制造有限公司	中型	南京恒电电子有限公司	中型
南京群力运动器材有限公司	中型	南京东润特种橡塑有限公司	中型
江苏康缘阳光药业有限公司	中型	南京新一棉纺织印染有限公司	中型
南京天意公路材料有限公司	中型	南京埃斯顿机器人工程有限公司	中型
南京南方联成汽车零部件有限公司	中型	南京中盛铁路车辆配件有限公司	中型
南京盛溪印刷包装有限公司	中型	南京圣诺热管有限公司	中型
南京际华五三零二服饰装具有限责任公司	中型	胡连电子（南京）有限公司	中型
江苏卡思迪莱服饰有限公司	中型	南京金城机械有限公司	中型
南京光明乳品有限公司	中型	江苏艾思飞精密零部件有限公司	中型
南京小洋人生物科技发展有限公司	中型	南京工艺装备制造有限公司	中型
南京秦川汽车电器有限公司	中型	博世汽车转向系统金城（南京）有限公司	中型
南京飞腾电子科技有限公司	中型	南京白象食品有限公司	中型
南京奥联汽车电子电器股份有限公司	中型	南京扬子塑料化工有限责任公司	中型
南京氟源化工管道设备有限公司	中型	南京云海轻金属精密制造有限公司	中型
南京大全变压器有限公司	中型	南京熊猫信息产业有限公司	中型
南京大桥机器有限公司	中型	南京东陶有限公司	中型
南京六和普什机械有限公司	中型	立维腾电子（南京）有限公司	中型
南京磐能电力科技股份有限公司	中型	南京高华科技股份有限公司	中型
华润雪花啤酒（南京）有限公司	中型	江苏塔菲尔新能源科技股份有限公司	中型
江苏六维智能物流装备股份有限公司	中型	丸仁电子（南京）有限公司	中型
南京我乐定制家具有限公司	中型	伟创力（南京）科技有限公司	中型
南京金岛服装有限公司	中型	南京苏美达创元制衣有限公司	中型
含羞草（江苏）食品有限公司	中型	南京巨鲨显示科技有限公司	中型
南京易亨制药有限公司	中型	南京普爱医疗设备股份有限公司	中型
南京申迪焊接技术有限公司	中型	南京扬子检修安装有限责任公司	中型
南京雷尔伟新技术股份有限公司	中型	南京海欣丽宁长毛绒有限公司	中型
蒂森克虏伯发动机零部件（中国）有限公司	中型	南京沪江复合材料股份有限公司	中型
南京美华羽绒制品有限公司	中型	泰艺电子（南京）有限公司	中型
南京苏美达动力产品有限公司	中型	迈拓仪表股份有限公司	中型
江苏盛南服装有限公司	中型	南京臣功制药股份有限公司	中型
海太欧林集团有限公司	中型	南京南条全兴汽车内饰系统有限公司	中型
南京世和基因生物技术有限公司	中型	南京五环新型材料科技有限公司	中型
南京辉恒服饰有限公司	中型	南京五洲制冷集团有限公司	中型
南京飞燕活塞环股份有限公司	中型	南京冠佳科技有限公司	中型
南京腾亚精工科技有限公司	中型	南京万德体育产业集团有限公司	中型
江苏雨润肉食品有限公司	中型	南京康尼精密机械有限公司	中型
南京百江液化气有限公司	中型	南京扬子动力工程有限责任公司	中型

表7—19　2018年大中型工业企业名单（续表5）

企业名称	规模	企业名称	规模
瑞元股特（南京）电子有限公司	中型	永镫科技（南京）有限公司	中型
南京鑫业电动工具制造有限公司	中型	南京扬子检维修有限责任公司	中型
南京特种电机厂有限公司	中型	南京克莉丝汀食品有限公司	中型
江苏开元食品科技有限公司	中型	中石化南京化工研究院有限公司	中型
南京双京电器集团有限公司	中型	南京哈恩达斯体育用品有限公司	中型
南京钰佳特针织服饰有限公司	中型	江苏花山集团有限公司	中型
南京奥特佳长恒铸造有限公司	中型	南京达盈新型材料有限公司	中型
南京通孚玩具有限责任公司	中型	南京速鸿电子科技有限公司	中型
南京正源搪瓷设备制造有限公司	中型	南京驰力汽车传动装置有限公司	中型
南京诺唯赞生物科技有限公司	中型	江苏金丝服装有限公司	中型
南京斯瑞奇医疗用品有限公司	中型	江苏舒逸纺织有限公司	中型
南京肯特复合材料股份有限公司	中型	南京双峰油泵油嘴有限公司	中型
南京恒发服饰有限公司	中型	南京圣可尼服饰实业有限公司	中型
南京足雅鞋业有限公司	中型	南京金浦利轨道车辆装备有限公司	中型
南京舒服特服饰鞋业有限公司	中型	南京禾诚石化装备工程有限公司	中型
南京波长光电科技股份有限公司	中型	南京鸿祺服饰有限公司	中型
江苏东航食品有限公司	中型	江苏英诺华医疗技术有限公司	中型
南京佳盛机电器材制造有限公司	中型	江苏集萃药康生物科技有限公司	中型
南京奥特佳祥云冷机有限公司	中型	南京昊天制衣有限公司	中型
江苏庞源机械工程有限公司	中型	德昌电机（南京）有限公司	中型
南京创思特服饰有限公司	中型	南京同方制衣有限责任公司	中型
南京嘉浩科技有限公司	中型	南京钢铁集团江苏冶金机械有限公司	中型
南京二机齿轮机床有限公司	中型	南京春辉科技实业有限公司	中型
南京东屋电气有限公司	中型	南京美华羽绒制品有限公司羽绒制品厂	中型
南京润京乳胶制品有限公司	中型	南京景轩制衣有限公司	中型
江苏苏美达创星纺织品有限公司	中型	江苏苏美达创为针织服饰有限公司	中型
南京梅山工程技术新产业开发有限公司	中型	南京奥威服装有限公司	中型
江苏本川智能电路科技股份有限公司	中型	南京南梅金属加工有限公司	中型
南京西普尔科技实业有限公司	中型	南京化纤股份有限公司	中型
南京江南永新光学有限公司	中型	南京苏美达创品制衣有限公司	中型
南京海尔曼斯集团服装有限公司	中型	南京弘景时装实业有限公司	中型
南京派格斯游乐设备有限公司	中型	南京奥能锅炉有限公司	中型
南京制药厂有限公司	中型	南京苏美达服装技术研发有限公司	中型
江苏先特能源装备有限公司	中型	南京爱汇缘服饰有限公司	中型
南京海尔曼斯集团有限公司	中型	南京桃园制衣有限公司	中型
侨伟运动器材（南京）有限公司	中型	江苏宝庆珠宝有限公司	中型
南京东翔制衣有限公司	中型		

主要统计指标解释

工业 指从事自然资源的开采，对采掘品和农产品进行加工和再加工的物质生产部门。具体包括：（1）对自然资源的开采，如采矿、晒盐、森林采伐等（但不包括禽兽捕猎和水产捕捞）；（2）对农副产品的加工、再加工，如粮油加工、食品加工、轧花、缫丝、纺织、制革等；（3）对采掘品的加工、再加工，如炼铁、炼钢、化工生产、石油加工、机器制造、木材加工等，以及电力、自来水、煤气的生产和供应等；（4）对工业品的修理、翻新，如机器设备的修理、交通运输工具（包括小卧车）的修理等。

1984年以前农村的村及村以下办工业归属农业，1984年以后划归工业。

国有及国有控股企业 指国有企业加上国有控股企业。国有企业是指企业全部资产归国家所有，并按《中华人民共和国企业法人登记管理条例》规定登记注册的非公司制的经济组织。1957年以前的公私合营和私营工业，后均改造为国营工业，1992年改为国有工业，这部分工业的资料不单独分列时，均包括在国有企业内。国有控股企业是对混合所有制经济的企业进行的“国有控股”分类。它是指这些企业的全部资产中国有资产（股份）相对其他所有者中的任何一个所有者占资（股）最多的企业。该分组反映了国有经济控股情况。

集体企业 指企业资产归集体所有，并按《中华人民共和国企业法人登记管理条例》规定登记注册的经济组织。是社会主义公有制经济的组成部分。包括城乡所有使用集体投资举办的企业，以及部分个人通过集资自愿放弃所有权并依法经工商行政管理机关认定为集体所有制的企业。

股份合作企业 指以合作制为基础，由企业职工共同出资入股，吸收一定比例的社会资产投资组建，实行自主经营，自负盈亏，共同劳动，民主管理，按劳分配与按股分红相结合的一种集体经济组织。

联营企业 指两个及两个以上相同或不同所有制性质的企业法人或事业单位法人，按自愿、平等、互利的原则，共同投资组成的经济组织。联营企业包括：国有联营企业指国有企业与国有企业间的联营；集体联营企业指集体企业与集体企业间的联营；国有与集体联营企业指国有企业与集体企业间的联营。

有限责任公司 指根据《中华人民共和国公司登记管理条例》规定登记注册，由两个以上，五十个以下的股东共同出资，每个股东以其所认缴的出资额对公司承担有限责任，公司以其全部资产对其债务承担责任的经济组织。

有限责任公司包括国有独资公司以及其他有限责任公司。

股份有限公司　指根据《中华人民共和国企业法人登记管理条例》规定登记注册，其全部注册资本由等额股份构成并通过发行股票筹集资本，股东以其认购的股份对公司承担有限责任，公司以其全部资产对其债务承担责任的经济组织。

私营企业　指由自然人投资设立或由自然人控股，以雇佣劳动为基础的营利性经济组织。包括按照《公司法》、《合伙企业法》、《私营企业暂行条例》规定登记注册的私营有限责任公司、私营股份有限公司、私营合伙企业和私营独资企业。

港、澳、台商投资企业　指企业注册登记类型中的港、澳、台资合资、合作、独资经营企业和股份有限公司之和。

外商投资企业　指企业注册登记类型中的中外合资、合作经营企业、外资企业和外商投资股份有限公司之和。

“三资”企业　系指港、澳、台商投资企业和外资企业的简称。

轻工业　指主要提供生活消费品和制作手工工具的工业。按其所使用的原料不同，可分为两大类：（1）以农产品为原料的轻工业，是指直接或间接以农产品为基本原料的轻工业。主要包括食品制造、饮料制造、烟草加工、纺织、缝纫、皮革和毛皮制作、造纸以及印刷等工业；（2）以非农产品为原料的轻工业，是指以工业品为原料的轻工业。主要包括文教体育用品、化学药品制造、合成纤维制造、日用化学制品、日用玻璃制品、日用金属制品、手工工具制造、医疗器械制造、文化和办公用机械制造等工业。

重工业　是指为国民经济各部门提供物质技术基础的主要生产资料的工业。按其生产性质和产品用途，可以分为下列三类：（1）采掘（伐）工业，是指对自然资源的开采，包括石油开采、煤炭开采、金属矿开采、非金属矿开采和木材采伐等工业；（2）原材料工业，指向国民经济各部门提供基本材料、动力和燃料的工业。包括金属冶炼及加工、炼焦及焦炭、化学、化工原料、水泥、人造板以及电力、石油和煤炭加工等工业；（3）加工工业，是指对工业原材料进行再加工制造的工业。包括装备国民经济各部门的机械设备制造工业、金属结构、水泥制品等工业，以及为农业提供的生产资料如化肥、农药等工业。

根据上述划分原则，修理业中以重工业产品为修理作业对象的划为重工业，反之划为轻工业。

工业总产值　是以货币表现的工业企业在一定时期内生产的已出售或可供出售工业产品总量，它反映一定时间内工业生产的总规模和总水平。它包括：在本企业内不再进行加工，经检验、包装入库（规定不需包装的产品除外）的成品价值，对外加工费收入，自制半成品、在产品期末初差额价值。工业总产值采用“工厂法”计算，即以工业企业作为一个整体，按企业工业生产活动的最终成果来计算，企业内部不允许重复计算，不能把企业内部各个车间（分厂）生产的成果相加。但在企业之间、行业之间、地区之间存在着重复计算。

轻重工业总产值的划分是按“工厂法”计算的，即一个工业企业生产的主要产品性质属于轻工业，则该企业的全部总产值作为轻工业总产值；如它的主要产品性质属于重工业，则该企业的全部总产值作为重工业总产值。

实收资本　指企业实际收到的投资人投入的资本。按投资主体可分为国家资本、集体资本、法人资本、个人资本、港澳台资本和外商资本等。

资产合计　指企业拥有或控制的能以货币计量的经济资源。包括各种财产、债权和其他权利。资产按其流动性划分为流动资产、长期投资、固定资产、无形及递延资产和其他资产。

（1）流动资产　指企业可以在一年内或者超过一年的一个生产周期内变现或耗用的资产合计。包括现金及各种存款、短期投资、应收及预付款项、存货等。

（2）固定资产　指企业固定资产净值、固定资产清理、在建工程、待处理固定资产损失所占用的资金合计。

（3）无形资产　指企业长期使用而没有实物形态的资产。包括专利权、非专利技术、商标权、著作权、土地使用权、商誉等。

负债合计　指企业承担的能以货币计量，将以资产或劳务偿付的债务。负债一般按偿还期长短分为流动负债和长期负债、递延税项等。

（1）流动负债　指企业在一年内或者超过一年的一个营业周期内需要偿还的债务合计，其中包括短期借款、应付及预收款项、应付工资、应交税金和应交利润等。

（2）长期负债　指企业在一年以上或者超过一年的一个营业周期以上需要偿还的债务合计，其中包括长期借款、应付债务、长期应付款项等。

所有者权益　指企业投资人对企业净资产的所有权。企业净资产等于企业全部资产减去全部负债后的余额，其中包括投资者对企业的最初投入，以及资本公积金、盈余公积金和未分配利润，对股份制企业即为股东权益。

固定资产原价　指企业在建造、购置、安装、改建、扩建、技术改造某项固定资产时所支出的全部货币总额。它一般包括买价、包装费、运杂费和安装费等。

固定资产净值　是指固定资产原价减去历年已提折旧额后的净额。

流动资产　是指可以在一年或者超过一年的一个营业周期内变现或者耗用的资产，包括现金及各种存款、短期投资、应收及预付货款、存货等。

主营业务收入　指企业销售产品和提供劳务等主要经营业务取得的收入总额。

主营业务成本　指企业销售产品和提供劳务等主要经营业务的实际成本。

主营业务税金及附加　指企业销售产品和提供工业性劳务等主要经营业务应负担的城市维护建设税、消费税、资源税和教育费附加。

主营业务利润　指企业销售产品和提供工业性劳务等主要经营业务收入扣除其成本、费用、税金后的利润。

利润总额　指企业实现的利润。

应交增值税　指企业在报告期内应交纳的增值税额。

能源购进量　根据企业生产、经营性质划分，购进量分两种情况，一种是能源经销企业（批发、零售企业）用于销售的能源购进数量，另一种是能源使用企业用于消费的能源购进数量，分别在不同表式中统计。

能源经销企业能源购进量，指能源经销企业在报告期内购入的、用于销售的各种一次能源和二次能源。能源经销企业能源购进量由能源经销企业（批发、零售企业）填报。

能源使用企业能源购进量，指能源使用单位在报告期内外购的、用于企业消费的各种一次能源和二次能源。能源使用企业能源购进量由能源使用企业填报。

购进量金额　指本单位在报告期实际购进的、已办理验收入库手续的各种一次能源和二次能源的金额。其金额以购货发票上的总金额（含增值税）计算，统计原则、范围与购进量相同。

能源消费量　指能源使用单位在报告期内实际消费的一次能源或二次能源的数量。

能源消费量统计的原则是：

（1）谁消费、谁统计。

（2）何时投入使用，何时计算消费量。

（3）消费量只能计算一次。

（4）耗能工质（如水、氧气、压缩空气等），不论是外购的还是自产自用的，均不统计在能源消费量中（计算单位产品能耗时除外）。

（5）企业自产的能源，凡作为企业生产另一种产品的原材料、燃料，又分别计算产量的，消费量要统计，

工业企业能源消费量　工业企业能源消费包括工业企业在生产过程中作为燃料、动力、原料、辅助材料使用的能源以及工艺用能、非生产用能；作为能源加工转换企业，还要包括能源加工转换的投入量.

工业生产能源消费 指工业企业为进行工业生产活动所使用的能源。

车辆用油 指在厂区内、外进行交通运输活动的车辆所消费的成品油。但是如果工业企业所属的车队是独立核算的企业，其消费的成品油既不能包括在“工业企业能源消费”中，亦不能包括在“车辆用油”中，它的消费应为交通运输业企业消费。

能源加工、转换消费 能源加工、转换是指为了特定的用途，将一种能源（一般为一次能源），经过一定的工艺，加工或转换成另外一种能源（二次能源）。

能源加工转换产出量 指各种能源经过加工转换后产出的各种二次能源产品（包括不作能源使用的其他副产品和联产品），比如火力发电产出的电力，热电联产同时产出的电力、蒸汽、热水，洗煤产出的洗精煤、洗中煤、煤泥等；炼焦产出的焦炭、焦炉煤气和其他焦化产品；炼油产出的汽油、煤油、柴油、燃料油、液化石油气、炼厂干气和其他石油制品（石脑油、各种原料油、溶剂油、石蜡、润滑油、石油沥青等）；制气产出的是焦炉煤气、其他煤气、焦炭和其他焦化产品（煤焦油、粗苯等）。

能源加工转换损失量 指在能源加工、转换过程中产生的各种损失量，即能源加工、转换过程中投入的能源数量和产出的能源数量之差。

能源用作原材料 指能源产品不作能源使用，即不作燃料、动力使用，而作为生产另外一种产品（非能源产品）的原料或作为辅助材料使用，作原料使用时通常构成这种产品的实体。

综合能源消费量 指报告期内企业实际消费的各种能源的总和。计算综合能源消费量时，需要先将使用的各种能源折算成标准燃料后再进行计算。

能源库存量 本制度中所涉及的能源库存量是指企业能源库存量，它是企业在报告期的某时间点所拥有的各种能源数量。根据企业的生产经营活动性质，企业库存量分为生产企业产成品库存、经销企业（批发、零售企业）用于经营销售的库存、使用企业用于消费的库存。

库存量的核算原则：（1）时点性原则；（2）实际数量原则。

工业取水总量 指工业企业从各种水源提取的，并用于工业生产活动的水量总和，包括自来水、地下水、地表水、海水、苦咸水、经城市污水处理厂处理后回用于工业的水量，以及企业从市场购得的其他水或水的产品（如纯净水、矿泉水、蒸汽、热水、地热水等）。工业取水总量包括主要工业生产用水、辅助生产（包括机修、运输、空压站等）用水和附属生产（包括厂内绿化、职工食堂、非营业的浴室及保健站、厕所等）用水；不包括非工业生产单位的用水，如厂内居民家庭用水和企业附属幼儿园、学校、对外营业的浴室、游泳池等的用水量。

2019南京统计年鉴
NANJING STATISTICAL YEARBOOK

（八）
交通运输和邮电通讯业

CHAPTER 8
TRANSPORTATION, POST AND TELECOMMUNICATION SERVICES

表 8—1 铁路运输基本情况（南京市辖范围）

指　　标	2018 年	2017 年
车站（个）	26	24
货物发送量（万吨）	576.88	571.96
旅客发送量（万人次）	7339.30	6610.29

表 8—2 航空运输情况

指　　标	2018 年	2017 年
民用航空里程（公里）	181732	184951
# 国际航线（公里）	10794	14878
民用机场数（个）	1	1
飞机架数（架）	64	59
旅客吞吐量（万人）	2858	2582
# 旅客发出量	1486	1357
货邮吞吐量（万吨）	36.50	37.42
# 货邮发出量	20.27	20.12
年末职工人数（人）	9621	9381

注：货邮吞吐量中不含行李重量；民用航空里程按不重复距离计算。

表 8—3 全社会客货运输（吞吐）量（2018 年）

指 标	客运量（万人）	旅客周转量（万人公里）	货运量（万吨）	货物周转量（万吨公里）	货物吞吐量（万吨）	集装箱（万标箱）
全社会	15881.87	4907556	38564	31235666	25447	321
公路运输	9146	1124968	15751	2532622		
# 个体及联户			5198	835765		
水上运输	22.94	42.35	15955	27553382		
内河	22.94	42.35	4560	1942319		
沿海			7871	9489005		
远洋			3524	16122058		
港口					25411	321
铁路运输	5440.93	2084416	1480	734267		
民航运输	1272	1698130	8	10558	36	
管道运输			5370	404837		

注：本表数据不含城市公共交通，管道运输包括输油管道运输和天然气管道运输；全社会货运量和货物周转量包含管道运输。

表 8—4　公路基本情况

计量单位：公里

指　　标	2018 年	2017 年
公路总里程	10636	11324
按等级分		
高速	614	614
一级	1258	1234
二级	1169	1254
三级	1732	1502
四级	5743	6506
按行政等级分		
国道	827	827
省道	736	736
县道	1976	1870
乡道	4537	4981
村道	2559	2907
按路面标准分		
高级	10560	11057
次高级	12	38
其他	61	225

表 8—5　独立核算内河（沿海）港主要设备及吞吐量

指　　标	2018 年	2017 年
码头长度（米）	30752	31243
泊位个数（个）	258	268
# 万吨级	62	61
货物吞吐量（万吨）	25411	24125
出口量	9681	9359
# 外贸	1538	1136
进口量（万吨）	15723	14855
# 外贸	1565	1318
箱数（万标箱）	320.52	316.74
# 40 英尺	112.01	109.48
重量（万吨）	2891	2764

注：2017 年起交通部取消了仓库总面积、堆场总面积及容量的相关统计。

表 8—6　全市民用车辆拥有量（2018 年）

计量单位：辆

指　　标	总　计	# 私　人
一、汽车	2582367	2072482
1、载客汽车	2438556	2038150
# 大型	24087	105
轿车	1728440	1483872
2、载货汽车	131289	31323
# 重型	52841	6652
中型	6198	1788
# 普通载货	43585	17231
3、其他汽车	12522	3009
二、摩托车	132577	129751
1、普通	118648	115867
2、轻便	13929	13884
三、拖拉机	9775	9775
1、大型	2780	2780
2、小型	644	611
四、挂车	13187	331

表 8—7　民用运输船舶拥有量（2018 年）

指　　标	总　计	# 交通部门	# 私　人
一、机动船（艘）	1443	1441	2
载客量（客位）	7596	7596	
净载重量（万吨位）	1138.11	1138.00	0.11
总功率（万瓦）	240524	240480	44
（一）客船（艘）	37	37	
载客量（客位）	7596	7596	
（二）货船（艘）	1371	1369	2
净载重量（万吨位）	1137.75	1137.64	0.11
（三）拖船（艘）	35	35	
功率（万瓦）	9633	9633	
二、驳船（艘）	79	79	
净载重量（万吨位）	26.43	26.43	

表 8—8　邮政电信基本情况（2018 年）

指　　标	2018 年	2017 年
一、局所及通信网络		
营业网点（所）	2359	2283
# 邮政	182	181
信筒信箱（个）	381	623
邮运汽车（辆）	520	533
邮路总长度（公里）	37754	31754
# 邮路	37754	31754
铁路邮路		
农村投递线路总长度（公里）	14213	14213
二、通信业务		
邮电业务总量（亿元）	470.72	334.66
# 邮政业务总量	161.41	139.26
邮电业务收入（亿元）	251.48	224.74
# 邮政业务收入	110.28	96.31
函件（万件）	7348.29	7976.90
# 国际函件	4703.38	5095.57
包裹（万件）	25.29	29.62
# 国际包裹	0.77	1.14
快递（万份）	76634.53	63415.67
# 国际快递	894.71	1008.38
订销报纸累计份数（万份）	14565.28	15527.91

注：邮电业务总量为 2010 年不变价计算，2013 年市邮政管理局成立，2014 年邮政业务总量、邮政业务收入等指标口径进行了调整，2014 年邮政业务总量、邮政业务收入由基本邮政业务调整为含快递业务。

表8—8 邮政电信基本情况（2018）（续表）

指 标	2018年	2017年
订销杂志累计份数（万份）	888.56	856.60
邮政储蓄平均余额（亿元）	456.71	426.67
集邮业务（万枚）	1254.47	1692.44
固定电话年末用户 （万户）	201.17	217.93
# 城市电话用户	183.8	197.54
住宅电话年末用户（万户）	80.3	88.63
# 农村住宅电话用户	14.34	17.46
公用电话（万户）	26.53	26.49
互联网接入用户（万户）	1749.98	1639.58
# 宽带用户	492.01	456.81
移动电话用户（万户）	1284.06	1124.42

注：1、互联网接入用户、宽带用户、移动电话用户数据由南京通信管理办提供。
2、邮路总长度不含航空速递公司数据。

表 8—9　城市公共交通情况

指　　标	2018 年	2017 年
一、公共汽电车		
1、运营车数（辆）	9012	8765
# 天然气燃料车 CNG	2329	2933
2、标准运营车数（标台）	10854	10752
3、运营线路网长度（公里）	12035	11112
4、公交专用车道长度（公里）	221	198
5、客运总量（万人次）	88750	89802
二、出租汽车		
1、运营车辆（辆）	13354	14057
2、客运总量（万人次）	12255	19741
三、轨道交通		
1、运营车数（辆）	1725	1517
# 地铁	1630	1442
2、标准运营车数（标台）	4142	3658
3、运营线路长度（公里）	394	364
（1）地铁	378	347
（2）轻轨		
（3）有轨电车	17	17
4、客运总量（万人次）	111881	97892
四、客运轮渡		
1、运营船数（艘）	15	15
2、客运总量（万人次）	569	611

表 8—10　主要年份旅客和货物运输量、邮电业务总量

年　份	旅客运输量（万人）	#公路	货物运输量（万吨）	#公路	#水运	邮电业务总量（万元）
1987	5230	3693	10455	4718	3366	5021
1988	5360	3680	10475	4253	3761	6521
1989	4943	3618	9552	3472	3733	7410
1990	4595	3211	9304	3756	3337	9339/19628
1991	4512	3099	9043	3406	3538	26633
1992	4625	3100	9555	3773	3696	37882
1993	4343	2823	9142	3366	3749	57924
1994	7918	6427	10365	4103	4287	89371
1995	10068	8765	12168	5666	4600	117843
1996	11098	9926	13632	7094	4644	155441
1997	13051	11795	12612	7249	3531	206193
1998	13784	12523	11941	6368	3703	271030
1999	14218	12838	12389	6285	4037	355474
2000	15294	13869	14102	7590	4275	515111
2001	16197	14778	15749	9156	4123	682007/307959
2004	19394	17641	16942	9741	6206	523906
2005	20537	18660	18083	10530	6483	717821
2007	24810	22212	19861	12686	6077	937675
2008	26641	23720	24118	13650	9485	1045995
2009	36071	32895	26014	14983	9561	1217155
2010	39104	36004	34225	17683	11292	1390704
2011	42289	39080	35737	19820	14090	1209088/1514472
2012	46255	42519	41999	22020	15090	1348100
2013	49407	45070	44052	23738	15556	1822877
2014	15269	10596	31798	12143	15056	2111700
2015	15929	10892	29824	12365	13322	2509169
2016	16301	10694	31558	13341	13812	3064151
2017	16418	10160	35462	14974	14840	3346646
2018	15882	9146	38564	15751	15955	4707215

注：邮电业务总量 1990 年以前为 1980 年不变价，1990 年以后为 1990 年不变价；1990 年当年有两个价格计算的数字。2000 年以前为 1990 年不变价，2001 年当年有 1990 年不变价和 2000 年不变价两个价格计算的数字，其中：682007 万元为按 1990 年不变价计算，307959 万元为 2000 年不变价计算。2011 年为 2010 年不变价计算。根据 2013 年交通部和国家统计局开展交通运输经济专项调查的规定，2014 年对公路客运及货运的统计口径进行了调整。

表 8—11　2000 年以来全社会客运周转量

计量单位：万人公里

年　份	全社会客运周转量	公路	铁路	水路	航空
2000	1708277	1235741	327987		144549
2001	1868871	1351498	338104		179269
2002	2024977	1451052	366843		207082
2003	1979303	1426279	363175		189849
2004	2324234	1596661	459780		267794
2005	2435204	1674203	476469		284532
2006	2715291	1799917	552846		362498
2007	3088785	1991148	649972		447665
2008	3306345	2152212	697200		456933
2009	2909046	1656178	725433		527435
2010	3297808	1810054	878250		609477
2011	3673170	1968500	995167	28	709475
2012	4143190	2143697	1163900	42	835551
2013	4533225	2274460	1318675	43	940046
2014	3772538	1238040	1474074	37	1060387
2015	4034210	1288416	1593946	38	1151810
2016	4374861	1264667	1742183	39	1367973
2017	4741501	1205101	1942605	41	1593751
2018	4907556	1124968	2084416	42.35	1698130

表8—12　2000年以来全社会货物周转量

计量单位：万吨公里

年　份	全社会货运周转量	公路	铁路	水路	航空
2000	5258412	463779	922413	3804805	2982
2001	5397793	537437	899439	3883129	3000
2002	7049878	546284	990282	5018222	3398
2003	8367689	546818	1106145	6701584	4128
2004	14289395	575793	1331024	12377615	4963
2005	14553118	624339	1291702	12631259	5818
2006	17065636	668974	1243540	15146475	6647
2007	17864460	752036	1050194	16054830	7400
2008	18510144	812953	945000	16745513	6678
2009	28203704	1130715	890320	26176233	6436
2010	34671721	1323342	842150	32220780	7759
2011	39473702	1522170	996431	36661051	8422
2012	46247288	1681131	978800	43296700	9057
2013	50804593	1865320	932925	47684350	9519
2014	54527587	1778491	86217	52367755	10324
2015	29400713	1821582	751322	26468374	9918
2016	24914558	1917038	688963	21853856	10947
2017	33315320	2197884	710810	30018242	11718
2018	31235666	2532622	734267	27553382	10558

表 8—13　2000 年以来城市公共交通发展情况

计量单位：辆、公里、万人次

年　份	运营车辆	#轨道交通	运营线路网长度	#轨道交通	公交客运总量	#轨道交通
2000	3538		1061		134705	
2001	4362		1196		104029	
2002	4360		1446		105696	
2003	4439		1323		91818	
2004	4796		2277		96590	
2005	5158	84	2656	22	96920	357
2006	5246	120	2575	22	100827	5798
2007	5709	120	3080	22	106481	8016
2008	5911	120	3194	22	112712	10379
2009	6201	120	3141	22	125200	11535
2010	6662	366	3549	82	126887	21460
2011	7023	450	3905	82	139986	34370
2012	7049	480	7670	82	149571	40060
2013	7426	480	8225	82	151650	45216
2014	9091	746	9336	187	156542	50317
2015	9515	1120	9885	232	174072	71712
2016	10402	1194	10477	232	177600	83153
2017	10282	1517	11476	364	187695	97892
2018	10737	1725	12429	394	200631	111881

注：仅包含公共汽电车与轨道交通。

主要统计指标解释

（一）铁路运输

铁路运输 指有固定的运行轨道，以铁路机车、客、货车辆为运输工具，承担旅客、货物运送任务的一种运输方式。具有全天候、大批量、长距离、成本低、高效率的现代化运输特点，是我国综合运输体系中，起骨干力量的重要运输方式。我国铁路运输是由国家铁路、地方铁路、合资铁路和铁路专用线及专用铁道组成，主要承担大宗货物中长距离运输和中长途旅客运输。

铁路旅客周转量 指一定时期内使用铁路客车运送的旅客人数与运输距离的乘积之和。计算公式为：

旅客周转量（人公里）=Σ（实际运送的每一乘客×该旅客出发站与到达站间距离）

=实际运送的旅客人数×旅客平均运程

铁路货物周转量 指一定时期内使用铁路货车完成的货物运量与运送距离的乘积之和。计算公式为：

货物周转量（吨公里）=Σ（每批货物重量×该批货物的运送距离）

=实际运送货物吨数×货物平均运程

铁路运输总收入 指铁路运输企业在完成客货运输工作中，按照国家批准的运费标准收取的货币收入。包括货运收入，客运收入，行李、包裹收入，邮运收入，车站和列车补收的旅客客票收入，到站补收的货物和行包运费、货物行包变更手续费等。

（二）公路运输

公路运输 指以汽车为主在公路上运送旅客和货物的一种运输方式。具有线路网密度大、分布广、运输中转环节少等特点，适合承担短途旅客、货物运输及铁路、公路、航空港（站）的集散和接运任务。

公路里程 指在一定时期内实际达到《公路工程技术标准 JTG B01-2003》规定的技术等级的公路，并经公路主管部门正式验收交付使用的公路里程数。包括大、中城市的郊区公路，以及公路通过小城镇（指县城、集镇）街道的公路里程和公路桥梁长度、隧道长度、渡口的宽度以及分期修建的公路已验收交付使用的里程，不包括大中城市的街道、厂矿、林区生产用道和农业生产用道的里程。两条或多条公路共同经由同一路段，只计算一次，不得重复计算里程长度。按公路技术等级分为等级公路和等外公路，其中等级公路分为高速公路、一级公路、二级公路、三级公路和四级公路。

民用汽车拥有量 指报告期末，在公安交通管理部门按照《机动车注册登记工作规范》，已注册登记领有民用车辆牌照的全部汽车数量。汽车拥有量统计的主要分类：根据汽车结构分为载客汽车、载货汽车、其他汽车；根据汽车所有者不同分为个人（私人）汽车、单位汽车；根据汽车的使用性质分为营运汽车、非营运汽车；根据汽车大小规格不同，载客汽车分为大型、中型、小型和微型，载货汽车分为重型、中型、轻型和微型。

其他类型车 指除民用汽车、摩托车及拖拉机以外的其他民用机动车辆，如简易机动车、电瓶车等。

载货挂车 指自身没有动力，需依靠机动牵引车拖带的公路载货用挂车。

机动车驾驶员 指持有正式驾驶执照的各类机动车驾驶人员。

公路运输汽车　指在公路运输管理部门注册登记的从事公路运输的营业性及非营业性运输工具。

公路营运汽车拥有量　指报告期末公路运输管理部门注册登记的未办理报废、销、转出手续从事公路运输的营业性客货汽车数量。不包括出租汽车、公共汽车。

普通载货汽车　指具有一般构造的栏板式、平板式及厢式货运汽车，包括自卸车、半挂车、厢式车等。

专用载货汽车　指具有特殊构造及附属设备从事专门用途的货运汽车，包括集装箱车、大件运输车、商品汽车运输车、冷藏保温车、罐车和其他货车。

公路货运量　指一定时期内由各种公路运输工具实际运送到目的地并卸完的货物数量。反映公路货运量的指标有发送货物吨数、到达货物吨数和运送货物吨数。

公路货物周转量　指一定时期内由各种公路运输工具实际完成的货物运量与相应的运送距离的乘积之和。计算公式为：

货物周转量（吨公里）=Σ（每批货物重量×该批货物的运送距离）

公路客运量　指公路运输企业及由其组织的其他单位在一定时期内实际运送的旅客人数。公路客运量的计算方法：不论乘车路程远近和票价的多少，以客票为依据，“人”为计量单位；不足购票年龄的免票儿童不计算客运量。

公路旅客周转量　指一定时期内由各种公路运输工具实际运送的旅客人数与相应的运送距离的乘积之和。计算公式为：

旅客周转量（人公里）=Σ（实际运送的每一旅客×该旅客出发站与到达站间距离）

（三）水路运输

水路运输　指利用船舶、排筏和其他浮运工具，在江、河、湖泊、水库、人工水道和海上运送旅客和货物的一种运输方式。在水运运输中，远洋及江海水运干线具有成本低、运量大的特点，适合于大宗货物的运送；支流小河运输线星罗密布，深入小港小巷，沟通城乡货物运输和人员出入。

内河航道通航里程　指在一定时期内，能通航运输船舶及排筏的天然河流、湖泊水库、运河及通航渠道的长度。包括全年季节性通航累计三个月以上的航道，不包括仅供零散流放竹、木排的河道。两省以河为界的航道里程，双方均按一半计算，以免重复。该指标可以反映内河水运网的规模、水平和发展情况。

民用运输船舶拥有量　指报告期末在水路运输管理部门注册登记的从事水上客、货运输活动的我国企业或私人拥有的营业性运输船舶（含我国企业或私人拥有的悬挂外国旗的船舶）数量。不包括非运输船舶及农业、渔业生产船舶。

机动船　又称自航船，指装有各种发动机推进装置，以机械动力行驶的船舶。

驳船　指本身无动力装置，或只设简易动力装置，依靠拖船或推船带动的平底船。

拖船　指专门拖带其他船舶、船队、木排的船舶。

船舶净载重量　指报告期末所拥有船舶的总载重量减去燃（物）料、淡水、粮食及供应品、人员及其行李等的重量及船舶常数后，能够装载货物的实际重量。

水路货运量　指在一定时期内由各种水运工具实际运送的货物数量，包括内河、江海、远洋货运量。

水路货物周转量 指一定时期内由各种水路运输工具实际完成的货物运量与相应的运送距离的乘积之和。

水路客运量 指水运企业及由其组织的其他单位在一定时期内实际运送的旅客人数。

水路旅客周转量 指水运企业和由其组织的其他单位在一定时期内实际运送的旅客人数与相应的运送距离的乘积之和。

自有和租用船舶数量 指该企业自己所有的和租用外单位的从事营业性水路运输的船舶数量，包括悬挂外国旗的船舶，不包括非运输船舶、驳船及农业、渔业生产船舶。

挂靠船舶数量 指挂靠到该企业的从事营业性水路运输的船舶数量，不包括非运输船舶、驳船及农业、渔业生产船舶。

柴油消费量 指该企业从事生产运输和行政管理等全部的柴油消费总量，包括企业租用和挂靠到该企业的从事营业性水路运输的船舶的柴油消费量。

（四）港口

港口 指位于江河湖海或水库沿岸，具有一定的设施和条件（如装卸机械、仓库堆场、码头泊位、客运设备等），供船舶停靠、旅客上下、货物装卸、生活物料供应或其他专门业务的地方。包括港内水域及紧接水域的陆地。按港口所处的水域分为海港、河港、湖港等；按港口是否对外国船舶开放分为对外开放港口和不对外开放港口。

港口码头长度 指报告期末港口用于靠泊船舶，进行装卸货物和上下旅客地段的实际长度，包括固定的、浮动的各种形式码头的长度。固定式码头，指顺水域自码头的一端至另一端的全部长度。浮动式码头，只计算其本身可靠泊船舶的正面长度，不包括浮动码头两端及其靠岸边的内档长度。

港口码头泊位个数 指设有系靠船舶装置、同时可供靠泊船舶的泊位数量，包括码头泊位、浮筒泊位以及供船舶锚泊的锚地泊位、水路过驳的平台泊位等。供停泊一艘船舶所备的位置，称为一个泊位。按泊位的使用性质可分为生产用泊位和非生产用泊位，按靠泊能力可分为万吨级泊位。

港口货物吞吐量 指经由水路进、出港区范围，并经过装卸的货物数量。按货物流向分为进港吞吐量和出港吞吐量，按货物的贸易性质分为内贸和外贸吞吐量。按货物的类别分，可根据现行的交通行业标准《运输货物分类和代码》分类。

港口旅客吞吐量 指由水路乘船进、出港区范围的旅客人数，不包括免票儿童、船舶船员人数、轮渡和港区内短途客运的旅客人数。按旅客流向分为旅客发送量和旅客到达量。

柴油消费量 指该港口从事装卸生产、辅助生产和行政管理等全部的柴油消费总量。

（五）民用航空运输

民用航空运输 指利用飞机和空中航线运送旅客和货邮的一种运输方式，具有速度快和不受地形限制的特点。航空运输成本高、运量小，适合对时间要求高的运输事务。

航线条数 指定期航班营运的航线条数。按国内航线（其中：港澳航线）、国际航线分类统计。

国际航线 指航线中任一航段的起讫点（技术经停点除外）在外国领土上的航线。

国内航线 指航线中各航段的起讫点（技术经停点除外）都在国内的航线。

地区航线 指航线中任一航段的起讫点在香港、澳门或台湾的航线（经香港、澳门、台湾飞往外国的航线统计为国际航线）。

定期航班航线长度 指定期航班营运里程的总长度，以万公里为计算单位。航线里程的统计分为按重复距离计算和按不重复距离计算两种形式。“按重复距离计算”是指不同航线的相同航段距离可以重复累加；“按不重复距离计算”则不同航线相同航段只统计一次。

定期航班通航机场 指有定期航班执飞的机场。

民用飞机期末架数 指报告期末实有的、持有有效适航证书的飞机数量。

运输飞机 指从事公共航空运输的民用飞机。分为大中型飞机和小型飞机，大中型飞机指100座及以上的运输飞机，小型飞机指100座以下的运输飞机。

民用航空飞机平均在册架数 指报告期平均每天在册的飞机架数。计算公式为：

民用航空飞机平均在册架数=报告期在册飞机总架/报告期日历天数

民用航空飞机班次 指飞机自始发到终点航站的一次飞行，去回程各按一个班次统计。专、包机飞行，按任务和架次统计。一项任务和一项包机，是由一架飞机完成的，按一架次统计；由两架飞机或由一架飞机两次完成的，按两架次统计。

民用航空客运量 指公共航空运输飞行所载运的旅客人数。成人和儿童各按一人计算，婴儿不计人数。每一特定航班的每一旅客只计算一次。唯一例外的是，乘坐定期航班既经过国内航段又经过国际航段的旅客，同时计算一个国内旅客和一个国际旅客。不定期航班运送的旅客每一特定航班（同一航班）只计算一次。

民用航空旅客周转量 反映旅客在空中实现位移的综合性生产指标，体现航空运输企业所完成的旅客运输工作量。计算单位为人公里（或称“客公里”）。计算公式为：

旅客周转量（人公里）=Σ（航段旅客运输量×航段距离）

民用航空货邮运量 指公共航空运输飞行所载运的货物、邮件重量。每一特定航班的货邮只计算一次。唯一例外的是，定期航班既经过国内航段又经过国际航段运输的货邮，同时各计算一次国内货邮和一次国际货邮。不定期航班运输的货物每一特定航班（同一航班）只计算一次。

民用航空货邮周转量 指一定时期内，公共航空运输单位实际运送的货物、邮件的重量与相应的货邮运输距离乘积之和。计算公式为：

货邮周转量（吨公里）=Σ（每批货邮重量×该批货邮运送距离）

民用航空总周转量 指反映旅客、货邮在空中运载工具的作用下发生位移的综合性指标，体现航空运输过程的生产效果。计算公式为：

民用航空总周转量=旅客周转量+邮件周转量+货物周转量

旅客的重量换算：成人90公斤，儿童45公斤，婴儿9公斤。

通用航空 指用民用航空器从事公共航空运输以外的民用航空活动，包括从事工业、农业、林业、渔业和建筑业的作业飞行以及医疗卫生、抢险救灾、气象探测、海洋监测、科学实验、教育训练、文化体育等方面的飞行活动。

飞行小时 指从飞机滑动前撤除轮档起至飞机着陆停稳后安放轮档止的全部时间。为方便操作，可以计为飞机靠自身动力开始滑行起至飞行航段结束至停机位置的全部时间，即飞机地面滑行时间和空中飞行时间之和。

（六）管道运输

管道运输 指以管道输送的方式将原油、天然气、成品油、其他气体等输送到用户的一种运输形式。包括油气田企业直接通向炼油厂、化工厂、电站等用户及装车站、油码头的管道，炼油厂通向用户（包括商业石油公司油库）的成品油、气管道，管道运输企业通向用户及装车（站）栈桥、油码头的管道；不包括油气田、炼油厂内的集输管线和工艺管线，油气井口输送到集气站或经集气站到净化处理装置的管线。

输油（气）能力 指在油气产量及设备正常的条件下，在年度有效工作时间内，最大可能的输油（气）量。一般按设计能力填报，当实际条件发生很大变化时，则按上级批准的查定能力计算。在计算输油气管道的输送能力时，对于一条输油气管道的输送能力只能根据干线的输送能力来确定，可以不考虑干线与支线的能力平衡。在几条输油气管线连网时，该管网的输油气能力则应根据各输油气管网的运行情况由有关部门综合确定，而不是把各条管道的能力简单相加。

输油（气）量 指输油气管道实际输送的油气数量。计算一条管线的管输量指首站和各进油点的输出量之和。一个单位管几条输油气管线，在计算输油气量时，应分别列出每条管线的输油气量。天然气按一千立方米折一吨原油计算。

输油（气）周转量 指在一定时期内输油气管道输送油气数量与输送距离的乘积。计算公式为：

输油气周转量=输油气量×输油气里程-自用量×输油气里程

（七）城市公共交通

城市公共交通 指城市中供公众乘用的、经济方便的各种交通方式的总称。包括公共汽车、电车、轨道交通（地铁、轻轨、有轨电车、索道、缆车）、出租汽车、公共轮渡等客运交通设施。

运营线路总长度 指全部运营线路长度之和。计算公式为：

运营线路长度=Σ各条运营线路长度

=Σ〔1/2（上行起点至终点里程＋下行起点至终点里程＋上下行终点掉头里程〕

单向行驶的环行线路长度等于起点至终点里程与终点下客站至起点里程之和的一半，不包括折返、试车、联络线等非运营线路。

公交专用车道 指为了调整公共交通车辆与其他社会车辆的路权使用分配关系，提高公共交通车辆运营速度和道路资源利用率，而科学、合理设置的公共交通优先车道、专用车道（路）、路口专用线（道）、专用街道、单向优先专用线（道）等。

运营车数　指城市中用于公共交通运营业务的全部车辆数。地铁和轻轨在统计时一自然节为一辆。出租汽车指已经领取出租汽车专用牌照的运营车辆，包括技术完好的、在修的、长期行驶的以及拟报废尚未经上级机关批准的车辆。

轮渡运营船数　指用于城市客渡运营业务的全部船舶数。不含旅游客轮（长途旅游，市内供游人游览江、河、湖泊的船只）。

城市公共交通客运总量　指报告期内城市公共交通各种运输方式运送乘客的总人次。

（八）邮电通信

邮路　指各邮政局所、代办所之间及邮政局所、代办所与车站、码头、机场、转运站、报刊社之间，由自编或委代办人员按固定班期规定路线交换邮件、报刊的路线。包括农村地区运邮为主兼投递邮件、报刊的路线。不包括城市、农村地区纯投递（邮件报刊所走的）路线。邮路按级别分为：国际及港澳邮路、一级邮路、二级邮路、市内邮路、农村邮路；按运输工具分为：航空邮路、铁道邮路、汽车邮路、水运邮路、其他邮路。

农村投递线路　指农村邮政支局所自编或委办人员按固定班期、规定路线至农村乡（镇）、行政村等收件单位投递邮件、报刊所走的路线。

通信设备　指通信企业为社会提供传递信息或其他邮电服务的设备。包括本地电话、长途电信、移动电话、卫星通信、数据通信等主要设备。

邮电业务总量（又称通信业务总量）　指以价值量形式表现的邮电通信企业为社会提供各类邮电通信服务的总数量。邮电业务量按专业分类包括函件、包件、汇票、报刊发行、邮政快件、特快专递、邮政储蓄、集邮、传真、长途电话、出租电路、移动电话、分组交换数据通信、出租代维等。计算方法为各类产品乘以相应的平均单价（不变价）之和，再加上出租电路和设备、代用户维护电话交换机和线路等的服务收入。该指标综合反映了一定时期邮电业务发展的总成果，是研究邮电业务量构成和发展趋势的重要指标。计算公式为：

邮电业务总量=Σ（各类邮电业务量×不变单价）+出租代维及其他业务收入

=邮政业务总量+电信业务总量

移动短信业务量　指移动电话用户通过移动通信网络短信平台使用短信业务的通信量。

移动电话用户　指通过移动电话交换机进入移动电话网、占用移动电话号码的电话用户。用户数量以报告期末在移动电话营业部门实际办理登记手续进入移动电话网的户数进行计算，一部移动电话统计为一户。

固定电话用户　指在电信运营企业营业网点办理开户登记手续并已接入固定电话网上的全部电话用户。包括普通电话用户、公用电话用户、窄带综合业务数字网（N—ISDN）用户、智能网专用接入终端用户等。按行政区划分为城市电话用户和农村电话用户。1997 年以前，“市内电话用户”是指接入县城及县以上城市电话网的电话用户；“农村电话用户”是指接入县邮电局农话台及县以下农村电话交换点，以县城为中心（除市话用户外）联通县、乡（镇）、行政村、村民小组的用户。从 1997 年起，电话用户数分组调整为以用户所在区域划分为“城市电话用户”和“乡村电话用户”，与过去的按市内电话和农村电话划分方法不同。而电话用户总数、电话机总部数统计范围不变。

城市电话用户 指直辖市、省辖市、地级市、县级市的市区、市郊区及县城（包括县人民政府所在地的县城关区或行政建制相当于县人民政府所在地的镇）范围内接入局用交换机的电话用户数，包括分布在农村地区的独立工矿区、林区、驻军等接入局用交换机的电话用户数。

农村电话用户 指县城关区以下的集镇和农村接入局用交换机的电话用户数。

住宅电话用户 指安装在居民住宅或农民家里并按照住宅电话用户登记注册和收费的电话用户。包括私人付费、单位付费和按规定免费安装的住宅电话用户。

局用交换机容量 指安装在本地电信运营商内用于接续本地固定电话的电话交换机容量，有倍增设备按倍增后的数量计数。包括现用和备用的人工或自动交换机的全部容量。计量单位：门。

移动电话交换机容量 指移动电话交换机根据一定话务模型和交换机处理能力计算出来的最大同时服务用户的数量。

互联网宽带接入端口 指用于接入互联网用户的各类实际安装运行的宽带接入端口的数量，包括xDSL 用户接入端口、LAN 接入端口以及其他类型的宽带用户接入端口等，不包括窄带拨号接入端口。

营业网点服务面积 指报告期行政区域平均每一营业网点服务的面积。计算公式：

$$每一营业网点服务面积=\frac{行政区域土地面积（平方公里）}{营业网点总数（处）}$$

营业网点服务人口 指报告期行政区域平均每一营业网点服务的人口数。计算公式：

$$每一营业网点服务人口=\frac{行政区域总人口数（万人）}{营业网点总数（处）}$$

电话普及率 指报告期行政区域总人口中，平均每百人拥有的话机数。计算公式：

$$电话普及率=\frac{电话机总数（部）}{行政区域总人口数（人）}\times 100$$

（九）
固定资产投资和建筑业

CHAPTER 9
INVESTMENT IN FIXED ASSETS AND CONSTRUCTION

表 9—1 全社会固定资产投资

计量单位：亿元

指　　标	2018 年	2017 年	2018 年为上年%
全市投资总额	4718.05	4312.66	109.4
按产业分			
第一产业	1.67	2.16	77.3
第二产业	774.02	699.84	110.6
# 工业	745.90	684.94	108.9
第三产业	3942.36	3600.33	109.5
# 房地产开发投资	2354.17	2170.21	108.5
按经济类型分			
国有经济	2122.62	1954.53	108.6
非国有经济	2595.43	2389.90	108.6
# 外资	580.24	605.05	95.9
私营、个体经济	1183.33	866.91	136.5

注：国家固定投资统计方法制度改革，2018 年数据按新制度执行，基期数同口径调整。

表 9—2 全社会房屋建筑面积（2018 年）

计量单位：万平方米

指　　标	施工面积		竣工面积	
		#住　宅		#住　宅
全　　市	11608.62	5954.41	2119.45	906.36
一、城乡投资	2951.66	351.70	942.60	61.02
二、房地产开发投资	8656.96	5602.71	1176.85	845.34

表9—3 项目固定资产投资（2018年）

计量单位：万元

指　标	施工项目个数（个）	#本年新开工	本年投产项目个数（个）	计　划总投资	累计完成投　资
总　计	1720	619	358	136807136	63282347
一、按登记注册类型					
内资				124566336	56834211
国有				34617482	17571139
集体				259995	123914
股份合作				59400	57000
联营企业					
国有联营					
集体联营					
国有与集体联营					
其他联营					
有限责任公司				54041366	26222817
国有独资公司				19092271	9653009
其他有限责任公司				34949095	16569808
股份有限公司				4710331	2947763
私营				25297748	7469014
其他				5580014	2442564
港澳台商投资				6650923	3534639
合资经营				1472706	905486
合作经营					
独资				5148969	2621369
股份有限				29248	7784
其他港澳台商投资企业					
外商投资				5589877	2913497
合资经营				2291716	1311019
合作经营					
独资				3178161	1591706
股份有限				120000	10772
其他外商投资企业					
个体经营					
个体户					
个人合伙					
二、按国民经济行业					
农、林、牧、渔业				31565	22705
采矿业					

表 9—3　项目固定资产投资（2018 年）（续表 1）

计量单位：万元

指　　标	计　划 总投资	累计完成 投　　资
制造业	42722445	15157265
电力、燃气及水的生产和供应业	1225889	670865
建筑业	1120664	313969
批发和零售业	980464	528585
交通运输、仓储和邮政业	21468452	11315064
住宿和餐饮业	1112717	713429
信息传输、计算机服务和软件业	4189114	2102671
金融业	2182322	1433378
房地产业	9150960	4673366
租赁和商务服务业	7149406	3509660
科学研究、技术服务和地质勘查业	8162002	3044233
水利、环境和公共设施管理业	26156087	12841785
居民服务和其他服务业	600617	362169
教育	3261761	1878159
卫生、社会保障和社会福利业	2049967	1474949
文化、体育和娱乐业	4213790	2584134
公共管理和社会组织	958914	613861
国际组织		
三、按隶属关系		
中央	8840747	4487328
省	3759211	2240217
市	36829922	19190647
区		
其他	63026102	23599204
四、按建设性质		
新建	90756676	38391625
扩建	25174162	13532345
改建	16263832	8905348

表 9—3　项目固定资产投资（2018 年）（续表 2）

计量单位：万元

指　　标	计　划 总投资	累计完成 投　资
单纯建造生活设施	75748	38899
迁建	3625206	1744942
恢复	91284	44700
单纯购置	820228	624488
五、按控股情况		
国有控股	81936379	42237492
集体控股	2105356	1059157
私人控股	26413103	10916154
港澳台商控股	5889211	2983373
外商控股	3812330	1891784
六、按期末项目建设状态		
在建	118455519	47683652
全部投产	14647043	14514883
全部停缓建	3704574	1083812
七、按投资规模		
100-500 万元		
500-1000 万元		
1000-3000 万元		
3000-5000 万元	110000	66008
5000 万元-1 亿元	2770142	1822112
1 亿元-5 亿元	20333165	12027771
5 亿元-10 亿元	19522281	10096606
10 亿元以上	94071548	39269850

表 9—3　项目固定资产投资（2018 年）（续表 3）

计量单位：万元

指　　标	本　　年 完成投资	#住　　宅	本年新增 固定资产
总　计	23638858	518729	6994313
一、按登记注册类型			
内资	20489221	518729	6278922
国有	6175737	486794	1864173
集体	39826		13826
股份合作	42000		
联营企业			
国有联营			
集体联营			
国有与集体联营			
其他联营			
有限责任公司	8395281	25775	2641079
国有独资公司	3123128		610437
其他有限责任公司	5272153	25775	2030642
股份有限公司	977396		682985
私营	3450948	6160	1007539
其他	1408033		69320
港澳台商投资	1679932		289574
合资经营	560767		142161
合作经营			
独资	1111381		147413
股份有限	7784		
其他港澳台商投资企业			
外商投资	1469705		425817
合资经营	518449		136155
合作经营			
独资	940484		289662
股份有限	10772		
其他外商投资企业			
个体经营			
个体户			
个体合伙			
二、按国民经济行业			
农、林、牧、渔业	18705		11565
采矿业			

表 9—3 项目固定资产投资（2018 年）（续表 4）

计量单位：万元

指　　标	本年完成投资	#住　宅	本年新增固定资产
制造业	7177038	51300	2245116
电力、燃气及水的生产和供应业	282001		121139
建筑业	281132		52719
批发和零售业	142235		47008
交通运输、仓储和邮政业	3036024	1200	610644
住宿和餐饮业	220580	16234	58094
信息传输、计算机服务和软件业	1139565	1800	655230
金融业	167009		106007
房地产业	1841930	337509	448864
租赁和商务服务业	1320492	1030	185084
科学研究、技术服务和地质勘查业	639929	9500	227718
水利、环境和公共设施管理业	5221372	99936	1553383
居民服务和其他服务业	162809		13526
教育	830155		426678
卫生、社会保障和社会福利业	219825	220	24264
文化、体育和娱乐业	561019		23700
公共管理和社会组织	362738		183574
国际组织			
三、按隶属关系			
中央	1302737	200	626364
省	771416	3664	239213
市	5898188	450	752475
区			
其他	10652434	275319	3101459
四、按建设性质			
新建	13242958	285855	2228363
扩建	4862162	202229	2075230
改建	4314998	20945	1914413

表 9—3　项目固定资产投资（2018 年）（续表 5）

计量单位：万元

指　　标	本　年 完成投资	#住　宅	本年新增 固定资产
单纯建造生活设施	25397		38442
迁建	574867	9700	309364
恢复	25060		500
单纯购置	593416		428001
五、按控股情况			
国有控股	13966048	507564	4152958
集体控股	606201		338638
私人控股	5031380	10490	1732383
港澳台商控股	1276058		147413
外商控股	1059445		365001
六、按期末项目建设状态			
在建	18899106	344691	599558
全部投产	4525890	174038	6386388
全部停缓建	213862		8367
七、按投资规模			
100 万元以下			
100-500 万元			
500-1000 万元			
1000-3000 万元			
3000-5000 万元	52326		26562
5000 万元-1 亿元	1260984	3710	819320
1 亿元-5 亿元	5776107	105181	3098299
5 亿元-10 亿元	4546223	209057	1135507
10 亿元以上	12003218	200781	1914625

表 9—3 项目固定资产投资（2018 年）（续表 6）

计量单位：万元

指 标	资金来源				
	上年末结余资金	本年资金来源			
		小 计	国家预算内资金	国内贷款	利用外资
总 计	747617	20341732	1466568	2177870	75537
一、按登记注册类型					
内资	695440	17552615	1466568	2070740	39237
国有	148494	5071009	287772	900787	28425
集体		40028	5010		
股份合作		42001			
联营企业					
国有联营					
集体联营					
国有与集体联营					
其他联营					
有限责任公司	317606	7620987	603740	763182	
国有独资公司	26355	2877551	545809	241855	
其他有限责任公司	291251	4743436	57931	521327	
股份有限公司	38512	905944		317774	
私营	190828	2858614	400	85948	10812
其他		1014032	569646	3049	
港澳台商投资	19220	1212433		61630	
合资经营	11440	622903		42750	
合作经营					
独资	7780	578530		13880	
股份有限		11000		5000	
其他港澳台商投资					
外商投资	32957	1576684		45500	36300
合资经营	5000	608744		42500	
合作经营					
独资	27957	957167		3000	36300
股份有限		10773			
其他外商投资企业					
个体经营					
个体户					
个人合伙					
二、按国民经济行业					
农、林、牧、渔业		18705	5565		
采矿业					

表 9—3　项目固定资产投资（2018 年）（续表 7）

计量单位：万元

指　　标	资金来源				
	上年末结余资金	本年资金来源			
		小　计	国家预算内资金	国内贷款	利用外资
制造业	301603	6086704	28030	328520	31062
电力、燃气及水的生产和供应业	4175	216820		35424	
建筑业	170	192870	154000		
批发和零售业	17722	124691		11500	
交通运输、仓储和邮政业	40398	2570381	483780	277719	20050
住宿和餐饮业	29138	190807		52073	
信息传输、计算机服务和软件业	15791	1171774	2300	65667	
金融业	27954	158012		3749	
房地产业	44454	1614428	6000	272813	21425
租赁和商务服务业	20434	1252808		125960	
科学研究、技术服务和地质勘查业	61076	592562	62048	62315	
水利、环境和公共设施管理业	55109	4192462	465710	505078	3000
居民服务和其他服务业	37871	88961			
教育	31313	704159	107130	120341	
卫生、社会保障和社会福利业	5643	203931	6400	54194	
文化、体育和娱乐业	3146	616939	55999	212416	
公共管理和社会组织	15120	308218	89606	25101	
国际组织					
三、按隶属关系					
中央	44535	1336740	53054	136031	4000
省	57002	728143	114662	31101	
市	61779	5122869	1151307	437700	
区					
其他	441096	8701595	50475	713315	68537
四、按建设性质					
新建	412669	10792777	1094842	1187417	67337
扩建	131955	4557771	225399	448008	4000
改建	162099	3982003	107547	446789	4200

表 9—3　项目固定资产投资（2018 年）（续表 8）

计量单位：万元

指　　标	上年末结余资金	资金来源 本年资金来源 小计	国家预算内资金	国内贷款	利用外资
单纯建造生活设施	302	7582			
迁建	5592	429903		42216	
恢复		25110		20050	
单纯购置	35000	546586	38780	33390	
五、按控股情况					
国有控股	347876	12407756	1433406	1805336	28425
集体控股	8340	637170	5010	72500	
私人控股	250148	4203792	2400	233498	
港澳台商控股	8560	763677		13880	
外商控股	32957	1067103		3000	36300
六、按期末项目建设状态					
在建	621660	16299851	1281165	1821305	68537
全部投产	123955	3862870	180863	294073	3000
全部停缓建	2002	179011	4540	62492	4000
七、按投资规模					
100 万元以下					
100-500 万元					
500-1000 万元					
1000-3000 万元					
3000-5000 万元	3600	39907		369	
5000 万元-1 亿元	46984	1065685	57354	119881	
1 亿元-5 亿元	266483	5004242	259270	464985	23250
5 亿元-10 亿元	222357	3922435	122887	430655	52287
10 亿元以上	208193	10309463	1027057	1161980	

表9—3　项目固定资产投资（2018年）（续表9）

计量单位：万元

指　　标	本年资金来源	
	自筹资金	其　他 资金来源
总　计	14656707	1908574
一、按登记注册类型		
内资	12054088	1890806
国有	3124109	729916
集体	35018	
股份合作		42001
联营企业		
国有联营		
集体联营		
国有与集体联营		
其他联营		
有限责任公司	5504606	725183
国有独资公司	1581369	508518
其他有限责任公司	3923237	216665
股份有限公司	563221	24949
私营	2689341	65213
其他	137793	303544
港澳台商投资	1116213	9290
合资经营	554853	
合作经营		
独资	555360	9290
股份有限	6000	
其他港澳台商投资企业		
外商投资	1486406	8478
合资经营	561777	4467
合作经营		
独资	913856	4011
股份有限	10773	
其他外商投资企业		
个体经营		
个体户		
个人合伙		
二、按国民经济行业		
农、林、牧、渔业	13140	
采矿业		

表9—3　项目固定资产投资（2018年）（续表10）

计量单位：万元

指　　标	本年资金来源	
	自筹资金	其　他 资金来源
制造业	5585608	106584
电力、燃气及水的生产和供应业	174226	7170
建筑业	29380	9490
批发和零售业	108291	4900
交通运输、仓储和邮政业	1453324	335508
住宿和餐饮业	119084	19650
信息传输、计算机服务和软件业	1103807	
金融业	154263	
房地产业	1271944	17970
租赁和商务服务业	1071678	55170
科学研究、技术服务和地质勘查业	443909	24290
水利、环境和公共设施管理业	2154548	1038826
居民服务和其他服务业	72285	16676
教育	388354	88334
卫生、社会保障和社会福利业	85437	57900
文化、体育和娱乐业	270172	78352
公共管理和社会组织	145757	47754
国际组织		
三、按隶属关系		
中央	1138355	5300
省	484210	98170
市	2735298	798564
区		
其他	7456403	380665
四、按建设性质		
新建	6923075	1494806
扩建	3683055	197309
改建	3214581	177710

表9—3 项目固定资产投资（2018年）（续表11）

计量单位：万元

指标	本年资金来源	
	自筹资金	其他资金来源
单纯建造生活设施	7582	
迁建	349338	38349
恢复	4660	400
单纯购置	474416	
五、按控股情况		
国有控股	7684372	1406641
集体控股	517659	42001
私人控股	3853308	107686
港澳台商控股	740507	9290
外商控股	1022325	5478
六、按期末项目建设状态		
在建	11380255	1692113
全部投产	3174454	210480
全部停缓建	101998	5981
七、按投资规模		
100万元以下		
100-500万元		
500-1000万元		
1000-3000万元		
3000-5000万元	35538	4000
5000万元-1亿元	812755	75695
1亿元-5亿元	3821856	434881
5亿元-10亿元	3094582	222024
10亿元以上	6891976	1171974

表 9—4　全社会工业投资（2018 年）

计量单位：万元

指　　标	计　划 总投资	累计完成 投　　资
总　　计	43948334	15828130
一、按登记注册类型		
内资	34513479	10814359
国有	2931044	1522392
集体		
股份合作		
联营企业		
国有联营		
集体联营		
国有与集体联营		
其他联营		
有限责任公司	10630051	3720498
国有独资公司	591802	159915
其他有限责任公司	10038249	3560583
股份有限公司	2356548	1422006
私营	18379836	4146463
其他	216000	3000
港澳台商投资	4549702	2493285
合资经营	475546	282286
合作经营		
独资	4074156	2210999
股份有限		
其他港澳台商投资		
外商投资	4885153	2520486
合资经营	1913469	1085255
合作经营		
独资	2851684	1424459
股份有限	120000	10772
其他外商投资企业		
个体经营		
个体户		
个人合伙		

表 9—4　全社会工业投资（2018 年）（续表 1）

计量单位：万元

指　　标	计　划 总投资	累计完成 投　资
二、按国民经济行业		
采矿业		
煤炭开采和洗选业		
石油和天然气开采业		
黑色金属矿采选业		
有色金属矿采选业		
非金属矿采选业		
开采辅助活动		
其他采矿业		
制造业	42722445	15157265
农副食品加工业	130255	95816
食品制造业	380035	301630
饮料制造业		
烟草制品业		
纺织业		
纺织服装、鞋、帽制造业	74420	44640
皮革、毛皮、羽毛（绒）及其制品业	13500	10541
木材加工及木、竹、藤、棕、草制品业	47000	34145
家具制造业	26005	9900
造纸及纸制品业	11000	1185
印刷业和记录媒介的复制业	35000	4633
文教体育用品制造业	435292	71798
石油加工、炼焦及核燃料加工业	134296	73350
化学原料及化学制品制造业	2951996	1529165
医药制造业	2073661	1129280
化学纤维制造业	30885	622
橡胶和塑料制品业	210065	112119

表9—4　全社会工业投资（2018年）（续表2）

计量单位：万元

指　　标	计　划 总投资	累计完成 投　　资
非金属矿物制品业	494133	203629
黑色金属冶炼及压延加工业	337885	148289
有色金属冶炼及压延加工业	203590	78950
金属制品业	741958	340675
通用设备制造业	2858194	1247611
专用设备制造业	1482504	539692
汽车制造业	6010828	2584192
铁路船舶航空航天制造业	2098003	841509
电气机械及器材制造业	5122627	1539862
通信设备、计算机及其他电子设备制造业	15601395	3602844
仪器仪表及文化、办公用机械制造业	801019	320096
工艺品及其他制造业	135000	90197
废弃资源和废旧材料回收加工业	281899	200895
金属制品、机械和设备修理业		
电力、燃气及水的生产和供应业	1225889	670865
电力、热力的生产和供应业	817502	373581
燃气生产和供应业		
水的生产和供应业	408387	297284
三、按隶属关系		
中央	3552911	2207943
省	489768	174102
市	2794021	1346223
区		
其他	35792960	11370502
四、按建设性质		
新建	22895760	5006647
扩建	8717391	4275379
改建	9773480	5397317

表9—4　全社会工业投资（2018年）（续表3）

计量单位：万元

指　　标	计　划 总投资	累计完成 投　　资
单纯建造生活设施	32000	302
迁建	2295736	1001738
恢复		
单纯购置	233967	146747
五、按控股情况		
国有控股	7698283	3716568
集体控股	413486	145805
私人控股	17356011	6535873
港澳台商控股	4644244	2516466
外商控股	3377813	1671175
六、按期末项目建设状态		
在建	39296354	11684562
全部投产	4121318	4050628
全部停缓建	530662	92940
七、按投资规模		
100万元以下		
100-500万元		
500-1000万元		
1000-3000万元		
3000-5000万元	75000	44998
5000万元-1亿元	1082621	628385
1亿元-5亿元	7503824	4003258
5亿元-10亿元	6196130	3203976
10亿以上	29090759	7947513

表 9—4　全社会工业投资（2018 年）（续表 4）

计量单位：万元

指　　标	本年完成投　　资	#住　宅	本年新增固定资产
总　　计	7459039	51300	2366255
一、按登记注册类型			
内资	5052534	51300	2067393
国有	628773	47000	188020
集体			
股份合作			
联营企业			
国有联营			
集体联营			
国有与集体联营			
其他联营			
有限责任公司	1750270		656492
国有独资公司	107750		83131
其他有限责任公司	1642520		573361
股份有限公司	628513		504415
私营	2041978	4300	718466
其他	3000		
港澳台商投资	1169399		44354
合资经营	158413		18901
合作经营			
独资	1010986		25453
股份有限			
其他港澳台商投资企业			
外商投资	1237106		254508
合资经营	403728		91748
合作经营			
独资	822606		162760
股份有限	10772		
其他外商投资企业			
个体经营			
个体户			
个人合伙			

表 9—4　全社会工业投资（2018 年）（续表 5）

计量单位：万元

指　　标	本年完成投　　资	#住　宅	本年新增固定资产
二、按国民经济行业			
采矿业			
煤炭开采和洗选业			
石油和天然气开采业			
黑色金属矿采选业			
有色金属矿采选业			
非金属矿采选业			
开采辅助活动			
其他采矿业			
制造业	7177038	51300	2245116
农副食品加工业	28512		14539
食品制造业	55827		166310
饮料制造业			
烟草制品业			
纺织业			
纺织服装、鞋、帽制造业	32013		24913
皮革、毛皮、羽毛（绒）及其制品业	2791		
木材加工及木、竹、藤、棕、草制品业	34145		22315
家具制造业	4200	1500	200
造纸及纸制品业	1185		
印刷业和记录媒介的复制业	4633		
文教体育用品制造业	64498		6575
石油加工、炼焦及核燃料加工业	61630		37750
化学原料及化学制品制造业	704635		390962
医药制造业	396103		160236
化学纤维制造业	622		120
橡胶塑料制品业	52027		31767

表9—4　全社会工业投资（2018年）（续表6）

计量单位：万元

指　　标	本年完成投　　资	#住　宅	本年新增固定资产
非金属矿物制品业	130571		38033
黑色金属冶炼及压延加工业	115488		11939
有色金属冶炼及压延加工业	8970		20
金属制品业	83366		12667
通用设备制造业	562096		122635
专用设备制造业	270091		160931
汽车制造业	1623215		196850
铁路船舶航空航天制造业	211572		145369
电气机械及器材制造业	831016	2800	396949
通信设备、计算机及其他电子设备 制造业	1632649	47000	243531
仪器仪表及文化、办公用机械制造业	138870		17957
工艺品及其他制造业	50000		35000
废弃资源和废旧材料回收加工业	76313		7548
金属制品、机械和设备修理业			
电力、燃气及水的生产和供应业	282001		121139
电力、热力的生产和供应业	143106		100533
燃气生产和供应业			
水的生产和供应业	138895		20606
三、按隶属关系			
中央	711253		399297
省	115315		10544
市	712969		120527
区			
其他	5476113	4300	1619452
四、按建设性质			
新建	2478825	2800	408744
扩建	1945285	47000	777750
改建	2576299		1032018

表 9—4　全社会工业投资（2018 年）（续表 7）

计量单位：万元

指　　标	本年完成投　　资	#住　宅	本年新增固定资产
单纯建造生活设施	302		302
迁建	330653	1500	134506
恢复			
单纯购置	127675		12935
五、按控股情况			
国有控股	1477313	47000	649628
集体控股	58800		22031
私人控股	3224194	4300	1340743
港澳台商控股	1147903		25453
外商控股	910077		214677
六、按期末项目建设状态			
在建	5839835	4300	229631
全部投产	1585160	47000	2128257
全部停缓建	34044		8367
七、按投资规模			
100 万元以下			
100-500 万元			
500-1000 万元			
1000-3000 万元			
3000-5000 万元	35816		18762
5000 万元-1 亿元	414559		292512
1 亿元-5 亿元	2096193	23000	862295
5 亿元-10 亿元	1687732	25500	561633
10 亿以上	3224739	2800	631053

表 9—4　全社会工业投资（2018 年）（续表 8）

计量单位：万元

指标名称	上年末结余资金	本年资金来源合计			
		小计	国家预算内资金	国内贷款	利用外资
总计	305778	6303524	28030	363944	31062
一、按登记注册类型					
内资	253727	4268678	28030	358964	14812
国有	4095	630859		76261	4000
集体					
股份合作					
联营企业					
国有联营					
集体联营					
国有与集体联营					
其他联营					
有限责任公司	92510	1468290	28030	79139	
国有独资公司	3600	104379	9030	19173	
其他有限责任公司	88910	1363911	19000	59966	
股份有限公司	15945	564151		178874	
私营	141177	1602368		24690	10812
其他		3010			
港澳台商投资	19094	691311		1980	
合资经营	11380	197746			
合作经营					
独资	7714	493565		1980	
股份有限					
其他港澳台商企业					
外商投资	32957	1343535		3000	16250
合资经营	5000	493602			
合作经营					
独资	27957	839160		3000	16250
股份有限		10773			
其他外商投资企业					
个体经营					
个体户					
个人合伙					

表 9—4　全社会工业投资（2018 年）（续表 9）

计量单位：万元

指 标 名 称	上年末结余资金	本年资金来源合计			
		小 计	国家预算内资金	国内贷款	利用外资
二、按国民经济行业					
采矿业					
煤炭开采和洗选业					
石油和天然气开采业					
黑色金属矿采选业					
有色金属矿采选业					
非金属矿采选业					
开采辅助活动					
其他采矿业					
制造业	301603	6086704	28030	328520	31062
农副食品加工业	530	30737			
食品制造业		2760		600	
饮料制造业					
烟草制品业					
纺织业					
纺织服装、鞋、帽制造业	102	30612			
皮革、毛皮、羽毛（绒）及其制品业	441	2350			
木材加工及木、竹、藤、棕、草制品业		34150			
家具制造业		3900			
造纸及纸制品业	1185				
印刷业和记录媒介的复制业		500			
文教体育用品制造业	175	63893			
石油加工、炼焦及核燃料加工业		63573		28287	
化学原料及化学制品制造业	12125	752115		92127	
医药制造业	10500	407819		8694	
化学纤维制造业		522			
橡胶和塑料制品业	1575	54956			

表9—4 全社会工业投资（2018年）（续表10）

计量单位：万元

指标名称	上年末结余资金	本年资金来源合计			
		小计	国家预算内资金	国内贷款	利用外资
非金属矿物制品业	11745	97318		4014	16250
黑色金属冶炼及压延加工业		111640			
有色金属冶炼及压延加工业	1920	6950			
金属制品业	1831	69080			
通用设备制造业	66578	447789	9030	59510	
专用设备制造业	19808	214058		14480	
汽车制造业	64043	1525353		9280	
铁路、船舶航空航天制造业	3193	147890		8571	4000
电气机械及器材制造业	25592	653678		30575	
通信设备、计算机及其他电子设备制品业	67865	1176968	2000	70382	10812
仪器仪表及文化、办公用机械制造业	9296	107908			
工艺品及其他制造业		16000		2000	
废弃资源和废旧材料回收加工业	3099	64185	17000		
金属制造品、机械和设备修理业					
电力、燃气及水的生产和供应业	4175	216820		35424	
电力、热力的生产和供应业	280	110123		10717	
燃气生产和供应业					
水的生产和供应业	3895	106697		24707	
三、按隶属关系					
中央		745625	9030	136031	4000
省	2700	254662		1000	
市	15284	808097		27707	
区					
其他	269515	4083996	19000	138218	27062
四、按建设性质					
新建	150719	1539504		43022	25862
扩建	48411	1928550	9030	87708	4000
改建	71404	2544695	19000	223314	1200

表9—4　全社会工业投资（2018年）（续表11）

计量单位：万元

指标名称	上年末结余资金	本年资金来源			
		小计	国家预算内资金	国内贷款	利用外资
单纯建造生活设施	302				
迁建	4942	184877		9900	
恢复					
单纯购置	30000	105898			
五、按控股情况					
国有控股	13748	1586822	26030	270308	4000
集体控股	2000	56551			
私人控股	155689	2598553	2000	77256	
港澳台商控股	8494	649510		1980	
外商控股	32957	917495		3000	16250
六、按期末项目建设状态					
在建	224051	4903199	28030	219512	27062
全部投产	81227	1365964		128552	
全部停缓建	500	34361		15880	4000
七、按投资规模					
100万元以下					
100-500万元					
500-1000万元					
1000-3000万元					
3000-5000万元	3500	28391		369	
5000万元-1亿元	30685	370121		33585	
1亿元-5亿元	159224	1844573	2000	125705	20250
5亿元-10亿元	62818	1415855	26030	76671	10812
10亿以上	49551	2644584		127614	

表 9—4 全社会工业投资（2018 年）（续表 12）

计量单位：万元

指　　标	本年资金来源	
	自筹资金	其他资金来源
总　　计	5759834	113754
一、按登记注册类型		
内资	3763986	95986
国有	543428	7170
集体		
股份合作		
联营企业		
国有联营		
集体联营		
国有与集体联营		
其他联营		
有限责任公司	1304519	56602
国有独资公司	76176	
其他有限责任公司	1228343	56602
股份有限公司	369078	16199
私营	1543951	16015
其他	3010	
港澳台商投资	680041	9290
合资经营	197746	
合作经营		
独资	482295	9290
股份有限		
其他港澳台商投资企业		
外商投资	1315807	8478
合资经营	489135	4467
合作经营		
独资	815899	4011
股份有限	10773	
其他外商投资企业		
个体经营		
个体户		
个人合伙		

表 9—4　全社会工业投资（2018 年）（续表 13）

计量单位：万元

指　　标	本年资金来源	
	自筹资金	其　他 资金来源
二、按国民经济行业		
采矿业		
煤炭开采和洗选业		
石油和天然气开采业		
黑色金属矿采选业		
有色金属矿采选业		
非金属矿采选业		
开采辅助活动		
其他采矿业		
制造业	5585608	106584
农副食品加工业	30737	
食品制造业	2160	
饮料制造业		
烟草制品业		
纺织业		
纺织服装、鞋、帽制造业	27612	3000
皮革、毛皮、羽毛（绒）及其制品业	2350	
木材加工及木、竹、藤、棕、草制品业	34150	
家具制造业	3900	
造纸及纸制品业		
印刷业和记录媒介的复制业	500	
文教体育用品制造业	63493	400
石油加工、炼焦及核燃料加工业	29986	5300
化学原料及化学制品制造业	653434	6554
医药制造业	394019	5106
化学纤维制造业	522	
橡胶和塑料制品业	54956	

表9—4　全社会工业投资（2018年）（续表14）

计量单位：万元

指　　标	本年资金来源	
	自筹资金	其他资金来源
非金属矿物制品业	74254	2800
黑色金属冶炼及压延加工业	111640	
有色金属冶炼及压延加工业	50	
金属制品业	68330	750
通用设备制造业	373036	6213
专用设备制造业	198111	1467
汽车制造业	1516073	
船舶航空航天制造业	135290	29
电气机械及器材制造业	573139	49964
通信设备、计算机及其他电子设备	1074773	19001
仪器仪表及文化、办公用机械制造业	107908	
工艺品及其他制造业	8000	6000
废弃资源和废旧材料回收加工业	47185	
金属制品、机械和设备修理业		
电力、燃气及水的生产和供应业	174226	7170
电力、热力的生产和供应业	99406	
燃气生产和供应业		
水的生产和供应业	74820	7170
三、按隶属关系		
中央	591264	5300
省	253662	
市	768874	11516
区		
其他	3823879	68937
四、按建设性质		
新建	1447943	22677
扩建	1779921	47891
改建	2270522	23759

表 9—4　全社会工业投资（2018 年）（续表 15）

计量单位：万元

指　标	本年资金来源	
	自筹资金	其他资金来源
单纯建造生活设施		
迁建	155550	19427
恢复		
单纯购置	105898	
五、按控股情况		
国有控股	1274014	12470
集体控股	56551	
私人控股	2451794	60603
港澳台商控股	638240	9290
外商控股	892767	5478
六、按期末项目建设状态		
在建	4563473	58222
全部投产	1181880	55532
全部停缓建	14481	
七、按投资规模		
100 万元以下		
100-500 万元		
500-1000 万元		
1000-3000 万元		
3000-5000 万元	28022	
5000 万元-1 亿元	324866	11670
1 亿元-5 亿元	1630686	65932
5 亿元-10 亿元	1274300	28042
10 亿以上	2501960	8110

表9—5 房地产开发投资、资金和土地情况（2018年）

计量单位：万元

项目	合计	内资	
		内资小计	国有
计划总投资	151109178	133553723	2156631
累计完成投资	92512319	79937695	975432
本年完成投资额	23577661	20590828	233762
建筑工程	10609690	9193268	80200
安装工程	1076494	941593	10090
设备工器具购置	646400	565540	
其它费用	11245077	9890427	143472
#土地购置费	10275766	9060505	120000
住宅	15745363	14059334	213772
其中：90平方米及以下	5217384	4878683	71466
144平方米以上	3057302	2794224	17617
别墅、高档公寓	514443	462816	
办公楼	1535404	1262436	50
商业营业用房	3532440	2954229	7590
其他	2764454	2314829	12350
本年新增固定资产	8711120	6914681	

表 9—5　房地产开发投资、资金和土地情况（2018 年）（续表 1）

计量单位：万元

项　目	内	资	
	国有独资公司	其他有限责任公司	股份有限公司
计划总投资	11186491	76217428	4910923
累计完成投资	8563459	43371985	1987450
本年完成投资额	1198991	12198245	734848
建筑工程	589516	5538486	318225
安装工程	21827	554322	26102
设备工器具购置	31888	361387	2560
其它费用	555760	5744050	387961
#土地购置费	455949	5360846	323067
住宅	947807	8556818	457666
其中：90 平方米及以下	342989	2950019	221407
144 平方米以上	129318	1884480	11500
别墅、高档公寓		249027	
办公楼	4146	882868	18589
商业营业用房	61032	1403284	99411
其他	186006	1355275	139182
本年新增固定资产	431269	4733404	98252

表9—5　房地产开发投资、资金和土地情况（2018年）（续表2）

计量单位：万元

项　目	内　资		
	私营企业小计	私营有限责任公司	私营股份有限公司
计划总投资	39082250	38273370	808880
累计完成投资	25039369	24419196	620173
本年完成投资额	6224982	6053763	171219
建筑工程	2666841	2591174	75667
安装工程	329252	317538	11714
设备工器具购置	169705	168255	1450
其它费用	3059184	2976796	82388
#土地购置费	2800643	2722245	78398
住宅	3883271	3786481	96790
其中：90平方米及以下	1292802	1230771	62031
144平方米以上	751309	749215	2094
别墅、高档公寓	213789	213789	
办公楼	356783	328478	28305
商业营业用房	1382912	1357708	25204
其他	602016	581096	20920
本年新增固定资产	1651756	1647756	4000

表 9—5　房地产开发投资、资金和土地情况（2018 年）（续表 3）

计量单位：万元

项　目	小计	港澳台商投资	
		与港澳台商合资经营	港澳台商独资
计划总投资	13146857	7106365	6040492
累计完成投资	8845718	4050072	4795646
本年完成投资额	2277357	1422593	854764
建筑工程	975367	450082	525285
安装工程	62191	23754	38437
设备工器具购置	18659	14	18645
其它费用	1221140	948743	272397
#土地购置费	1112296	909230	203066
住宅	1207289	676917	530372
其中：90 平方米及以下	211661	133308	78353
144 平方米以上	171867	100162	71705
别墅、高档公寓	21017	18352	2665
办公楼	236389	135516	100873
商业营业用房	448244	323335	124909
其他	385435	286825	98610
本年新增固定资产	1308641	530198	778443

表9—5 房地产开发投资、资金和土地情况（2018年）（续表4）

计量单位：万元

项目	小计	外商投资		
		中外合资经营	中外合作经营	外资企业
计划总投资	4408598	2525300	332000	805956
累计完成投资	3728906	2051773	230411	704802
本年完成投资额	709476	440549	51752	134183
建筑工程	441055	205103	51752	101208
安装工程	72710	72710		
设备工器具购置	62201	62201		
其它费用	133510	100535		32975
#土地购置费	102965	82965		20000
住宅	478740	314294	50752	62049
其中：90平方米及以下	127040	80618	1000	7489
144平方米以上	91211	26875	32753	17871
别墅、高档公寓	30610	5817	24793	
办公楼	36579			36510
商业营业用房	129967	93502	500	5127
其他	64190	32753	500	30497
本年新增固定资产	487798	297409		

表 9—5　房地产开发投资、资金和土地情况（2018 年）（续表 5）

计量单位：万元

项　目	合计	内　资	
		内资小计	国　有
本年资金来源合计			
1.上年末结余资金	18793183	16611489	69934
2.本年资金来源小计	33930708	29774522	365390
（1）国内贷款	6417800	5585252	83000
其中：银行贷款	5492924	4966516	83000
非银行金融机构贷款	924876	618736	
（2）利用外资	58942		
其中：外商直接投资			
（3）自筹资金	10018426	8635391	74836
其中：自有资金			
（4）其他资金来源	1039864	928782	
其中：定金及预收款	11439362	10171088	117099
个人按揭贷款	4956314	4454009	90455
本年各项应付款合计	5904552	5595471	290067
其中：工程款	2886928	2625311	55532

表9—5 房地产开发投资、资金和土地情况（2018年）（续表6）

计量单位：万元

项 目	内资		
	国有独资公司	其他有限责任公司	股份有限公司
本年资金来源合计			
1.上年末结余资金	792519	9040576	1367163
2.本年资金来源小计	1843353	17502060	1090601
（1）国内贷款	382465	3234714	343012
其中：银行贷款	382465	2980044	206100
非银行金融机构贷款		254670	136912
（2）利用外资			
其中：外商直接投资			
（3）自筹资金	573043	5308789	334057
其中：自有资金			
（4）其他资金来源	161704	341162	48000
其中：定金及预收款	585502	6058731	167927
个人按揭贷款	140639	2558664	197605
本年各项应付款合计	264805	2489757	645839
其中：工程款	125269	1365696	107083

表9—5　房地产开发投资、资金和土地情况（2018年）（续表7）

计量单位：万元

项　目	内	资	
	私营企业小计	私营有限责任公司	私营股份有限公司
本年资金来源合计			
1.上年末结余资金	5341297	5331547	9750
2.本年资金来源小计	8973118	8662189	310929
（1）国内贷款	1542061	1479361	62700
其中：银行贷款	1314907	1314207	700
非银行金融机构贷款	227154	165154	62000
（2）利用外资			
其中：外商直接投资			
（3）自筹资金	2344666	2282701	61965
其中：自有资金			
（4）其他资金来源	377916	335201	42715
其中：定金及预收款	3241829	3176763	65066
个人按揭贷款	1466646	1388163	78483
本年各项应付款合计	1905003	1824129	80874
其中：工程款	971731	941781	29950

表9—5 房地产开发投资、资金和土地情况（2018年）（续表8）

计量单位：万元

项 目	小计	港澳台商投资	
		与港澳台商合资经营	港澳台商独资
本年资金来源合计			
1.上年末结余资金	1197375	459644	737731
2.本年资金来源小计	3580952	1877567	1703385
（1）国内贷款	687660	425400	262260
其中：银行贷款	381520	225400	156120
非银行金融机构贷款	306140	200000	106140
（2）利用外资	25942		25942
其中：外商直接投资			
（3）自筹资金	1353587	635892	717695
其中：自有资金			
（4）其他资金来源	102523	66450	36073
其中：定金及预收款	961865	480536	481329
个人按揭贷款	449375	269289	180086
本年各项应付款合计	243361	145548	97813
其中：工程款	195986	132176	63810

表 9—5　房地产开发投资、资金和土地情况（2018 年）（续表 9）

计量单位：万元

项　目	小计	外商投资		
		中外合资经营	中外合作经营	外资企业
本年资金来源合计				
1.上年末结余资金	984319	693814	34146	86615
2.本年资金来源小计	575234	305181	45877	214589
（1）国内贷款	144888	94449		50439
其中：银行贷款	144888	94449		50439
非银行金融机构贷款				
（2）利用外资	33000	33000		
其中：外商直接投资				
（3）自筹资金	29448			29448
其中：自有资金				
（4）其他资金来源	8559			
其中：定金及预收款	306409	145422	26285	134702
个人按揭贷款	52930	32310	19592	
本年各项应付款合计	65720	56888		8434
其中：工程款	65631	56805		8428

表9—6 房地产开发施工、竣工和销售按用途分组（2018年）

项 目	计量单位	合计数	住宅	其中		
				90平方米及以下	144平方米以上	别墅、高档公寓
房屋施工面积	平方米	86643873	56010629	22757354	8496066	2967200
其中：新开工面积	平方米	19513941	12635300	3978467	1967337	736935
房屋竣工面积	平方米	12454436	9126195	3733979	1069062	231625
其中：不可销售面积	平方米	764928	78327	4148	14492	12746
商品住宅竣工套数	套		126492	43097	5246	817
竣工房屋价值	万元	6896366	5346149	1388778	987097	116903
出租房屋面积	平方米	153240				
商品房销售面积	平方米	12241988	9861126	2900881	1567380	370011
其中：现房销售面积	平方米	2109193	1951088	829523	113964	39375
期房销售面积	平方米	10132795	7910038	2071358	1453416	330636
商品房销售额	万元	24040931	19463690	4179636	4375052	788748
其中：现房销售额	万元	2384127	2172261	541172	312712	95569
期房销售额	万元	21656804	17291429	3638464	4062340	693179
商品住宅销售套数	套		90401	35392	7391	2210
其中：现房销售套数	套		19744	10293	524	140
期房销售套数	套		70657	25099	6867	2070

表 9—6　房地产开发施工、竣工和销售按用途分组（2018 年）（续表）

项目	计量单位	办公楼	商业营业用房	其他
房屋施工面积	平方米	6604537	9473010	14555697
其中：新开工面积	平方米	1037435	2268123	3573083
房屋竣工面积	平方米	493582	1041766	1792893
其中：不可销售面积	平方米	38964	107262	540375
竣工房屋价值	万元	325245	609478	615494
出租房屋面积	平方米	1348	151892	
商品房销售面积	平方米	718481	1322976	339405
其中：现房销售面积	平方米	22111	106213	29781
期房销售面积	平方米	696370	1216763	309624
商品房销售额	万元	1418203	2694880	464158
其中：现房销售额	万元	37408	147569	26889
期房销售额	万元	1380795	2547311	437269

表 9—7　房地产企业财务状况（2018 年）

项　目	计量单位	合 计	内资	
			内资小计	国有
企业个数	个	605	543	7
流动资产合计	千元	1347325871	1177876406	13892382
其中：存货		651403252	592134126	7970440
固定资产原价	千元	31768191	17033022	82263
累计折旧	千元	6130302	5018850	23911
其中：本年折旧		1241853	946010	6791
资产总计	千元	1545766056	1340061014	15076449
负债合计	千元	1189420100	1052839537	12804771
所有者权益合计	千元	356345956	287221477	2271678
营业收入	千元	319895076	288006502	3120936
营业成本	千元	213986060	193533936	1898731
营业税金及附加	千元	19834489	17478227	289586
营业利润	千元	69806990	62890895	774764
其他业务利润	千元	451197	430728	18113
投资收益	千元	3133775	3040600	2193
补贴收入	千元			
营业外收入	千元	304024	242174	50242
营业外支出	千元	743870	686263	6251
利润总额	千元	69680614	62503765	818755
应交所得税	千元	12151516	10419478	192662
应付职工薪酬（本年贷方累计发生数）	千元	4866228	3993400	62743

表 9—7　房地产企业财务状况（2018 年）（续表 1）

项　目	计量单位	内资		
		国有独资公司	其他有限责任公司	股份有限公司
企业个数	个	28	253	23
流动资产合计	千元	109253022	667804862	41617802
其中：存货		45930490	352681474	16678863
固定资产原价	千元	225358	9259606	2489082
累计折旧	千元	92435	2693085	461134
其中：本年折旧		17519	469507	125987
资产总计	千元	121006316	768099896	48582186
负债合计	千元	79357027	616737605	36886484
所有者权益合计	千元	41649289	151362291	11695702
营业收入	千元	16628112	152914294	9836898
营业成本	千元	12332845	103398664	6696133
营业税金及附加	千元	317473	9890109	844826
营业利润	千元	3470667	32675074	1804030
其他业务利润	千元	2844	307455	
投资收益	千元	62635	1837810	46215
补贴收入	千元			
营业外收入	千元	10547	117086	4928
营业外支出	千元	1934	374811	4813
利润总额	千元	3479280	32413715	1854862
应文所得税	千元	403506	5955691	344098
应付职工薪酬（本年贷方累计发生数）	千元	198772	2261722	141326

表9—7　房地产企业财务状况（2018年）（续表2）

项　目	计量单位	内资		
		私营企业小计	私营有限责任公司	私营股份有限公司
企业个数	个	232	224	8
流动资产合计	千元	345308338	339093007	6215331
其中：存货		168872859	166355003	2517856
固定资产原价	千元	4976713	4573867	402846
累计折旧	千元	1748285	1725513	22772
其中：本年折旧		326206	305553	20653
资产总计	千元	387296167	380679514	6616653
负债合计	千元	307053650	301890651	5162999
所有者权益合计	千元	80242517	78788863	1453654
营业收入	千元	105506262	100624856	4881406
营业成本	千元	69207563	65455655	3751908
营业税金及附加	千元	6136233	5669202	467031
营业利润	千元	24166360	23634160	532200
其他业务利润	千元	102316	102316	
投资收益	千元	1091747	1091746	1
补贴收入	千元			
营业外收入	千元	59371	58746	625
营业外支出	千元	298454	280053	18401
利润总额	千元	23937153	23422729	514424
应交所得税	千元	3523521	3370381	153140
应付职工薪酬（本年贷方累计发生数）	千元	1328837	1305095	23742

表 9—7 房地产企业财务状况（2018 年）（续表 3）

项 目	计量单位	小 计	港澳台商投资	
			与港澳台商合资经营	港澳台商独资经营
企业个数	个	47	18	29
流动资产合计	千元	133160916	60106504	73054412
其中：存货		40868267	23440914	17427353
固定资产原价	千元	14598403	3171249	11427154
累计折旧	千元	1031756	177646	854110
其中：本年折旧		281815	87852	193963
资产总计	千元	167503819	68247769	99256050
负债合计	千元	113625509	54293111	59332398
所有者权益合计	千元	53878310	13954658	39923652
营业收入	千元	17879607	3692475	14187132
营业成本	千元	11585602	2508054	9077548
营业税金及附加	千元	1253575	219011	1034564
营业利润	千元	3173343	288660	2884683
其他业务利润	千元	16391	723	15668
投资收益	千元	79849	2571	77278
补贴收入	千元			
营业外收入	千元	57353	47316	10037
营业外支出	千元	51134	6598	44536
利润总额	千元	3444154	330767	3113387
应交所得税	千元	845918	95707	750211
应付职工薪酬（本年贷方累计发生数）	千元	685727	258560	427167

表 9—7 房地产企业财务状况（2018 年）（续表 4）

项 目	计量单位	小 计	外商投资			
			中外合资经营	中外合作经营	外资企业	外商投资股份有限公司
企业个数	个	15	7	1	4	1
流动资产合计	千元	36288549	12585801	3513056	15053395	216792
其中：存货		18400859	1851142	1368445	13012651	177072
固定资产原价	千元	136766	54790	2145	19474	8552
累计折旧	千元	79696	35957	1517	10091	7088
其中：本年折旧		14028	7880	302	1751	
资产总计	千元	38201223	13656628	3514367	15757606	230187
负债合计	千元	22955054	5789016	3148034	10581396	236451
所有者权益合计	千元	15246169	7867612	366333	5176210	-6264
营业收入	千元	14008967	8638063	1515334	3329603	320
营业成本	千元	8866522	5290996	1283047	1922336	199
营业税金及附加	千元	1102687	723238	71129	290775	16
营业利润	千元	3742752	2500189	148376	1019480	-1536
其他业务利润	千元	4078	3322	750	6	
投资收益	千元	13326	75	10571	2680	
补贴收入	千元					
营业外收入	千元	4497	1340	708	959	
营业外支出	千元	6473	722	182	3013	
利润总额	千元	3732695	2492726	148902	1017426	-1536
应交所得税	千元	886120	331560	37705	486796	
应付职工薪酬（本年贷方累计发生数）	千元	187101	90690	2968	84340	276

表 9—8　全市建筑业企业基本情况

（总承包、专业承包及劳务分包）

指标名称	计量单位	合计	总承包及专业承包	劳务分包
企业个数	个	1723	1624	99
建筑业总产值	万元	39259178	39031848	227330
固定资产原价	万元	3561729	3551415	10314
#本年折旧	万元	273288	271134	2154
资产合计	万元	44185199	43996329	188870
负债合计	万元	30519071	30415258	103813
实收资本	万元	6280343	6230806	49537
营业收入	万元	39769061	39503047	266014
# 主营业务收入	万元	39483980	39229270	254710
营业成本	万元	36663565	36425758	237807
# 主营业务成本	万元	39456495	39229270	227225
营业税金及附加	万元	288906	283990	4916
# 主营业务税金及附加	万元	283064	278185	4879
销售费用	万元	164622	163483	1139
管理费用	万元	1239266	1231174	8091
财务费用	万元	281456	280553	903
利润总额	万元	1435179	1421600	13879
应付职工薪酬（本年贷方累计发生额）	万元	7321859	7181201	140658

表9—9　全市建筑业企业生产情况

（总承包及专业承包）

指　　标	2018年	2017年	2018年为上年%
建筑合同额（万元）	84006558	66762454	125.8
上年结转建筑合同额	36495774	29518753	123.6
本年新签建筑合同额	47510785	37243701	127.6
建筑业总产值（万元）	39031848	32607006	119.7
建筑工程产值	34647244	29559151	117.2
安装工程产值	3759634	2661591	141.3
其他产值	624970	386265	161.8
竣工产值（万元）	24441658	21117216	115.7
房屋施工面积（万平方米）	27080.93	22313.61	121.4
房屋竣工面积（万平方米）	6184.02	5525.07	111.9
#住宅	4227.23	3666.12	115.3
建筑业全员劳动生产率（元/人）	342969	310189	110.6

表 9—10　按行业分建筑业企业生产情况（2018 年）

（总承包及专业承包）

指　　标	房屋建筑业	土木工程建筑业
企业个数（个）	514	386
建筑合同额（万元）	49088599	20571583
上年结转建筑合同额	21779633	9956617
本年新签建筑合同额	27308966	10614966
建筑业总产值（万元）	22553125	7913550
建筑工程产值	21826355	7459442
安装工程产值	336669	274364
其他产值	390101	179744
竣工产值（万元）	15418606	3499481
房屋施工面积（万平方米）	24875	1047
房屋竣工面积（万平方米）	6184	5906
#住宅	4114	30
全员劳动生产率（元/人）	313029	442135

表 9—10　按行业分建筑业企业生产情况（2018 年）（续表）

（总承包及专业承包）

指　　标	建筑安装业	建筑装饰和其他建筑业
企业个数（个）	350	374
建筑合同额（万元）	9757893	4588484
上年结转建筑合同额	3388567	1370957
本年新签建筑合同额	6369327	3217527
建筑业总产值（万元）	5086995	3478177
建筑工程产值	2059980	3301467
安装工程产值	3018487	13011
其他产值	8529	4660
竣工产值（万元）	3030415	2493156
房屋施工面积（万平方米）	950.05	208.57
房屋竣工面积（万平方米）	150.00	24.13
#住宅	76.65	6.87
全员劳动生产率（元/人）	403406	309199

表 9—11 按经济类型分建筑业企业生产情况（2018 年）

（总承包及专业承包）

指　　标	总　计	国有经济	集体经济	其他经济
企业个数（个）	1624	88	32	1504
建筑合同额（万元）	84006558	38578125	1562893	43865540
上年结转建筑合同额	36495773	18617225	638961	17239587
本年新签建筑合同额	47510785	19960900	923932	26625953
建筑业总产值（万元）	39031848	12903392	930371	25198084
建筑工程产值	34647244	11181108	224994	23241142
安装工程产值	3759634	1478639	701401	1579593
其他产值	624970	243645	3976	377349
竣工产值（万元）	24441658	6527119	208139	17706400
房屋施工面积（万平方米）	27080.93	9954.16	21.64	17105.12
房屋竣工面积（万平方米）	6184.02	1872.51	6.02	4305.50
#住宅	4227.23	1325.98	0.54	2900.71
全员劳动生产率（元/人）	342969	533011	667363	285683

表9—12　全市建筑业企业财务情况（2018年）

（总承包及专业承包）

计量单位：万元

指　　标	总　　计	国有经济	集体经济	其他经济
资产合计	43996329	15779726	2278133	25938470
流动资产合计	37238084	13433842	2050742	21753499
# 存　货	7533486	2196134	361763	4975590
固定资产合计				
固定资产原价	3551415	1238406	129303	2183707
累计折旧	1715763	637902	57307	1020554
# 本年折旧	271135	126960	4197	139978
负债合计	30415259	12752938	1881718	15780602
所有者权益合计	13581071	3026788	396414	10157868
营业收入	39503048	14257854	1079541	24165653
# 主营业务收入	39229270	14145484	1050327	24033459
营业成本	36425758	13298907	1261333	21865518
# 主营业务成本	35869724	13175114	932713	21761897
营业税金及附加	283990	46501	5868	231621
#主营业务税金及附加	278185	45708	5281	227196
销售费用	163483	40983	2559	119942
管理费用	1065181	17405	2114	1045662
财务费用	255865	1344	19	254502
利润总额	1342133	34454	1938	1305741
应付职工薪酬（本年贷方累计发生额）	4359510	27253	9195	4323062

表 9—13 主要年份全社会固定资产投资完成额

计量单位：亿元

年 份	全社会固定资产投资完成额	#城镇固定资产投资	#房地产开发投资
1949	0.02	0.02	
1952	0.26	0.26	
1957	1.18	1.18	
1962	0.76	0.76	
1965	1.44	1.44	
1970	1.53	1.53	
1975	2.96	2.96	
1978	6.63	6.35	
1979	7.01	6.86	
1980	7.82	7.56	
1985	27.65	24.28	
1990	42.65	36.80	
1991	49.71	40.91	2.58
1995	233.86	133.63	59.45
1997	351.66	223.79	72.89
1998	376.60	217.96	101.06
1999	373.01	211.94	97.91
2000	412.20	241.95	99.34
2004	1201.88	703.92	292.88
2005	1402.72	820.30	296.14
2007	1867.96	1041.95	445.97
2008	2154.17	1226.16	508.17
2009	2668.03	1572.08	595.68
2010	3306.05	2029.87	754.76
2011	4010.03	2563.86	896.73
2012	4683.45	3122.05	1015.76
2013	5265.55	4620.72	1120.18
2014	5460.03	—	1125.49
2015	5484.47	—	1429.02
2016	5533.56	—	1845.60
2017	4212.66	—	2170.21
2018	4718.05	—	2354.17

注：1.国家固定资产方法制度改革，2018 年数据按新制度执行；2017 年数同口径调整。
2.城镇固定资产投资包括以前年度基本建设、更新改造、城镇集体和其他投资，2005 年起不再细分。

表 9—14　2000 年以来固定资产投资情况

计量单位：亿元

年 份	全社会固定资产投资额	第一产业	第二产业	#工业投资	第三产业	#房地产开发投资
2000	412.20	3.44	110.09	108.42	298.67	99.34
2001	464.91	5.30	169.27	158.55	290.34	111.00
2002	602.95	1.42	236.97	240.00	364.56	137.63
2003	954.05	3.75	357.71	356.06	592.59	183.80
2004	1201.88	5.83	481.5	458.54	714.55	292.88
2005	1402.72	4.78	586.43	582.04	811.51	296.14
2006	1613.55	6.90	738.12	732.63	868.53	351.17
2007	1867.96	10.81	936.79	930.42	920.36	445.97
2008	2154.17	12.43	1088.93	1081.09	1052.81	508.17
2009	2668.03	12.24	1311.31	1300.40	1344.48	595.68
2010	3306.05	21.21	1618.41	1601.31	1666.43	754.76
2011	4010.03	29.31	2041.43	2000.22	1939.29	896.73
2012	4683.45	23.59	2414.95	2400.93	2244.91	1015.76
2013	5265.55	23.55	2518.53	2509.40	2723.47	1120.18
2014	5460.03	34.87	2180.71	2152.36	3244.45	1125.49
2015	5484.47	36.95	2093.03	2071.66	3354.49	1429.02
2016	5533.56	40.78	1784.22	1761.65	3708.57	1845.60
2017	4312.66	2.16	699.84	684.94	3600.33	2170.21
2018	4718.05	1.67	774.02	745.90	3942.36	2354.17

注：因国家固定投资统计方法制度改革，2018 年数据按新制度执行，2017 年数同口径调整。

表 9—15　2000 年以来房屋竣工面积与商品房销售情况

计量单位：　万平方米、%

年　份	房屋竣工面积	商品房销售面积	商品房销售额
2000	383.11	222.23	62.11
2001	402.76	281.60	81.85
2002	434.59	382.05	111.66
2003	392.82	444.48	139.90
2004	644.45	607.96	213.73
2005	646.09	943.81	384.37
2006	807.46	1010.50	452.41
2007	682.97	1137.88	603.51
2008	1062.26	703.55	359.46
2009	1516.28	1186.94	852.81
2010	1039.57	823.17	787.38
2011	1169.09	767.70	714.72
2012	1699.73	950.87	960.98
2013	1039.39	1222.01	1404.75
2014	967.40	1207.58	1352.20
2015	1449.10	1543.16	1772.89
2016	1241.33	1558.18	2766.35
2017	1077.49	1429.61	2237.74
2018	1245.44	1224.20	2404.09

主要统计指标解释

全社会固定资产投资 固定资产投资是社会固定资产再生产的主要手段。固定资产投资额是以货币表现的建造和购置固定资产活动的工作量，它是反映固定资产投资规模、速度、比例关系和使用方向的综合性指标。

房地产开发投资 指房地产开发公司、商品房建设公司及其他房地产开发法人单位和附属于其他法人单位实际从事房地产开发或经营的活动单位统一开发的包括统代建、拆迁还建的住宅、厂房、仓库、饭店、宾馆、度假村、写字楼、办公楼等房屋建筑物和配套的服务设施，土地开发工程（如道路、给水、排水、供电、供热、通讯、平整场地等基础设施工程）的投资；不包括单纯的土地交易活动。

固定资产投资按国民经济行业分 建设项目归哪个行业，按其建成投产后的主要产品或主要用途及社会经济活动性质来确定。**固定资产投资按建设性质分** 建设项目的性质一般分为新建、扩建、改建、迁建、恢复。

（1）新建：一般是指从无到有、“平地起家”新开始建设的单位。有的单位原有的基础很小，经过建设后其新增加的固定资产价值超过原有固定资产价值（原值）三倍以上的也算新建。

（2）扩建：一般是指为扩大原有产品的生产能力，在厂内或其他地点增建主要生产车间（或主要工程）、独立的生产线或分厂的企业；事业单位和行政单位在原单位增建业务用房（如学校增建教学用房、医院增建门诊部或病床用房、行政机关增建办公楼等）也作为扩建。

（3）改建：一般是指现有企业、事业单位为了技术进步，提高产品质量，增加花色品种，促进产品升级换代，降低消耗和成本，加强资源综合利用和三废治理、劳保安全等，采用新技术、新工艺、新设备、新材料等对现有设施、工艺条件进行技术改造或更新（包括相应配套的辅助性生产、生活福利设施）。有的企业为充分发挥现有生产能力，进行填平补齐而增建不增加本单位主要产品生产能力的车间等，也属于改建。

固定资产投资按构成分 固定资产投资活动按其工作内容和实现方式分为建筑安装工程，设备、工具、器具购置，其他费用三个部分。

（1）建筑安装工程（建筑安装工作量）：指各种房屋、建筑物的建造工程和各种设备、装置的安装工程。包括各种房屋建造工程，各种用途设备基础和各种工业窑炉的砌筑工程；为施工而进行的各种准备工作和临时工程以及完工后的清理工作等；铁路、道路的铺设，矿井的开凿及石油管道的架设等；水利工程；防空地下建筑等特殊工程；以及各种机械设备的安装工程；为测定安装工程质量，对设备进行的试运工作。在安装工程中，不包括被安装设备本身的价值。

（2）设备、工具、器具购置：指购置或自制达到固定资产标准的设备、工具、器具的价值，固定资产的标准按财务部门规定。新建单位、扩建单位的新建车间按照设计和计划要求购置或自制的全部设备、工具、器具，不论是否达到固定资产标准均计入“设备、工具、器具购置”中。

（3）其他费用：指在固定资产建造和购置过程中发生的，除建筑安装工程和设备、工具、器具购置以外的各种应摊入固定资产的费用。

固定资产投资的资金来源　根据固定资产投资的资金来源不同，分为国家预算内资金、国内贷款、利用外资、自筹资金和其他资金来源。

（1）国家预算内资金：指中央财政和地方财政中由国家统筹安排的基本建设拨款和更新改造拨款，以及中央财政安排的专项拨款中用于基本建设的资金和基本建设拨款改贷款的资金等。

（2）国内贷款：指报告期内企、事业单位向银行及非银行金融机构借入的用于固定资产投资的各种国内借款。包括银行利用自有资金及吸收的存款发放的贷款、上级主管部门拨入的国内贷款、国家专项贷款（包括煤代油贷款、劳改煤矿专项贷款等）、地方财政专项资金安排的贷款、国内储备贷款、周转贷款等。

（3）利用外资：指报告期内收到的用于固定资产投资的国外资金，包括统借统还、自借自还的国外贷款，中外合资项目中的外资，以及对外发行债券和股票等。国家统借统还的外资指由我国政府出面同外国政府、团体或金融组织签订贷款协议、并负责偿还本息的国外贷款。

（4）自筹资金：指建设单位报告期内收到的，用于进行固定资产投资的上级主管部门、地方和企、事业单位自筹资金。

（5）其他资金来源：指报告期内收到的除以上各种拨款、借款、自筹资金以外其他用于固定资产投资的资金。

施工项目　指报告期内曾进行建筑或安装工程施工活动的建设项目，包括报告期内新开工项目、报告期以前年度开工跨入报告期继续施工的项目以及报告期施过工并在报告期内全部建成投产或停缓建的项目。

全部建成投产项目　工业项目是指设计文件规定形成生产能力的主体工程及其相应配套的辅助设施全部建成，经负荷试运转，证明具备生产设计规定合格产品的条件，并经过验收鉴定合格或达到竣工验收标准，与生产性工程配套的生活福利设施可以满足近期正常生产的需要，正式移交生产的建设项目。非工业项目是指设计文件规定的主体工程和相应的配套工程全部建成，能够发挥设计规定的全部效益，经验收鉴定合格或达到竣工验收标准，正式移交使用的建设项目。

新增生产能力　指通过固定资产投资活动而增加的设计能力或工程效益，它是用实物形态表示的固定资产投资的成果。新增生产能力的计算，是以能独立发挥生产能力或工程效益的单项工程（或项目）为对象。当单项工程（或项目）建成，经有关部门鉴定合格，正式移交投入生产，即可计算新增生产能力。

新增生产能力或工程效益有以下几种表现形式：

（1）以建设项目或单项工程建成后的年产能力表示，如煤炭开采、石油开采等。

（2）以建设项目或单项工程建成后处理原料的能力表示，如选矿工程的年处理矿石能力、洗煤厂年洗原煤能力等。

（3）以新增的主要设备数量或容量表示，如棉纺锭锭数、发电机组容量等。

（4）以建筑物容积、容量、面积或长度表示，如水库容量、铁路公路里程等。

新增生产能力的数量一般按设计能力计算。设计能力是指设计文件中规定的在正常情况下能够达到的生产能力，而不论投产后的实际产量如何。以设备数量、建筑物容积、面积、长度等表示的新增生产能力或工程效益，则按建成的实际数量计算。

房屋建筑面积 指从房屋外墙线算起的各层平面面积的总和，包括可供使用的有效面积和房屋结构（如柱、墙）占用的面积。多层建筑按各层（包括地下室）面积总和计算。

住宅建筑面积 指施工和竣工房屋建筑面积中供居住用的施工和竣工房屋建筑面积。

施工面积 指报告期内施工的全部房屋建筑面积。包括本期新开工的面积、上期跨入本期继续施工的房屋面积、上期停缓建在本期恢复施工的房屋面积、本期竣工的房屋面积及本期施工后又停缓建的房屋面积。

竣工面积 指在报告期内房屋建筑按照设计要求已全部完工，达到住人和使用条件，经验收鉴定合格，正式移交使用单位的建筑面积。

房屋建筑面积竣工率 指一定时期内房屋竣工面积占同期房屋施工面积的比率。它是从房屋建筑施工速度的角度反映投资效果和建筑业经济效益的指标。

新增固定资产 指通过投资活动所形成的新的固定资产价值，包括已经建成投入生产或交付使用的工程价值和达到固定资产标准的设备、工具、器具的价值及有关应摊入的费用。它是以价值形式表示的固定资产投资成果的综合性指标，可以综合反映不同时期、不同部门、不同地区的固定资产投资成果。

建设项目投产率 指一定时期内全部建成投入生产项目个数与同期正式施工项目个数的比率。它是从项目建设速度的角度反映投资效果的指标。

建设周期 是指报告期（年）所有正式施工项目全部建成平均需要的时间。它是从宏观角度反映建设速度的指标。建设周期的计算方法有两种。

（1）按建设项目计算：建设周期=报告期正式施工项目个数/报告期全部建成投产项目个数。

（2）按投资额计算：建设周期=报告期正式施工项目计划总投资之和/报告期正式施工项目完成投资之

和。

建筑业统计单位 指从事房屋、构筑物建造、装饰装修、设备安装活动和工程准备、提供施工设备服务等其他建筑活动的法人企业。建筑业法人企业应同时具备的条件是：①依法成立，有自己的名称、组织机构和场所，能够承担民事责任；②独立拥有和使用资产，承担负债，有权与其他单位签订合同；③独立核算盈亏，能够编制资产负债表。

建筑业总产值（即自行完成施工产值） 是以货币表现的建筑业企业在一定时期内生产的建筑业产品和服务的总和。建筑业总产值包括：

（1）建筑工程产值：指列入建筑工程预算内的各种工程价值。

（2）安装工程产值：指设备安装工程价值，不包括被安装设备本身价值。

（3）其他产值：指建筑业总产值中除建筑工程、安装工程以外的产值。包括房屋、构筑物修理所完成的产值（不包括被修理的房屋、构筑物本身的价值）、非标准设备制造产值、总包企业向分包企业收取的管理费和不能明确划分的施工活动所完成的产值。

建筑业增加值 指建筑业企业在报告期内以货币表现的建筑业生产经营活动的最终成果。目前建筑业增加值采用分配法（收入法）计算，即从收入的角度出发，根据生产要素在生产过程中应得的收入份额计算。具体计算公式为：

建筑业增加值=本年提取的固定资产折旧+本年应付工资总额+本年应付福利费总额+管理费用中的劳动待业保险费、税金+工程结算税金及附加+营业利润

房屋建筑施工面积 指在报告期内施过工的全部房屋建筑面积，包括本期新开工的房屋面积、上期跨入本期继续施工的房屋面积、上期停缓建在本期恢复施工的房屋面积、本期竣工的房屋面积及本期施工后又停缓建的房屋面积。

房屋建筑竣工面积 指在报告期内房屋建筑按照设计要求全部完工，达到了住人和使用条件，经检查验收鉴定合格的房屋建筑面积。

自有机械设备年末总台数 指归本企业（或单位）所有，属于本企业（或单位）固定资产的生产性机械设备年末总台数。包括施工机械、生产设备、运输设备以及其他设备。

自有机械设备年末总功率 指本企业（或单位）自有施工机械、生产设备、运输设备以及其他设备等列为固定资产的生产性机械设备年末总功率，按设定能力或查定能力计算。包括机械本身的动力和为该机械服务的单独动力设备，如电动机等。计算单位用千瓦，动力换算可按 1 马力＝0.735 千瓦折合成千瓦数。电焊机、变压器、锅炉不计算动力。

工程结算收入 指企业承包工程实现的工程价款结算收入，以及向发包单位收取的除工程价款以外按

规定列作营业收入的各种款项，如临时设施费、劳动保险费、施工机械调迁费等以及向发包单位收取的各种索赔款。

工程结算利润 指已结算工程实现的利润，如亏损以“－”号表示。

计算公式为：工程结算利润＝工程结算收入－工程结算成本－工程结算税金及附加

企业总收入 指与企业生产经营直接有关的各项收入，包括工程结算收入和其他业务收入。

计算公式为：：企业总收入＝工程结算收入＋其他业务收入

计算建筑业劳动生产率的平均人数 指建筑业企业（或单位）报告期实际拥有的、与建筑施工活动有关的人员的平均人数，包括参加本企业（或单位）建筑施工活动的非本企业（或单位）人员，但不包括企业内部社会服务性机构的人员以及由本企业支付工资但所从事的工作与本企业生产基本无关的人员。

（十）批发和零售业、住宿和餐饮业

CHAPTER 10 WHOLESALE AND RETAIL TRADE, ACCOMMODATIONS AND CATERING

表 10—1　社会消费品零售总额（2018 年）

计量单位：亿元

指　　标	2018 年	2018 年为上年%
社会消费品零售总额	5832.5	108.4
一、按销售单位所在地分		
城镇	5642.6	108.6
其中：城区	5399.1	108.2
乡村	189.9	100.9
二、按行业分		
（一）批发和零售业小计	5262.2	108.4
限额以上	3400.5	106.2
限额以下	1861.7	112.7
（二）住宿和餐饮业小计	570.3	107.6
限额以上	167.8	104.0
限额以下	402.4	109.2

表 10—2 限额以上批发和零售业、住宿和餐饮业基本情况（2018 年）

指　　标	法人企业（个）	所属全部批零住餐活动单位（个）	其他行业所属批零住餐产业活动单位（个）	年末营业面积（平方米）	年末从业人员（个）
总计	3685	9923	173	7987401	329447
一、批发和零售业小计	3085	8229	95	6287768	244720
（一）批发业	1703	2077	32	658895	104692
其中：国有控股	177	326	3	151905	22192
1、按登记注册类型分组					
内资	1671	2028	13	618582	87721
国有	13	40	4	8074	1528
集体	3	3		2730	83
股份合作					
联营企业					
有限责任公司	433	644	2	251851	36106
股份有限公司	48	65	2	20671	12119
私营企业	1118	1220	4	266665	33363
其他内资	56	56	1	68591	4522
港澳台投资企业	16	23	8	15810	1828
外商投资企业	16	26	11	24503	15143
2、按国民经济行业分组					
农、林、牧产品批发	58	106		54391	4282
食品、饮料及烟草制品批发	160	227	7	116970	13364
纺织、服装及家庭用品批发	189	218	10	86663	33754
文化、体育用品及器材批发	82	98	1	24801	5215
医药及医疗器材批发	133	156	1	80360	12672
矿产品、建材及化工产品批发	635	741	8	180593	15492
机械设备、五金产品及电子产品批发	390	471	5	107091	17568
贸易经纪与代理	24	24		3175	1006
其他批发业	32	36		4851	1339
3、按经营方式分组					
独立门店	607	748	14	257399	35931
连锁总店（总部）	8	35		11333	2377
连锁门店	4	4	1	10455	1551
其他	1084	1290	17	379708	64833

表 10—2　限额以上批发和零售业、住宿和餐饮业基本情况（2018 年）（续表 1）

指　　标	法人企业（个）	所属全部批零住餐活动单位（个）	其他行业所属批零住餐产业活动单位（个）	年末营业面积（平方米）	年末从业人员（个）
（二）零售业	1382	6152	63	5628873	140028
其中：国有控股	87	1012	5	951196	15196
1、按经济注册类型分组					
内资	1338	5325	34	3966880	97050
国有	12	64	2	44078	1016
集体	12	50	1	31405	599
股份合作	1	1		628	2
联营企业			1	100	400
有限责任公司	305	2543	6	1248424	33591
股份有限公司	30	267	7	780884	8303
私营企业	852	2271	17	1767569	46729
其他内资	126	129		93792	6410
港澳台投资企业	25	159	9	604737	18975
外商投资企业	19	668	20	1057256	24003
2、按国民经济行业分组					
综合零售	88	1012	6	2454066	44653
百货零售	51	134		1008400	15022
超级市场零售	29	770	6	1346874	27810
其他综合零售	4	11		1720	354
食品、饮料及烟草制品专门零售	290	1819	10	260169	15838
纺织、服装及日用品专门零售	104	315	19	414204	16878
文化、体育用品及器材专门零售	139	582	10	77696	12027
医药及医疗器材专门零售	77	1066		127895	8265
汽车、摩托车、燃料及零配件专门零售	322	706	7	1474228	20668
家用电器及电子产品专门零售	200	434	8	682726	15947
五金、家具及室内装饰材料专门零售	107	122	3	86610	2315
货摊、无店铺及其他零售业	55	96		51279	3437

表 10—2 限额以上批发和零售业、住宿和餐饮业基本情况（2018 年）（续表 2）

指　　标	法人企业（个）	所属全部批零住餐活动单位（个）	其他行业所属批零住餐产业活动单位（个）	年末营业面积（平方米）	年末从业人员（个）
3、按经营方式分组					
独立门店	944	1691	37	3347957	60376
连锁总店（总部）	36	3279	1	1698731	46125
连锁门店	19	450	8	272514	2881
其他	383	732	17	309671	30646
4、按零售业态分组					
有店铺零售	1088	5826	61	5452311	128393
食杂店	16	83	1	8067	879
便利店	42	884		778004	18839
折扣店	10	19		30509	426
超市	39	75	3	37667	5256
大型超市	20	106	5	827012	14140
仓储会员店	7	17		4007	136
百货店	78	246		798607	22062
专业店	357	2900	18	1776724	37916
专卖店	321	1247	25	581540	19703
家具建材商店	45	59		58048	1402
购物中心	17	20	2	458709	2129
厂家直销中心	136	170	4	92557	5074
无店铺零售	294	326	2	176562	11635
电视购物	4	4		3876	1002
邮购	5	5		3599	946
网上商店	39	43	1	19752	2237
自动售货亭	1	1		15	4
电话购物	12	12		5130	250

表 10—2 限额以上批发和零售业、住宿和餐饮业基本情况（2018 年）（续表 3）

指　　标	法人企业（个）	所属全部批零住餐活动单位（个）	其他行业所属批零住餐产业活动单位（个）	年末营业面积（平方米）	年末从业人员（个）
二、住宿和餐饮业小计	600	1694	78	1699633	84727
（一）住宿业	234	250	37	694472	30128
其中：国有控股	59	66		117136	10390
1、按登记注册类型分组					
内资	222	238	24	613459	25918
国有	21	21	3	41522	3624
集体	3	4		1150	244
股份合作			1	2000	517
联营企业	2	2		2800	209
有限责任公司	82	91	8	306028	11924
股份有限公司	8	10	1	23804	2237
私营企业	105	109	10	226755	7075
其他内资	1	1	1	9400	88
港澳台投资企业	7	7	3	31191	1909
外商投资企业	5	5	10	49822	2301
2、按国民经济行业分组					
旅游饭店	122	133	26	499253	24488
一般旅馆	97	102	9	185664	4607
其他住宿服务	13	13	2	9295	990
3、按星级等级分组					
一星	1	1		2000	122
二星	3	3		5900	174
三星	27	27	3	45924	2944
四星	25	26	4	70643	4732
五星	16	18	7	71254	7519
其他	162	175	23	498751	14637
4、按经营方式分组					
独立门店	190	201	32	599270	25896
连锁总店（总部）	1	3		17959	276
连锁门店	23	23	2	32924	1042
其他	20	23	3	44319	2914

表10—2 限额以上批发和零售业、住宿和餐饮业基本情况（2018年）（续表4）

指 标	法人企业（个）	所属全部批零住餐活动单位（个）	其他行业所属批零住餐产业活动单位（个）	年末营业面积（平方米）	年末从业人员（个）
（二）餐饮业	366	1444	41	1005161	54599
其中：国有控股	23	28		87538	3086
1、按登记注册类型分组					
内资	349	709	26	785143	36040
国有	7	9	4	30029	1356
集体					
股份合作					
联营企业					
有限责任公司	83	254	8	284452	16153
股份有限公司	1	1	2	38288	203
私营企业	257	444	10	431579	18294
其他内资	1	1	2	795	34
港澳台投资企业	8	303	5	59464	7747
外商投资企业	9	432	10	160554	10812
2、按国民经济行业分组					
正餐服务	329	532	24	722399	32520
快餐服务	22	690	13	229120	15705
饮料及冷饮服务	3	10	4	18437	2113
其他餐饮业	9	206		26650	3943
3、按经营方式分组					
独立门店	304	593	21	592811	25885
连锁总店（总部）	23	688	1	265334	19795
连锁门店	14	116	12	36367	3610
其他	25	47	7	110649	5309

表 10—2 限额以上批发和零售业、住宿和餐饮业基本情况（2018 年）（续表 5）

指　　标	法人企业（个）	所属全部批零住餐活动单位（个）	其他行业所属批零住餐产业活动单位（个）	年末营业面积（平方米）	年末从业人员（个）
补充资料：					
批发业 其他有限责任公司	406	593	2	229957	32651
其中：1、国有控股	114	195	1	109460	13911
2、集体控股	17	24		610	435
股份有限公司	48	65	2	20671	12119
其中：1、国有控股	23	40		12777	3406
2、集体控股	2	2		100	236
零售业 其他有限责任公司	297	2530	5	1228489	33018
其中：1、国有控股	62	759	1	270733	11236
2、集体控股	11	102		26150	1001
股份有限公司	30	267	7	780884	8303
其中：1、国有控股	5	176	1	616500	1986
2、集体控股	4	5		61400	793
住宿业 其他有限责任公司	75	84	7	288039	9945
其中：1、国有控股	27	32		54369	3360
2、集体控股	4	4		8719	581
股份有限公司	8	10	1	23804	2237
其中：1、国有控股	3	5		7134	1413
2、集体控股	1	1		800	196
餐饮业 其他有限责任公司	77	248	8	250369	15638
其中：1、国有控股	9	12		37520	1531
2、集体控股	3	3		2683	115
股份有限公司	1	1	2	38288	203
其中：1、国有控股					
2、集体控股					

表 10—3　限额以上批发和零售业商品购进、库存总额（2018 年）

计量单位：万元

指　　标	购进总额	#进　口	年末库存总额
总　　计	137891049	7251492	10518965
（一）批发业	109524443	7009008	7721835
# 国有控股	41411820	4662970	2861667
1、按登记注册类型分组			
内资企业	106741240	6711293	7237139
国有企业	1875877	742	143019
集体企业	66740	58804	3584
股份合作企业			
联营企业			
有限责任公司	47446872	4758170	3171179
股份有限公司	33943866	978494	2672794
私营企业	23197832	915083	1230526
其他企业	210053		16038
港、澳、台商投资企业	517117	341	21943
外商投资企业	2266086	297373	462753
2、按国民经济行业分组			
农、林、牧产品批发	677864	100940	129169
食品、饮料及烟草制品批发	4142859	563353	404223
纺织、服装及日用品批发	34089483	1282150	2887192
文化、体育用品及器材批发	1894622	28506	272424
医药及医疗器材批发	4945924	55363	872930
矿产品、建材及化工产品批发	47493465	3820940	1977881
机械、五金交电及电子产品批发	14163941	787753	1058471
贸易经纪与代理	910910	288078	87930
其他批发	1205376	81924	31616
3、按经营方式分组			
独立门店	49936491	1809303	3636046
连锁总店（总部）	5724727	84532	510580
连锁门店	96785		151709
其他	53766441	5115172	3423501

表 10—3　限额以上批发和零售业商品购进、库存总额（2018 年）（续表 1）

计量单位：万元

指　　标	购进总额	#进口	年末库存总额
（二）零售业	28366606	242484	2797129
其中：国有控股	5405715	12477	838266
1、按经济注册类型分组			
内资企业	21915850	231162	2216386
国有企业	324096	1177	22426
集体企业	118967		13234
股份合作企业	598		21
联营企业	189631		
有限责任公司	11180384	136072	1334290
股份有限公司	2936385	2671	68470
私营企业	6800759	89090	762642
其他	365030	2153	15302
港、澳、台商投资企业	2531416	2998	202292
外商投资企业	3919340	8323	378452
2、按国民经济行业分组			
综合零售	5453576	2161	432972
百货零售	2050897		55989
超级市场零售	3249952	2161	332322
其他综合零售	33613		735
食品、饮料及烟草制品零售	1513717	12271	129284
纺织、服装及日用品零售	1832352	3613	224499
文化、体育用品及器材零售	1998417	3298	864844
医药及医疗器材零售	567227	1023	74797
汽车、摩托车、燃料及零配件零售	9010237	209300	695336
家用电器及电子产品零售	3427525	5034	302477
五金、家具及室内装修材料零售	387544	3058	36786
货摊、无店铺及其他零售业	4176012	2726	36136
3、按经营方式分组			
独立门店	13786403	213976	1092643
连锁总店（总部）	9620128		1159193
连锁门店	853802	420	33087
其他	4106273	28089	512207

表10—3　限额以上批发和零售业商品购进、库存总额（2018年）（续表2）

计量单位：万元

指　　标	购进总额	#进口	年末库存总额
4、按零售业态分组			
有店铺零售	22092209	227350	2530316
食杂店	98270		9935
便利店	2814399		275083
折扣店	45753		6674
超市	419314	2190	36994
大型超市	1119989		129705
仓储会员店	15105		2473
百货店	2139237		153730
专业店	8864274	121655	1386025
专卖店	4255083	100409	434164
家居建材店	218584	2953	21933
购物中心	1333072		30588
厂家直销中心	572810	142	42906
无店铺零售	6274396	15134	266813
电视购物	164937		3429
邮购	27689		1141
网上商店	4438966	6421	98796
自动售货亭	1865		118
电话购物	39296	123	3596
补充资料：			
批发业：其他有限责任公司	43558174	4199218	2298676
其中：1、国有控股	25741514	3255439	1133157
2、集体控股	349775		43266
股份有限公司	33943866	978494	2672794
其中：1、国有控股	9933037	847836	714283
2、集体控股	261042	84532	210772
零售业：其他有限责任公司	11011916	135653	1328022
其中：1、国有控股	2935697	8210	802834
2、集体控股	181261		13111
股份有限公司	2936385	2671	68470
其中：1、国有控股	1787823	2671	6737
2、集体控股	427203		2472

表 10—4　限额以上批发和零售业商品销售总额（2018 年）

计量单位：万元

指　　标	商品销售总额	批发额	#出口	零售额
总　　计	148234123	114791267	8087344	33405482
（一）批发业	114692981	110800171	8082045	3862047
# 国有控股	42332000	41090720	4812073	1241280
1、按登记注册类型分组				
内资企业	110290508	106889436	7725127	3400373
国有企业	2385537	2198091	71101	187446
集体企业	72048	71992		56
股份合作企业				
联营企业				
有限责任公司	52326969	50419776	5188628	1907193
股份有限公司	29504382	29326667	860489	177015
私营企业	25724977	24662336	1604909	1062641
其他企业	276595	210574		66021
港、澳、台商投资企业	710609	656685	3801	23860
外商投资企业	3691864	3254050	353117	437814
2、按国民经济行业分组				
农畜产品批发	776049	721028	46097	55021
食品、饮料及烟草制品批发	5268283	4951146	209794	317137
纺织、服装及日用品批发	34602078	33623542	3136487	978536
文化、体育用品及器材批发	2124588	1952998	218221	171590
医药及医疗器材批发	5592915	5298507	226259	294408
矿产品、建材及化工产品批发	47639250	46347728	2225729	1291522
机械、五金及电子产品批发	16259845	15563387	1411862	665695
贸易经纪与代理	1130398	1089550	302414	40849
其他批发	1299575	1252286	305182	47289
再生物资回收与批发	18331	15397		2934
其他未列明的批发	511095	480166	305182	30929
3、按经营方式分组				
独立门店	51065973	49754444	1991122	1311529
连锁总店（总部）	3012792	2974689	32778	38103
连锁门店	173791	136420		36672
其他	60440426	57934619	6058146	2475743

表 10—4 限额以上批发和零售业商品销售总额（2018 年）（续表 1）

计量单位：万元

指标名称	商品销售总额	批发额	#出口	零售额
（二）零售业	33541142	3991096	5299	29543435
其中：国有控股	5765924	1524826		4241098
1、按经济注册类型分组				
内资企业	25895987	2584736	4636	23304640
国有企业	363136	62034		301101
集体企业	156252	50434		105818
股份合作企业	724			724
联营企业	189631			189631
有限责任公司	12682103	1246926	20	11435177
股份有限公司	4137363	613788		3523575
私营企业	7879078	571925	4493	7300541
其他	487701	39628	122	448073
港、澳、台商投资企业	3027356	238124		2789231
外商投资企业	4617799	1168236	663	3449564
2、按国民经济行业分组				
综合零售	6581889	1379817		5202073
百货零售	3221566	260790		2960777
超级市场零售	3245440	1116732		2128708
其他综合零售	34548	2019		32529
食品、饮料及烟草制品零售	2009080	116699	785	1892382
纺织、服装及日用品零售	2478788	71426	3193	2407363
文化、体育用品及器材零售	2197227	665099	1321	1532129
医药及医疗器材零售	739255	64415		674841
汽车、摩托车、燃料及零配件零售	9851086	1033236		8817850
家用电器及电子产品零售	4183899	570694		3613205
五金、家具及室内装修材料零售	500349	29566		464172
货摊、无店铺及其他零售业	4999568	60145		4939422

表10—4 限额以上批发和零售业商品销售总额（2018年）（续表2）

计量单位：万元

指标名称	商品销售总额	批发额	#出口	零售额
3、按经营方式分组				
独立门店	16485438	1014311	2335	15464516
连锁总店（总部）	10967555	2054973		8912582
连锁门店	1039326	64404		974922
其他	5048823	857408	2964	4191415
4、按零售业态分组				
有店铺零售	26091918	3636218	148	22449089
食杂店	126609	27714		98895
便利店	2810280	1173406		1636873
折扣店	77397	8999		68399
超市	516771	104097		412674
大型超市	1168968	22070		1146898
仓储会员店	19649	200		19449
百货店	3346487	283829		3062658
专业店	9841190	1681077		8153501
专卖店	5353108	238411	26	5114697
家居建材店	295348	9895		285453
购物中心	1623928	23842		1600086
厂家直销中心	715335	62679	122	652656
无店铺零售	7449224	354878	5151	7094346
电视购物	197449			197449
邮购	54346	4795		49551
网上商店	5324451	42747	663	5281704
自动售货亭	2318	854		1463
电话购物	41138	2285	54	38852
补充资料：				
批发业：其他有限责任公司	48146978	46283949	4780676	1863030
其中：1、国有控股	28670152	27826504	3729131	843648
2、集体控股	376106	353121	39221	22986
股份有限公司	29504382	29326667	860489	177015
其中：1、国有控股	7126078	6959929	603889	166149
2、集体控股	231865	231865		
零售业：其他有限责任公司	12500975	1234264	20	11266711
其中：1、国有控股	3059466	960477		2098989
2、集体控股	185819	2571		183248
股份有限公司	4137363	613788		3523575
其中：1、国有控股	1972564	489654		1482910
2、集体控股	507385			507385

表 10—5　限额以上批发和零售业法人企业主要财务状况（2018 年）

计量单位：万元

指　　标	资产总计	负债合计	所有者权益	
				#实收资本
总计	87294807	63652387	23624228	10413889
一、批发业	59211362	46074899	13112598	6624816
其中：国有控股	23980306	16492060	7488246	3532340
1、按登记注册类型分组				
内资企业	57019210	44504207	12496138	6435852
国有企业	1221860	254807	967053	51698
集体企业	149319	126423	22896	4181
股份合作企业				
联营企业				
有限责任公司	22691266	17722136	4969130	3026621
股份有限公司	24419116	19685700	4733417	2025333
私营企业	8465692	6686095	1760732	1299401
其他企业	71956	29045	42911	28618
港、澳、台商投资企业	234864	166531	68333	95837
外商投资企业	1957288	1404161	548127	93128
2、按国民经济行业分组				
农、林、牧产品批发	707628	433769	273859	185042
食品、饮料及烟草制品批发	2808411	1323720	1477826	284328
纺织、服装及日用品批发	20383882	17756852	2627031	535153
文化、体育用品及器材批发	3191632	1476900	1714732	426934
医药及医疗器材批发	3648321	2708935	939386	543217
矿产品、建材及化工产品批发	17545979	13943281	3602698	3377914
机械、五金及电子产品批发	9814508	7518678	2278831	1170228
贸易经纪与代理	789447	681191	108256	75084
其他批发	321555	231575	89980	26918
3、按经营方式分组				
独立门店	26956250	21616388	5327862	1601200
连锁总店（总部）	4051066	2688336	1362730	1272009
连锁门店	360507	112413	248093	41547
其他	27843539	21657762	6173913	3710060

表 10—5 限额以上批发和零售业法人企业主要财务状况（2018 年）（续表 1）

计量单位：万元

指 标	资产总计	负债合计	所有者权益	
				#实收资本
二、零售业	28083445	17577489	10511630	3789073
其中：国有控股	5718863	3497950	2220913	489080
1、按登记注册类型分类				
内资企业	23341550	14621845	8725378	3127502
国有企业	173030	122293	50737	15378
集体企业	32526	21116	11409	4976
股份合作企业	46181	46188	-7	41
联营企业				
有限责任公司	7296891	4977559	2323586	897051
股份有限公司	11683782	6476273	5207510	1316898
私营企业	3964654	2936184	1029890	828719
其他企业	144485	42232	102253	64439
港、澳、台商投资企业	1865797	1220470	645327	336651
外商投资企业	2876099	1735175	1140924	324920
2、按国民经济行业分组				
综合零售	8921467	5689694	3236026	1116480
百货零售	7117194	3909063	3208131	886428
超级市场零售	1474504	1484033	-9529	160328
其他综合零售	27138	24212	2926	2000
食品、饮料及烟草制品零售	746353	350583	395770	304693
纺织、服装及日用品零售	1326020	984263	341757	200797
文化、体育用品及器材零售	1821090	1153206	667884	235574
医药及医疗器材零售	314165	219565	94599	56050
汽车、摩托车、燃料及零配件零售	3814219	2378546	1435672	490956
家用电器及电子产品零售	10132876	5982208	4152089	1180385
五金、家具及室内装修材料零售	230414	174732	55682	61250
货摊、无店铺及其他零售	776842	644691	132151	142888

表10—5 限额以上批发和零售业法人企业主要财务状况（2018年）（续表2）

计量单位：万元

指　　标	资产总计	负债合计	所有者权益	#实收资本
3、按经营方式分组				
独立门店	13094425	7843816	5250609	1784875
连锁总店（总部）	12464449	7989696	4479006	1538958
连锁门店	487539	352798	134742	60577
其他	2037032	1391180	647273	404662
4、按零售业态分组				
有店铺零售	26304482	16201541	10107194	3409970
食杂店	36071	7627	28445	22408
便利店	1652280	1384681	271852	174860
折扣店	31408	23051	8357	4162
超市	177463	118596	58867	28683
大型超市	266151	487385	-221234	152845
仓储会员店	51099	48847	2252	696
百货店	6930514	3738303	3192211	797362
专业店	5797244	3804159	1993084	691347
专卖店	9657031	5401191	4255840	1261125
家居建材商店	112419	81288	31132	25421
购物中心	1304191	946293	357898	167587
厂家直销中心	288610	160121	128489	83475
无店铺零售	1778963	1375947	404436	379103
电视购物	196510	124332	72179	65223
邮购	28212	12656	15556	3556
网上商店	569417	543324	26092	54356
自动售货亭	558	558		579
电话购物	24556	11783	12773	8003
补充资料：				
批发业：其他有限责任公司	19881556	15853995	4027561	2518867
其中：1、国有控股	10176257	7832741	2343516	1170227
2、集体控股	261298	160471	100828	71774
股份有限公司	24419116	19685700	4733417	2025333
其中：1、国有控股	9772478	6536371	3236107	1802662
2、集体控股	515935	416721	99214	95769
零售业：其他有限责任公司	4826900	3581234	1249920	765782
其中：1、国有控股	1721816	1124637	597179	265246
2、集体控股	52129	38074	14056	11287
股份有限公司	11683782	6476273	5207510	1316898
其中：1、国有控股	1354027	854696	499331	77187
2、集体控股	944204	316565	627639	118747

表10—5 限额以上批发和零售业法人企业主要财务状况（2018年）（续表3）

计量单位：万元

指 标	主营业务收入	主营业务成本	管理费用
总计	124390789	114682724	2006295
一、批发业	96920626	90654358	1098121
其中：国有控股	33181965	30796395	353983
1、按登记注册类型分组			
内资企业	93684620	88357404	1030658
国有企业	1632330	1224762	35411
集体企业	63150	58222	1400
股份合作企业			
联营企业			
有限责任公司	42507070	40366669	409367
股份有限公司	26495265	25171222	236811
私营企业	22723193	21344490	335675
其他企业	263612	192039	11994
港、澳、台商投资企业	285700	269949	13861
外商投资企业	2950307	2027005	53602
2、按国民经济行业分组			
农、林、牧产品批发	735747	661388	24721
食品、饮料及烟草制品批发	4703214	3995468	125682
纺织、服装及日用品批发	30800789	28770373	302256
文化、体育用品及器材批发	1904188	1719039	72837
医药及医疗器材批发	4948030	4443881	131098
矿产品、建材及化工产品批发	37244063	35364473	236257
机械、五金及电子产品批发	14432241	13646613	181856
贸易经纪与代理	1018500	965787	12805
其他批发	1133855	1087337	10610
3、按经营方式分组			
独立门店	40908874	38856615	447045
连锁总店（总部）	2641055	2096998	42703
连锁门店	150106	95451	20046
其他	53220592	49605293	588327

表 10—5　限额以上批发和零售业法人企业主要财务状况（2018 年）（续表 4）

计量单位：万元

指　　标	主营业务收入	主营业务成本	管理费用
二、零售业	27470163	24028367	908173
其中：国有控股	4837683	4211112	122704
1、按登记注册类型分类			
内资企业	21866385	19270712	742744
国有企业	314299	294699	4740
集体企业	98103	69541	4294
股份合作企业	620	602	3
联营企业			
有限责任公司	10979502	9887269	277742
股份有限公司	3042657	2669307	174552
私营企业	6946494	6011953	260669
其他企业	484710	337341	20744
港、澳、台商投资企业	2713802	2171109	84629
外商投资企业	2889976	2586546	80801
2、按国民经济行业分组			
综合零售	5243482	4438851	236237
百货零售	2389827	1873431	172774
超级市场零售	2751963	2470644	54679
其他综合零售	32437	20943	2160
食品、饮料及烟草制品零售	1365150	1028200	65900
纺织、服装及日用品零售	1966794	1536145	61939
文化、体育用品及器材零售	1961242	1590112	101179
医药及医疗器材专门零售	642114	486976	40296
汽车、摩托车、燃料及零配件零售	8347549	7621808	136468
家用电器及电子产品零售	3155818	2811816	183550
五金、家具及室内装修材料零售	458352	380147	23446
货摊、无店铺及其他零售	4329661	4134311	59159

表10—5　限额以上批发和零售业法人企业主要财务状况（2018年）（续表5）

计量单位：万元

指　　标	主营业务收入	主营业务成本	管理费用
3、按经营方式分组			
独立门店	13292395	11697582	406895
连锁总店（总部）	9645742	8569281	353785
连锁门店	624694	501268	21113
其他	3907332	3260236	126381
4、按零售业态分组			
有店铺零售	21225472	18189464	778819
食杂店	119451	84854	3909
便利店	2471475	2237852	47112
折扣店	66590	52911	3646
超市	444616	353540	15858
大型超市	922900	792476	21737
仓储会员店	17269	14611	871
百货店	2565629	1993934	168900
专业店	8351911	7238030	238027
专卖店	4050782	3619430	192201
家居建材商店	258031	196650	17666
购物中心	1329238	1089311	40413
厂家直销中心	627581	515865	28478
无店铺零售	6244690	5838903	129355
电视购物	172561	145881	2605
邮购	53458	30992	1502
网上商店	4336354	4161126	59022
自动售货亭	1998	1911	35
电话购物	40878	33504	2414
补充资料：			
批发业：其他有限责任公司	38785909	36808465	345852
其中：1、国有控股	21521592	20317246	168068
2、集体控股	372746	337579	10194
股份有限公司	26495265	25171222	236811
其中：1、国有控股	6306883	5696184	86990
2、集体控股	212426	203857	3020
零售业：其他有限责任公司	10828035	9766413	272594
其中：1、国有控股	2707999	2284131	94121
2、集体控股	168770	142483	2525
股份有限公司	3042657	2669307	174552
其中：1、国有控股	1663918	1511426	18694
2、集体控股	239957	192512	32523

表10—5 限额以上批发和零售业法人企业主要财务状况（2018年）（续表6）

计量单位：万元

指 标	财务费用	营业利润	利润总额	本年应交增值税
总计	676730	2656051	2680881	1184802
一、批发业	534881	1846423	1860850	746748
其中：国有控股	152081	1181446	1189918	328434
1、按登记注册类型分组				
内资企业	529841	1722733	1736433	681047
国有企业	-12495	195932	194462	73102
集体企业	1679	955	1125	446
股份合作企业				
联营企业				
有限责任公司	289336	518746	528658	295697
股份有限公司	141599	615745	616835	130131
私营企业	106906	350975	354973	180791
其他企业	2816	40381	40380	880
港、澳、台商投资企业	-843	24954	25973	5917
外商投资企业	5883	98737	98445	59784
2、按国民经济行业分组				
农、林、牧产品批发	4939	33269	33951	1893
食品、饮料及烟草制品批发	1092	254206	260890	86025
纺织、服装及日用品批发	85268	292418	294507	128388
文化、体育用品及器材批发	-6554	139593	141261	22234
医药及医疗器材批发	40248	103223	102928	71555
矿产品、建材及化工产品批发	272855	760463	754579	271126
机械、五金及电子产品批发	126341	240860	249715	154348
贸易经纪与代理	11577	2570	1924	3973
其他批发	-886	19822	21096	7207
3、按经营方式分组				
独立门店	159834	642160	640137	231985
连锁总店（总部）	5896	435728	435537	82487
连锁门店	-256	16293	16155	8598
其他	369408	752243	769022	423678

表 10—5 限额以上批发和零售业法人企业主要财务状况（2018 年）（续表 7）

计量单位：万元

指 标	财务费用	营业利润	利润总额	本年应交增值税
二、零售业	141849	809627	820031	438055
其中：国有控股	7600	176381	178192	62333
1、按登记注册类型分类				
内资企业	118695	654896	662482	350725
国有企业	401	321	2931	1841
集体企业	106	17098	17163	1201
股份合作企业		-3	-8	3
联营企业				
有限责任公司	40936	196869	199499	159580
股份有限公司	22618	197312	198651	49862
私营企业	50474	139277	140709	136303
其他企业	4160	104022	103538	1935
港、澳、台商投资企业	21491	126292	134971	67530
外商投资企业	1663	28440	22577	19800
2、按国民经济行业分组				
综合零售	52585	1214	-5173	80565
百货零售	56114	96530	94695	62185
超级市场零售	-3536	-56584	-61683	21966
其他综合零售	4	-3311	-2948	288
食品、饮料及烟草制品零售	8127	141379	139233	22044
纺织、服装及日用品零售	17580	87196	87361	50947
文化、体育用品及器材零售	11740	95707	98995	21276
医药及医疗器材零售	2182	17948	18058	21220
汽车、摩托车、燃料及零配件零售	37383	194048	209614	151111
家用电器及电子产品零售	9946	240943	240394	61434
五金、家具及室内装修材料零售	2655	17470	17591	9058
无店铺及其他零售	-350	13722	13958	20400

表 10—5 限额以上批发和零售业法人企业主要财务状况（2018 年）（续表 8）

计量单位：万元

指　　标	财务费用	营业利润	利润总额	本年应交增值税
3、按经营方式分组				
独立门店	115517	431359	449156	255352
连锁总店（总部）	-4696	273842	263219	82834
连锁门店	1393	11347	13037	13430
其他	29636	93079	94618	86439
4、按零售业态分组				
有店铺零售额	134805	749618	758054	379131
食杂店	930	20403	20445	7167
便利店	-6727	-55713	-55133	11023
折扣店	135	4093	4170	1512
超市	1930	27738	29481	10407
大型超市	4159	-17358	-21682	11403
仓储会员店	36	543	550	464
百货店	41552	61621	57666	74450
专业店	35801	259965	259685	150440
专卖店	17675	275310	288685	67573
家居建材商店	1274	16264	16393	5761
购物中心	33286	98431	100035	22625
厂家直销中心	4755	58320	57759	16307
无店铺零售	7044	60009	61977	58924
电视购物	-4053	3000	3146	4177
邮购	42	960	1147	10756
网上商店	3286	6401	6154	17128
自动售货亭		40	40	12
电话购物	176	3780	3816	671
补充资料：				
批发业：其他有限责任公司	268100	467666	470867	281550
其中：1、国有控股	59545	345854	349765	137935
2、集体控股	1984	12223	12262	3189
股份有限公司	141599	615745	616835	130131
其中：1、国有控股	83794	588581	587900	103250
2、集体控股	2311	375	364	114
零售业：其他有限责任公司	35769	186976	194094	155460
其中：1、国有控股	4952	104886	105894	39674
2、集体控股	406	12730	12987	2173
股份有限公司	22618	197312	198651	49862
其中：1、国有控股	-2921	61281	63961	16698
2、集体控股	11053	-88969	-89042	7641

表 10—6　限额以上住宿和餐饮业经营情况（2018 年）

计量单位：万元

指　　标	营业额	#客房收入	#餐费收入	#商品销售收入
总计	2443307	505557	1676810	87584
（一）住宿业	900364	441440	312497	53245
其中：国有控股	325191	113545	105176	43578
1、按登记注册类型分组				
内资	765195	370595	257949	52280
国有	71288	29814	31884	2244
集体	5841	2659	2304	173
股份合作	22766	11916	10443	
联营企业	5646	2572	2328	45
有限责任公司	307123	153415	113106	7978
股份有限公司	138602	36546	30000	39215
私营企业	209064	131604	65183	2600
其他内资	4866	2069	2702	24
港澳台投资企业	49802	27096	19156	383
外商投资企业	85368	43749	35393	582
2、按国民经济行业分组				
旅游饭店	744857	327573	277029	51865
一般旅馆	131712	98086	28560	1266
民宿服务	1382	1083	202	4
露营地服务				
其他住宿业	22414	14698	6707	110
3、按星级等级分组				
一星	1668	973	663	32
二星	3976	998	1880	68
三星	57553	25315	26653	541
四星	132492	58989	51685	3208
五星	318501	124178	106768	44277
其他	386174	230988	124848	5120
4、按经营方式分组				
独立门店	781130	368424	272260	52180
连锁总店（总部）	12030	5706	6074	130
连锁门店	32388	25515	4540	617
其他	74816	41796	29623	318

表10—6　限额以上住宿和餐饮业经营情况（2018年）（续表）

指　　标	营业额	#客房收入	#餐费收入	#商品销售收入
（二）餐饮业	1542942	64117	1364313	34339
其中：国有控股	62382	18875	34910	1938
1、按登记注册类型分组				
内资	863716	64117	747903	15747
国有	32588	7301	20550	395
集体				
股份合作				
联营企业				
有限责任公司	393496	31437	340969	7702
股份有限公司	37234	8	23885	184
私营企业	397870	23659	361988	7409
其他内资	2528	1713	511	57
港澳台投资企业	168474		164997	2429
外商投资企业	510752		451413	16163
2、按国民经济行业分组				
正餐服务	811125	63019	711972	14232
快餐服务	566070	8	506273	2435
饮料及冷饮服务	71560		57294	14174
餐饮配送及外卖送餐服务	5139		5084	2
其他餐饮业	89048	1090	83690	3496
3、按经营方式分组				
独立门店	624699	53726	544221	12678
连锁总店（总部）	686880	3558	622557	17008
连锁门店	76535	2661	70363	2183
其他	154829	4173	127172	2470

表 10—7 限额以上住宿和餐饮业法人企业主要财务状况（2018 年）

计量单位：万元

指　　标	资产总计	负债合计	所有者权益合计	
				#实收资本
总计	2890077	1830216	1057237	938899
（一）住宿业	1940333	1202581	737756	676262
国有控股	918377	405236	513141	311549
1、按登记注册类型分组				
内资	1395380	731398	663988	434273
国有	214772	59749	155023	29839
集体	8272	5943	2329	4301
股份合作				
联营企业	1737	1498	239	300
有限责任公司	535076	348354	186723	249440
股份有限公司	358863	103513	255350	80302
私营企业	275457	211404	64058	69823
其他内资	1204	937	267	267
港澳台投资企业	332246	352281	-20035	102341
外商投资企业	212707	118903	93804	139647
2、按国民经济行业分组				
旅游饭店	1766921	1078382	688539	597581
一般旅馆	141296	99129	42033	71521
民宿服务	443	683	-240	280
露营地服务				
其他住宿业	31673	24387	7425	6880
3、按星级等级分组				
一星	2127	1896	231	500
二星	5992	2702	3289	1839
三星	62114	54590	7525	30162
四星	237393	94921	142472	152537
五星	865765	586294	279471	261097
其他	766942	462178	304769	230128
4、按经营方式分组				
独立门店	1681618	978964	702659	621609
连锁总店（总部）	28507	29199	-692	1000
连锁门店	22241	13947	8294	7154
其他	207967	180472	27495	46499

表 10—7 限额以上住宿和餐饮业法人企业主要财务状况（2018 年）（续表 1）

计量单位：万元

指 标	资产总计	负债合计	所有者权益合计	
				#实收资本
（二）餐饮业	949744	627635	319481	262638
国有控股	89358	48400	40958	43007
1、按登记注册类型分组				
内资	757017	543790	210599	205568
国有	19089	14223	4866	2819
集体				
股份合作				
联营企业				
有限责任公司	313423	193073	120350	60769
股份有限公司	779	720	60	500
私营企业	423377	335715	85034	141190
其他内资	350	60	290	290
港澳台投资企业	84833	36352	48481	35762
外商投资企业	107894	47493	60401	21308
2、按国民经济行业分组				
正餐服务	744661	524607	217426	204711
快餐服务	165404	87457	77947	47855
饮料及冷饮服务	4827	4243	585	5075
餐饮配送及外卖送餐服务	1208	1380	-172	642
其他餐饮业	33644	9949	23695	4355
3、按经营方式分组				
独立门店	529154	355138	171388	169978
连锁总店（总部）	255278	145707	109572	55613
连锁门店	102184	91397	10786	28042
其他	63128	35393	27735	9006

表 10—7　限额以上住宿和餐饮业法人企业主要财务状况（2018 年）（续表 2）

计量单位：万元

指　　标	主营业务收入	主营业务成本
总计	1951323	797855
（一）住宿业	647842	193964
国有控股	301705	102405
1、按登记注册类型分组		
内资	561030	170843
国有	59564	17704
集体	4915	1492
股份合作		
联营企业	5323	1212
有限责任公司	230581	62412
股份有限公司	120844	47711
私营企业	138704	40003
其他内资	1098	310
港澳台投资企业	41781	10220
外商投资企业	45032	12901
2、按国民经济行业分组		
旅游饭店	522183	155110
一般旅馆	104950	32199
民宿服务	1289	170
露营地服务		
其他住宿业	19421	6484
3、按星级等级分组		
一星	1668	1361
二星	3775	3337
三星	49643	18864
四星	103477	34151
五星	225553	74020
其他	263726	62232
4、按经营方式分组		
独立门店	572891	177267
连锁总店（总部）	12030	2562
连锁门店	20784	4425
其他	42137	9710

表 10—7 限额以上住宿和餐饮业法人企业主要财务状况（2018 年）（续表 3）

计量单位：万元

指　　标	主营业务收入	主营业务成本
（二）餐饮业	1303481	603891
国有控股	58464	19331
1、按登记注册类型分组		
内资	761117	337320
国有	20603	6623
集体		
股份合作		
联营企业		
有限责任公司	370084	146900
股份有限公司	2294	1020
私营企业	367897	182655
其他内资	240	123
港澳台投资企业	155586	59085
外商投资企业	386777	207487
2、按国民经济行业分组		
正餐服务	722355	326732
快餐服务	480805	227259
饮料及冷饮服务	11678	8452
餐饮配送及外卖送餐服务	4926	2589
其他餐饮业	83718	38860
3、按经营方式分组		
独立门店	517821	236987
连锁总店（总部）	600074	275820
连锁门店	64611	23793
其他	120974	67291

表 10—7　限额以上住宿和餐饮业法人企业主要财务状况（2018 年）（续表 4）

计量单位：万元

指　　标	管理费用	财务费用	营业利润	利润总额
总计	651732	357116	31558	101095
（一）住宿业	218028	209032	22617	1223
国有控股	94147	94480	6104	4182
1、按登记注册类型分组				
内资	188079	183116	12638	6176
国有	29640	20654	-279	-5275
集体	2237	1430	7	183
股份合作				
联营企业	2331	1085	17	664
有限责任公司	76820	88938	5469	-6501
股份有限公司	25554	31177	1574	12892
私营企业	50954	39586	5848	4220
其他内资	544	247	2	-6
港澳台投资企业	13067	15205	5049	-3428
外商投资企业	16882	10711	4931	-1525
2、按国民经济行业分组				
旅游饭店	173074	171368	20986	-601
一般旅馆	39376	30458	1164	848
民宿服务	909	114	4	84
露营地服务				
其他住宿业	4670	7092	464	893
3、按星级等级分组				
一星	37	134	5	30
二星	19	443	3	-76
三星	17881	13605	292	-518
四星	31190	33297	825	3733
五星	63894	62092	11826	8213
其他	105008	99462	9667	-10158
4、按经营方式分组				
独立门店	185331	185086	21595	1750
连锁总店（总部）	4555	3910	1455	-1177
连锁门店	10162	4629	17	1492
其他	17981	15407	-450	-843

表 10—7 限额以上住宿和餐饮业法人企业主要财务状况（2018 年）（续表 5）

计量单位：万元

指　　标	管理费用	财务费用	营业利润	利润总额
（二）餐饮业	433704	148084	8941	99872
国有控股	20804	16493	224	697
1、按登记注册类型分组				
内资	260557	105185	7830	38537
国有	9369	4056	-3	287
集体				
股份合作				
联营企业				
有限责任公司	132805	37255	2343	43240
股份有限公司	1155	126	3	-14
私营企业	117202	63737	5484	-5051
其他内资	26	11	3	75
港澳台投资企业	80596	6297	990	11670
外商投资企业	92551	36603	121	49665
2、按国民经济行业分组				
正餐服务	232453	98377	7835	45234
快餐服务	158849	44201	1071	52035
饮料及冷饮服务	2562	1537	6	-844
餐饮配送及外卖送餐服务	1024	1262	22	24
其他餐饮业	38817	2708	7	3423
3、按经营方式分组				
独立门店	174469	81932	6362	8733
连锁总店（总部）	194829	47587	1878	79839
连锁门店	34554	5430	430	316
其他	29852	13135	271	10984

表10—8 亿元以上商品交易市场基本情况（2018年）

指　　标	市场个数（个）	年末摊位总量（个）	年末出租摊位数	#出租率（%）
合　　计	42	41142	39243	95.4
一、按经营环境分				
（一）露天式	2	913	454	49.7
（二）封闭式	40	40229	38789	96.4
（三）其他				
二、按经营方式分				
（一）批发	19	23218	21912	94.4
（二）零售	23	17924	17331	96.7
三、按市场类别分				
（一）综合市场	15	17689	17089	96.6
生产资料综合市场				
工业消费品综合市场	1	844	844	100.0
农产品综合市场	8	6548	6023	92.0
其他综合市场	6	10297	10222	99.3
（二）专业市场	27	23453	22154	94.5
生产资料市场	4	9582	9532	99.5
木材市场				
建材市场	4	9582	9532	99.5
金属材料市场				
农产品市场	9	3897	3185	81.7
粮油市场	2	250	250	100.0
肉禽蛋市场	3	1361	1079	79.3
水产品市场	2	1686	1418	84.1
蔬菜市场	1	400	282	70.5
干鲜果品市场				
食品、饮料及烟酒市场				
纺织、服装、鞋帽市场	2	3754	3754	100.0
服装市场	2	3754	3754	100.0
其他纺织服装鞋帽市场				
日用品及文化用品市场				
图书、报刊杂志市场				
其他日用品及文化用品市场				
电器、通讯器材、电子设备市场	1	200	197	98.5
家具、五金及装饰材料市场	8	3496	2962	84.7
家具市场	3	1180	1108	93.9
装饰材料市场	5	2316	1854	80.1
五金材料市场				
其他装修市场				
汽车、摩托车及零配件市场	3	2524	2524	100.0
# 汽车市场	2	2064	2064	100.0

表10—8 亿元以上商品交易市场基本情况（2018年）（续表1）

指　　标	本年商品成交额（亿元）	# 商品零售额（亿元）	营业面积（万平方米）
合　计	1269.33	500.65	310.83
一、按经营环境分			
（一）露天式	38.74	0.43	5.85
（二）封闭式	1230.59	500.23	304.98
（三）其他			
二、按经营方式分			
（一）批发	983.90	314.95	168.87
（二）零售	285.43	185.71	141.96
三、按市场类别分			
（一）综合市场	825.15	239.32	137.29
生产资料综合市场			
工业消费品综合市场	8.73	8.71	1.73
农产品综合市场	579.78	123.40	55.17
其他综合市场	236.64	107.21	80.39
（二）专业市场	444.18	261.34	173.54
生产资料市场	54.70	53.81	24.55
木材市场			
建材市场	54.70	53.81	24.55
金属材料市场			
农产品市场	223.12	103.04	57.63
粮油市场	28.78	7.46	8.30
肉禽蛋市场	96.71	64.10	18.17
水产品市场	79.40	21.26	26.02
蔬菜市场	16.23	8.23	4.70
干鲜果品市场			
食品、饮料及烟酒市场			
纺织、服装、鞋帽市场	31.61	22.63	8.40
服装市场	31.61	22.63	8.40
其他纺织服装鞋帽市场			
日用品及文化用品市场			
图书、报刊杂志市场			
其他日用品及文化用品市场			
电器、通讯器材、电子设备市场	3.99	2.39	0.42
家具、五金及装饰材料市场	40.98	31.46	67.54
家具市场	24.33	19.66	22.90
装饰材料市场	16.65	11.80	44.64
五金材料市场			
其他装修市场			
汽车、摩托车及零配件市场	89.78	48.00	15.00
# 汽车市场	80.52	43.00	8.80

表 10—8　亿元以上商品交易市场基本情况（2018 年）（续表 2）

指　　标	年末已出租摊位数（个）	成交额（亿元）
总　　计	39243	1269.33
1、粮油、食品、饮料、烟酒类	11046	878.27
（1）粮油、食品类	10506	773.52
其中：粮油类	2454	315.90
肉禽蛋类	2261	97.39
水产品类	2246	184.09
蔬菜类	2718	100.69
干鲜果品类	777	74.53
（2）饮料类	347	45.59
（3）烟酒类	193	59.17
2、服装、鞋帽、针纺织品类	6075	72.45
（1）服装类	3724	42.95
（2）鞋帽类	891	10.65
（3）针、纺织品类	1460	18.85
3、化妆品类	12	0.10
4、金银珠宝类	11	0.03
5、日用品类	2647	35.71
其中：洗涤用品类		
儿童玩具类		
6、五金、电料类	694	23.17
7、体育、娱乐用品类	20	0.14
8、书报杂志类	2	0.00
9、电子出版物和音像制品类	2	0.00
10、家用电器和音像器材类	343	1.50
11、中西药品类		
其中：西药类		
12、文化办公用品类	227	4.51
13、家具类	2104	40.02
14、通讯器材类		
15、煤炭及制品类		
16、木材及制品类	16	0.08
17、石油及制品类		
18、化工材料及制品类		
其中：化肥类		
19、金属材料类		
20、建筑及装潢材料类	13065	120.12
21、机电产品及设备类	57	1.10
其中：农机类	25	0.48
22、汽车类	2535	89.92
23、种子饲料类		
24、棉麻类		
25、其他类	387	2.19

表 10—9 批发和零售业、住宿和餐饮业连锁总店经营情况（2018 年）

计量单位：个

指　　标	连锁总店（个）	连锁门店（个）	# 直营店	# 加盟店
总　　计	40	13108	10628	2480
一、批发业	4	4813	3113	1700
二、零售业	27	7669	6916	753
按零售业态分				
便利店				
折扣店				
超市	3	1785	1418	367
大型超市	3	27	27	
仓储会员店				
百货店	1	261	261	
专业店	18	5188	4802	386
其中：　加油站				
专卖店	2	408	408	
家具建材商店				
厂家直销中心				
其他				
三、住宿业				
四、餐饮业	9	626	599	27
按连锁经营业务的行业代码分组				
正餐服务	4	17	17	
快餐服务	4	574	574	
饮料及冷饮服务	1	35	8	27
餐饮配送及外卖送餐服务				
其他餐饮业				

表 10—9 批发和零售业、住宿和餐饮业连锁总店经营情况（2018 年）（续表 1）

计量单位：万元

指　标	商品购进总额	#接受统一配送商品金额		
			接受自有配送中心商品金额	接受非自有配送中心商品金额
总　计	34493819	29629110	26535381	91472
一、批发业	17896922	17896922	17895292	1630
二、零售业	16336576	11701660	8631125	83504
按零售业态分				
便利店				
折扣店				
超市	3736831	3727092	3668160	58932
大型超市	356321	28696		
仓储会员店				
百货店	750914	750914	750914	
专业店	11464419	7166868	4210069	24572
其中： 加油站				
专卖店	28090	28090	1982	
家具建材商店				
厂家直销中心				
其他				
三、住宿业				
四、餐饮业	260322	30528	8964	6338
按连锁经营业务的行业代码分组				
正餐服务	7824	7821	7686	135
快餐服务	245428	15637	1279	6203
饮料及冷饮服务	7070	7070		
餐饮配送及外卖送餐服务				
其他餐饮业				

表 10—9　批发和零售业、住宿和餐饮业连锁总店经营情况（2018 年）（续表 2）

指　　标	商品销售总额（万元）		零售营业面积（万平方米）	餐饮营业面积（万平方米）	年末从业人员数（人）
		#商品零售额			
总　　计	35620654	26059451	14807578	202050	
一、批发业	18760691	11255547	4512990		
二、零售业	16859963	14803904	10294588		
按零售业态分					
便利店					
折扣店					
超市	3892264	2766535	2752538		
大型超市	377773	309864	242848		
仓储会员店					
百货店	595640	595640	783000		
专业店	11942109	11079688	6500402		
其中：　加油站					
专卖店	52178	52178	15800		
家具建材商店					
厂家直销中心					
其他					
三、住宿业					
四、餐饮业					202050
按连锁经营业务的行业代码分组					
正餐服务					28211
快餐服务					166839
饮料及冷饮服务					7000
餐饮配送及外卖送餐服务					
其他餐饮业					

表 10—9　批发和零售业、住宿和餐饮业连锁总店经营情况（2018 年）（续表 3）

指　　标	营业额（万元）	#餐费和商品销售额	餐位数（个）
总　　计	463794	460722	61637
一、批发业			
二、零售业			
按零售业态分			
便利店			
折扣店			
超市			
大型超市			
仓储会员店			
百货店			
专业店			
其中：　加油站			
专卖店			
家具建材商店			
厂家直销中心			
其他			
三、住宿业			
四、餐饮业	463794	460722	61637
按连锁经营业务的行业代码分组			
正餐服务	19602	19602	4744
快餐服务	431801	428729	56133
饮料及冷饮服务	12392	12392	760
餐饮配送及外卖送餐服务			
其他餐饮业			

表 10—10　主要年份社会消费品零售总额

计量单位：亿元

年　份	社会消费品零售总额	批发和零售业	住宿和餐饮业	其他行业
1949	0.77			
1952	2.49			
1957	4.33			
1962	5.22			
1965	5.28			
1970	6.13			
1975	8.26			
1978	10.69			
1980	15.84			
1985	34.84			
1990	72.79			
1994	205.33			
1995	261.72			
1997	376.07			
1998	416.69	371.02		
1999	459.32	408.27		
2000	509.39	453.35		
2002	637.23	556.52		
2003	728.99	633.86		
2004	863.85	764.02	89.07	10.76
2005	1006.20	885.72	108.19	12.29
2007	1385.30	1209.36	158.15	17.79
2008	1659.60	1442.56	195.08	21.96
2009	1935.49	1704.08	231.41	—
2010	2288.74	2055.38	212.39	20.97
2011	2697.10	2422.59	247.71	26.80
2012	3103.82	2793.48	287.09	23.24
2013	3689.40	3308.78	380.62	—
2014	4167.19	3785.81	381.38	—
2015	4590.17	4193.01	397.16	—
2016	5088.20	4638.45	449.74	—
2017	5604.66	5074.69	529.97	—
2018	5832.46	5262.20	570.25	—

注：2016 年为全国第三次经济普查调整后的数据。

主要统计指标解释

社会消费品零售总额　指批发和零售业、住宿和餐饮业以及其他行业直接售给城乡居民和社会集团的消费品零售额。其中，对居民的消费品零售额，是指售予城乡居民用于生活消费的商品金额；对社会集团的消费品零售额，是指售给机关、社会团体、部队、学校、企事业单位、居委会或村委会等，公款购买的用作非生产、非经营使用与公共消费的商品金额。

社会消费品零售总额包括：售给城乡居民作为生活消费用的商品和修建房屋用的建筑材料的金额，以及售给来华的外国人、华侨、港澳台同胞的消费品金额；售给社会集团用作非生产、非经营使用与公共消费的商品金额。

不包括：

（1）农民之间相互买卖的商品；

（2）城市居民间或居民委托信托商店卖出的商品；

（3）售给农业、工业、建筑业等行业用于生产的商品；

（4）售予从事批发和零售业务的单位或个体户用于转卖的商品；

（5）售予从事餐饮业务的单位或个体户用于转卖或加工后转卖的商品；

（6）售予从事住宿或其他居民服务业的单位或个体户用于经营或转卖的商品；

（7）售予城乡居民已确知是用于生产、经营的商品；

（8）售予各类农业生产者的生产资料类商品；

（9）售予企业单位生产上专用的劳动保护用品；

（10）售予城乡居民的商品房。

商品购进总额　指从本企业以外的单位和个人购进（包括从国外直接进口）作为转卖或加工后转卖的商品金额（含增值税）。本指标反映批发和零售业从国内外市场上购进商品的总价。

商品销售额　指对本单位以外的单位和个人出售的商品金额（包括售给本单位消费用的商品，含增值税），本指标反映批发和零售业在国内市场上销售商品以及出口商品的总量。

商品批发额　指商品零售额以外的一切商品销售额。包括售给生产经营单位用于生产或经营用的商品销售额；售给批发零售贸易业、餐饮业用于转卖或加工后转卖的商品销售额；直接向国（境）外出口和委托外贸部门代理出口的商品销售额。

商品零售额　指售给城乡居民用于生活消费、售给社会集团用公款购买用作非生产、非经营使用的商品销售额。

期末商品库存额　对于批发和零售业法人企业和个体经营户，是指取得所有权的全部商品金额（含增值税）；对于批发和零售业产业活动单位，是指期末实际在库且归属法人具有所有权的全部商品金额（含增值税）。这个指标反映批发和零售业的商品库存情况，以及对市场商品供应的保证程度。

亿元以上商品交易市场　指年成交额在亿元及以上的商品交易市场。商品交易市场是指经有关部门和组织批准设立，有固定场所、设施，有经营管理部门和监管人员，若干市场经营者入内，常年或实际开业三个月以上，集中、公开、独立地进行生活消费品、生产资料等现货商品交易以及提供相关服务的交易场所，包括各类消费品市场、生产资料市场等。

商品成交额　指市场所有摊位业主商品交易额之和。

消费品零售额　指市场所有摊位业主商品交易总额之和中直接售予城乡居民用于生活消费和社会集团用于公共消费的商品金额。

营业面积　指市场营业用场地、仓库等营业用建筑面积，不包括为市场经营服务的办公室和附设的旅馆、招待所、餐馆、停车场等的面积。

连锁总店（总部）　负责连锁企业资源（商号、商誉、经营模式、服务标准、管理模式等等）的开发、配置、控制或使用等功能的企业核心管理机构。

连锁经营分店　指连锁经营的核心企业或单位（总店）所属各分散经营的门店，也称为成员店。

门店数　指该连锁企业所拥有的全部连锁门店数量，包括总店（如果总公司有门店的话）和全部直营分店、加盟分店数。总店作为一个直营店处理。控股店按直营店统计。直营店和加盟店之和应等于门店总数。

直营连锁　也叫正规连锁。连锁门店均由总部全资或控股开设，在总部的直接领导下统一经营。

加盟连锁　加盟连锁包括特许连锁和自由连锁。

统一配送商品购进额　指企业统一购进商品后，配送到门店（包括加盟店）的商品金额（按购进价计算）。非自有配送中心配送比重指由第三方物流配送的商品购进额。直营店和加盟店的配送商品购进额，是指由总部统一配送或接受统一配送的商品购进额，而不是直营店和加盟店对外的配送商品购进额。

自有配送中心配送商品购进额　指连锁总部从自有配送中心购进商品的金额。

非自有配送中心配送商品购进额　指连锁总部从第三方物流配送中心购进商品的金额。

配送中心　是连锁企业的物流机构，承担着各门店所需商品的进货、库存、分货、加工、集配、运输、送货等任务。配送中心主要为本连锁企业服务，也可面向社会。如本企业没有配送中心而是利用本企业以外的物流中心配送，可不填自有配送中心数、配送中心面积和运输车辆，但应填统一配送商品购进额。

营业额　指住宿和餐饮业法人企业、产业活动单位在经营活动中因提供服务或销售商品等取得的收入。

包括：客房收入、餐费收入、商品销售额（含增值税）和其他收入。

客房收入 指住宿和餐饮业法人企业、产业活动单位在经营活动中因提供住宿服务取得的客房收入。

餐费收入 指住宿和餐饮业法人企业、产业活动单位因为顾客提供就餐服务取得的收入。包括：经烹饪、调制加工后出售的各种食品，如主食、炒菜、凉拌菜等的收入。

商品销售额 指住宿和餐饮业法人企业、产业活动单位伴随服务而出售商品所取得的销售总额（含增值税）。

年末餐饮营业面积 指住宿和餐饮业法人企业、产业活动单位对外提供就餐服务的门店建筑面积和从事食品加工、烹饪、调制的厨房面积，不包括办公用房和仓库等面积。该指标按年末实有面积统计。

批发和零售业、住宿和餐饮业统计限额标准

行　业　类　别	统　计　指　标　名　称	计量单位	限额以上企业
批　发　业	年主营业务收入	万　元	2000及以上
零　售　业	年主营业务收入	万　元	500及以上
住　宿　业	年主营业务收入	万　元	200及以上
餐　饮　业	年主营业务收入	万　元	200及以上

（十一）
对外经济贸易和旅游业

CHAPTER 11
FOREIGN TRADE AND ECONOMIC COOPERATION, TOURISM

表 11—1　利用外资

指　　标	2018 年	2017 年	2018 年为上年%
新签外商投资企业（个）	439	395	111.1
合资经营			
合作经营			
外商独资			
外商股份制			
新签合同外资（万美元）	982174	608679	161.4
合资经营			
合作经营			
外商独资			
外商股份制			
实际使用外资（万美元）	385338	367273	104.9
第一产业	718	50	1436.0
第二产业	118301	174012	68.0
第三产业	266320	193211	137.8

注：本表数据由市投资促进委员会提供。

表 11—2 对外劳务和承包工程情况

指 标	2018 年	2017 年	2018 年为上年%
一、新签合同金额（万美元）	274527	614939	44.6
二、完成营业额（万美元）	348375	398565	87.4

注：本表数据由市商务局提供。

表 11—3 涉外税收

计量单位：万元

指 标	2018 年	2017 年	2018 年为上年%
合 计	33905972	30716709	110.4
流转税	12568947	12003509	104.7
企业所得税	6075336	5334019	113.9
个人所得税	2462761	2028690	121.4
车船使用牌照税	81932	81719	100.3
城市房地产税	470913	453030	103.9
其他各税	10798221	9266097	116.5
海关代征	1447862	1549645	93.4

注：本表数据由市国税局和地税局提供。

表 11—4　海关统计进出口贸易（2018 年）

计量单位：万美元

指　　标	2018 年	2017 年	2018 年为上年%
一、进出口总值（经营单位口径）	6549106	6118728	107.6
1、出口	3787917	3441455	110.8
# 三资企业	1303733	1313029	101.1
高新技术产品	986130	1018806	97.3
2、进口	2761189	2677273	103.4
# 三资企业	1300182	1387829	94.2
高新技术产品	840776	956532	87.8
二、进出口总值（境内目的地、货源地）	5741086	5227843	110.5
1、出口（境内货源地）	2681832	2469886	109.6
# 三资企业	1292451	1303415	101.1
2、进口（境内目的地）	3059254	2757957	111.2
# 三资企业	1272140	1307787	97.9
三、进出口总值（口岸口径）	3781486	3736176	101.2
1、出口	2257235	2168849	104.1
# 新生圩	1590354	1404865	113.2
2、进口	1524251	1567327	97.3
# 新生圩	947249	891016	106.3

表 11—5 进出口商品贸易方式总值（按经营单位）（2018 年）

计量单位：万美元

贸易方式	进出口		出口		进口	
	数值	增长%	数值	增长%	数值	增长%
总值	6549106	7.6	3787917	10.8	2761189	3.4
一般贸易	4642148	13.5	2705628	21.7	1936520	3.8
国家间、国际组织无偿援助和赠送的物资	1576	-14.0	1576	-14.0		
捐赠物资						
补偿贸易						
来料加工装配贸易	122904	-55.6	34745	-70.4	88159	-44.7
进料加工贸易	1325681	4.1	887537	-8.4	438143	43.9
寄售代销贸易						
边境小额贸易	35	—			35	—
加工贸易进口设备	39163	385.5			39163	385.5
对外承包工程出口货物	51301	-4.2	51301	-4.2		
租赁贸易	233	-94.9	147	813.0	86	-98.1
外商投资企业作为投资进口的设备、物品	20436	-73.2			20436	-73.2
出料加工贸易						
易货贸易						
免税外汇商品						
保税监管场所进出境货物	165096	-23.9	14570	-25.4	150526	-23.8
海关特殊监管区域物流货物	148758	126.6	88600	217.4	60159	59.4
海关特殊监管区域进口设备	1587	41.4			1587	41.4
其他	30188	61.1	3813	-6.9	26375	80.0

表 11—6　进口商品贸易方式企业性质总值（按经营单位）（2018 年）

计量单位：万美元

贸易方式	合计		国有企业		外商投资企业		集体企业		私营企业	
	数值	增长%	数值	增长%	数值	增长%	数值	增长%	数值	增长%
总　　值	2761189	3.4	1106368	9.1	1300182	-5.8	2340	-1.1	352245	28.8
一般贸易	1936520	3.8	1043812	9.1	622785	-12.0	1745	-21.2	268140	34.0
国家间、国际组织无偿援助和赠送的物资										
捐赠物资										
补偿贸易										
来料加工装配贸易	88159	-44.7	910	-71.7	86334	-44.3			915	-33.5
进料加工贸易	438143	43.9	17823	-20.3	404100	48.9	595	295.0	15626	47.5
寄售代销贸易										
边境小额贸易	35		35							
加工贸易进口设备	39163	385.5			39163	385.5				
对外承包工程出口货物										
租赁贸易	86	-98.1			31	-99.3			55	1150.0
外商投资企业作为投资进口的设备、物品	20436	-73.2			20436	-73.2				
出料加工贸易										
易货贸易										
免税外汇商品										
保税监管场所进出境货物	150526	-23.8	21741	30.2	94143	-33.7			34642	-10.5
海关特殊监管区域物流货物	60159	59.4	21376	41.6	6892	1360.5			31891	43.8
海关特殊监管区域进口设备	1587	41.4			1587	41.4				
其他	26375	80.0	673	29.0	24709	83.7	0.1	-37.5	977	45.5

表 11—7 出口商品贸易方式企业性质总值（按经营单位）（2018 年）

计量单位：万美元

贸易方式	合计		国有企业		外商投资企业		集体企业		私营企业	
	数值	增长%	数值	增长%	数值	增长%	数值	增长%	数值	增长%
总　　值	3787917	10.8	1115443	-2.3	1303733	1.1	6452	-0.4	1362132	39.0
一般贸易	2705628	21.7	978412	1.8	463728	21.6	4892	-4.0	1258473	43.7
国家间、国际组织无偿援助和赠送的物资	1576	-14.0	79	-82.1					1497	7.7
捐赠物资										
补偿贸易										
来料加工装配贸易	34745	-70.4	4859	-31.9	27525	-74.4			2362	-5.3
进料加工贸易	887537	-8.4	79675	-33.9	768284	-3.2	1560	13.1	38018	-28.9
寄售代销贸易										
边境小额贸易										
加工贸易进口设备										
对外承包工程出口货物	51301	-4.2	35972	-4.7					15329	-2.9
租赁贸易	147	813.0			19	18.0			128	
外商投资企业作为投资进口的设备、物品										
出料加工贸易										
易货贸易										
免税外汇商品										
保税监管场所进出境货物	14570	-25.4	12529	40.2	1186	13.4			856	-91.0
海关特殊监管区域物流货物	88600	217.4	3220	-39.3	40271	1935.0			45109	118.6
海关特殊监管区域进口设备										
其他	3813	-6.9	697	-2.5	2721	-10.7		-100.0	360	10.4

表 11—8　进出口商品国别（地区）总值（按经营单位）（2018 年）

计量单位：万美元

进口原产国（地区）或出口最终目的国（地区）	进出口		出　口		进　口	
	数值	增长%	数值	增长%	数值	增长%
总　值	6549106	7.6	3787917	10.8	2761189	3.4
亚洲	3166748	10.7	1517643	21.1	1649105	2.5
# 香港	200474	16.1	193457	31.8	7017	-72.9
印度	166198	13.8	145612	13.1	20586	19.6
印度尼西亚	107982	18.1	64512	13.2	43470	26.2
日本	521390	-10.6	159231	-6.3	362159	-12.3
澳门	1911	8.8	1882	7.2	29	3155.6
马来西亚	98894	37.3	39435	29.2	59460	43.2
巴基斯坦	41643	-19.9	39821	-22.5	1822	191.9
菲律宾	68431	35.0	46760	41.5	21671	22.9
新加坡	58868	-5.8	32249	0.3	26619	-12.4
韩国	925565	17.8	280375	60.2	645190	5.7
泰国	119874	4.9	63725	11.5	56148	-1.7
台湾省	285852	21.7	61704	34.3	224148	18.7
非洲	269677	43.3	167135	33.9	102542	61.9
欧洲	1597734	9.2	1013076	10.4	584658	7.3
# 比利时	52962	-33.8	38522	34.6	14440	-71.9
丹麦	14195	15.9	10776	19.6	3419	5.5
英国	156326	3.8	142006	6.3	14320	-15.9
德国	411536	20.2	160461	10.2	251075	27.7
法国	96261	10.1	57910	16.5	38352	1.7
意大利	141450	21.3	82744	19.0	58707	24.7
荷兰	202950	8.4	157115	4.8	45835	22.8
西班牙	74563	-0.1	55304	-4.3	19259	14.2
芬兰	11761	12.7	3825	17.5	7936	10.5
挪威	6666	-54.8	4418	-62.3	2248	-25.9

表 11—8　进出口商品国别（地区）总值（按经营单位）（2018 年）（续表）

计量单位：万美元

进口原产国（地区）或出口最终目的国（地区）	进出口		出　口		进　口	
	数值	增长%	数值	增长%	数值	增长%
瑞典	41640	7.0	24786	11.3	16855	1.4
瑞士	20651	-2.4	5650	21.3	15002	-9.1
白俄罗斯	2120	27.1	1371	6.2	749	98.6
俄罗斯联邦	98700	19.2	71961	32.9	26738	-6.6
乌克兰	16692	-10.6	13116	46.8	3576	-63.2
捷克共和国	64451	37.3	50402	49.4	14049	6.5
拉丁美洲	322361	3.1	256717	5.3	65644	-4.6
北美洲	945201	-7.3	734503	-6.2	210698	-11.2
# 加拿大	121210	1.7	60550	-1.8	60660	5.5
美国	823712	-8.6	673936	-6.5	149776	-16.7
大洋洲	247308	2.0	98844	3.9	148465	0.8
# 澳大利亚	199226	7.0	73161	22.0	126065	-0.2
新西兰	25755	12.2	8008	18.2	17748	9.7
亚太经合组织	3993648	4.8	2057466	10.9	1936182	-1.0
东南亚国家联盟	644378	18.0	410078	21.2	234299	12.9
欧洲联盟	1449671	9.8	914158	9.7	535513	10.1

注：1．东南亚国家联盟包括：文莱、印度尼西亚、马来西亚、菲律宾、新加坡、泰国、越南、缅甸、老挝、柬埔寨。
2．欧洲联盟包括：比利时、丹麦、英国、德国、法国、爱尔兰、意大利、卢森堡、荷兰、希腊、葡萄牙、西班牙、奥地利、芬兰、瑞典、塞浦路斯、捷克、爱沙尼亚、匈牙利、拉脱维亚、立陶宛、马耳他、波兰、斯洛伐克、斯洛文尼亚、保加利亚、罗马尼亚。
3．亚太经济合作组织包括：文莱、中国香港、印度尼西亚、日本、马来西亚、菲律宾、新加坡、韩国、泰国、中国、中国台北、智利、墨西哥、加拿大、美国、澳大利亚、新西兰、巴布亚新几内亚、俄罗斯、秘鲁、越南。

11—9 南京与国外缔结友好关系的城市

国　　别	城　市	缔结日期
日　　本	名古屋市	1978 年 12 月 21 日
美　　国	圣路易斯市	1979 年 11 月 2 日
意 大 利	佛罗伦萨市	1980 年 2 月 22 日
荷　　兰	埃因候温市	1985 年 10 月 9 日
德　　国	莱比锡市	1988 年 5 月 21 日
墨 西 哥	墨西卡利市	1991 年 10 月 14 日
塞浦路斯	利马索尔市	1992 年 9 月 23 日
韩　　国	大田广域市	1994 年 11 月 14 日
加 拿 大	伦敦市	1997 年 5 月 7 日
澳大利亚	珀斯市	1998 年 5 月 18 日
南　　非	布隆方丹市	2000 年 3 月 22 日
哥伦比亚	巴兰基亚市	2001 年 6 月 3 日
马来西亚	马六甲市	2008 年 10 月 30 日
文　　莱	斯里巴加湾市	2011 年 11 月 21 日
纳米比亚	温得和克市	2015 年 9 月 9 日
白俄罗斯	莫吉廖夫市	2016 年 9 月 27 日

注：本表资料由市外办提供。

表 11—10 旅游经济主要指标

指　　标	2018 年	2017 年	2018 年为上年%
全市接待国内外旅游者（万人次）	13409	12293	109.3
国内旅游者	13327.99	12221	109.1
入境旅游者	81.01	71.8	112.9
全市因私出境旅游者（万人次）	115.85	84.66	136.8
国际旅游创汇收入（亿美元）	8.83	7.63	115.8
全市旅游总收入（亿元）	2460.20	2168.90	113.4
全市拥有星级宾馆饭店（家）	76	83	
全市拥有旅行社（家）	694	624	
# 从事国际旅游业务	68	52	
全市拥有旅游 A 级景区（个）	53	53	
# 5A 级旅游景区	2	2	
4A 级旅游景区	22	21	

注：本表数据由市文化和旅游局提供。

表 11—11　接待入境旅游人数

计量单位：人次

指　　标	2018 年	2017 年	2018 年为上年%
接待入境旅游人数	810144	717577	112.9
（一）外国人	589748	518454	113.8
# 日本	38220	36739	104.0
新加坡	18702	15652	119.5
印度	15401	13545	113.7
马来西亚	19794	16466	120.2
韩国	101912	90404	112.7
美国	75459	68630	110.0
加拿大	23202	22577	102.8
英国	17333	16042	108.1
德国	26545	25642	103.5
澳大利亚	22313	20707	107.7
（二）香港同胞	62804	55716	112.7
（三）澳门同胞	4843	4063	119.2
（四）台湾同胞	152749	139344	109.6
平均每天来宁人数	2220	1966	112.9

注：本表数据由市文化和旅游局提供。2017 年按省文化和旅游局入境旅游统计最新指标和口径对外发布和使用。

表 11—12　部分年份对外贸易主要指标

单位：亿美元

年　份	进出口总额（经营单位）	出口	# 三资企业出口	进口
1990	3.64	1.58	0.11	2.06
1995	51.74	38.06	2.52	13.68
2000	91.02	53.69	9.20	37.33
2003	147.12	76.65	19.57	70.47
2004	206.39	104.60	36.96	101.79
2005	270.90	142.45	60.30	128.45
2006	315.35	173.65	77.22	141.70
2007	362.00	206.46	86.26	155.53
2008	405.92	235.97	88.22	169.95
2009	337.45	184.59	64.81	152.86
2010	456.01	248.85	83.51	207.16
2011	573.44	308.65	107.67	264.79
2012	552.35	319.01	109.62	233.34
2013	557.57	322.66	97.18	234.91
2014	572.21	326.28	114.24	245.93
2015	532.40	315.03	107.82	217.38
2016	502.12	295.92	97.93	206.20
2017	611.87	344.15	131.30	267.73
2018	654.91	378.79	130.37	276.12

表 11—13　部分年份开放型经济主要指标

单位：亿美元

年　份	实际使用外资	注册合同外资	投资总额	对外承包劳务完成营业额
1990	0.70	0.37	—	0.16
1995	4.15	12.3	—	0.65
2000	8.13	20.79	38.55	1.37
2003	22.10	40.09	73.02	4.16
2004	25.66	45.15	77.11	4.60
2005	20.09	25.58	82.53	4.83
2006	17.02	30.82	69.78	6.07
2007	20.61	37.85	80.16	7.44
2008	23.72	44.60	56.74	10.26
2009	23.92	45.59	74.42	11.57
2010	28.16	47.78	95.35	13.09
2011	35.66	61.66	103.15	15.76
2012	41.30	61.15	164.88	11.42
2013	40.33	53.59	88.92	11.73
2014	32.91	49.20	108.58	26.97
2015	33.35	61.72	114.34	33.34
2016	34.79	56.55	151.44	37.25
2017	36.73	60.87	149.10	39.83
2018	38.53	98.22	183.7	34.84

表 11—14 部分年份旅游经济主要指标

单位：万人次

年 份	国内旅游人数	入境旅游人数				
			外国人	香港同胞	澳门同胞	台湾同胞
1990	—	26.33	7.29	—	18.79	—
1995	654	23.17	12.77	0.20	5.66	4.54
2000	1501	41.90	22.69	8.26	0.44	10.51
2003	2206	51.51	31.11	9.44	0.36	10.60
2004	2800	71.97	47.17	11.26	0.44	13.10
2005	3220	87.63	51.41	15.09	0.41	20.72
2006	3800	100.92	64.66	15.97	0.60	19.69
2007	4489	116.12	76.33	16.73	0.77	22.28
2008	4960	119.52	77.85	17.23	0.86	23.58
2009	5520	113.45	74.40	15.55	1.07	22.44
2010	6366	130.88	86.80	17.10	1.10	25.88
2011	7181	150.64	99.91	19.74	1.26	19.74
2012	7950	162.71	107.73	21.36	1.36	32.27
2013	8674	51.86	38.16	4.04	0.19	9.47
2014	9419	56.62	41.56	4.51	0.18	10.37
2015	10175	58.81	43.23	4.13	0.27	11.18
2016	11142	63.78	46.9	4.76	0.31	11.82
2017	12221	71.76	51.85	5.57	0.41	13.93
2018	13328	81.01	58.97	6.28	0.48	15.27

注：本表数据由市旅游委员会提供。2016 年按国家及省旅游局入境旅游统计最新指标与口径对外发布和使用入境旅游数据。

表 11—14　部分年份旅游经济主要指标（续表）

年　份	旅游总收入（亿元）	国内旅游收入（亿元）	国际旅游收入（亿美元）
1990	0.31	—	0.31
1995	62.36	53.89	1.02
2000	155.99	137.66	2.21
2003	244.00	217.60	3.18
2004	320.00	277.90	5.08
2005	379.00	333.00	5.76
2006	462.80	408.08	6.77
2007	585.45	530.51	8.08
2008	714.30	654.00	8.73
2009	822.16	765.00	8.37
2010	951.61	885.95	9.81
2011	1106.23	1028.00	12.00
2012	1272.78	1169.01	13.62
2013	1360.67	1336.22	4.01
2014	1520.83	1470.00	5.53
2015	1688.12	1650.78	6.39
2016	1909.26	1862.85	6.76
2017	2168.90	2121.00	7.60
2018	2460.20	2401.77	8.83

主要统计指标解释

进出口总额　海关进出口总额指实际进出我国国境的货物总金额。包括对外贸易实际进出口货物，来料加工装配进出口货物，国家间、联合国及国际组织无偿援助物资和赠送品，华侨、港澳台同胞和外籍华人捐赠品，租赁期满归承租人所有的租赁货物，进料加工进出口货物，边境地方贸易及边境地区小额贸易进出口货物（边民互市贸易除外），中外合资企业、中外合作经营企业、外商独资经营企业进出口货物和公用物品，到、离岸价格在规定限额以上的进出口货样和广告品（无商业价值、无使用价值和免费提供出口的除外），从保税仓库提取在中国境内销售的进口货物，以及其他进出口货物。进出口总额用以观察一个国家在对外贸易方面的总规模。我国规定出口货物按离岸价格统计，进口货物按到岸价格统计。

商品经营单位所在地进、出口额　指所在地海关注册登记的有进出口经营权的企业实际进、出口额。

商品目的地进口额和商品货源地出口额　目的地进口额指进口货物的消费、使用或最终抵运地的实际进口额，货源地出口额是指出口货物的产地或原始发货地的实际出口额。

利用外资　指我国各级政府、部门、企业和其他经济组织通过对外借款、吸收外商直接投资以及用其他方式筹措的境外现汇、设备、技术等。

对外借款　是我国利用外资的重要部分。指通过对外正式签订借款协议，从境外筹措的资金，包括外国政府贷款、国际金融组织贷款、外国银行商业贷款、出口信贷以及对外发行债券等。1996年及以前还包括对外发行股票。

外商直接投资　指外国企业和经济组织或个人（包括华侨、港澳台胞以及我国在境外注册的企业）按我国有关政策、法规，用现汇、实物、技术等在我国境内开办外商独资企业、与我国境内的企业或经济组织共同举办中外合资经营企业、合作经营企业或合作开发资源的投资（包括外商投资收益的再投资）。

外商其他投资　指除对外借款和外商直接投资以外的各种利用外资的形式。包括企业在境内外股票市场公开发行的以外币计价的股票（目前主要是在香港证券市场发行的H股和在境内证券市场发行的B股）发行价总额，国际租赁进口设备的应付款，补偿贸易中外商提供的进口设备、技术、物料的价款，加工装配贸易中外商提供的进口设备、物料的价款。

对外承包工程　指各对外承包公司以招标议标承包方式承揽的下列业务：（1）承包国外工程建设项目，（2）承包我国对外经援项目，（3）承包我国驻外机构的工程建设项目，（4）承包我国境内利用外资进行建设的工程项目，（5）与外国承包公司合营或联合承包工程项目时我国公司分包部分，（6）对外承包兼营的房屋开发业务。对外承包工程的营业额是以货币表现的本期内完成的对外承包工程的工作量，包括以前年度签订的合同和本年度新签订的合同在报告期内完成的工作量。

对外劳务合作 指以收取工资的形式向业主或承包商提供技术和劳动服务的活动。我国对外承包公司在境外开办的合营企业，中国公司同时又提供劳务的，其劳务部分也纳入劳务合作统计。劳务合作营业额按报告期内向雇主提交的结算数（包括工资、加班费和奖金等）统计。

旅游者人数 包括入境国际旅游者人数、出境居民人数和国内旅游者人数。

（1）入境国际旅游者人数： 指来中国参观、访问、旅行、探亲、访友、休养、考察、参加会议和从事经济、科技、文化、教育、宗教等活动的外国人、华侨、港澳同胞和台湾同胞的人数。不包括外国在我国的常驻机构，如使领馆、通讯社、企业办事处的工作人员；来我国常住的外国专家、留学生以及在岸逗留不过夜人员。

（2）出境居民人数： 指大陆居民因公务活动或私人事务短期出境的人数。公务活动出境居民人数包括在国际交通工具上的中国服务员工，因私出境居民人数不包括在国际交通工具上的中国服务员工。

（3）国内旅游者人数： 指我国大陆居民和在我国常住 1 年以上的外国人、华侨、港澳台同胞离开常住地在境内其他地方的旅游设施内至少停留一夜，最长不超过 6 个月的人数。

国际旅游（外汇）收入 指入境旅游的外国人、华侨、港澳同胞和台湾同胞在中国大陆旅游过程中发生的一切旅游支出，对于国家来说就是国际旅游（外汇）收入。

（十二）财政、金融和保险

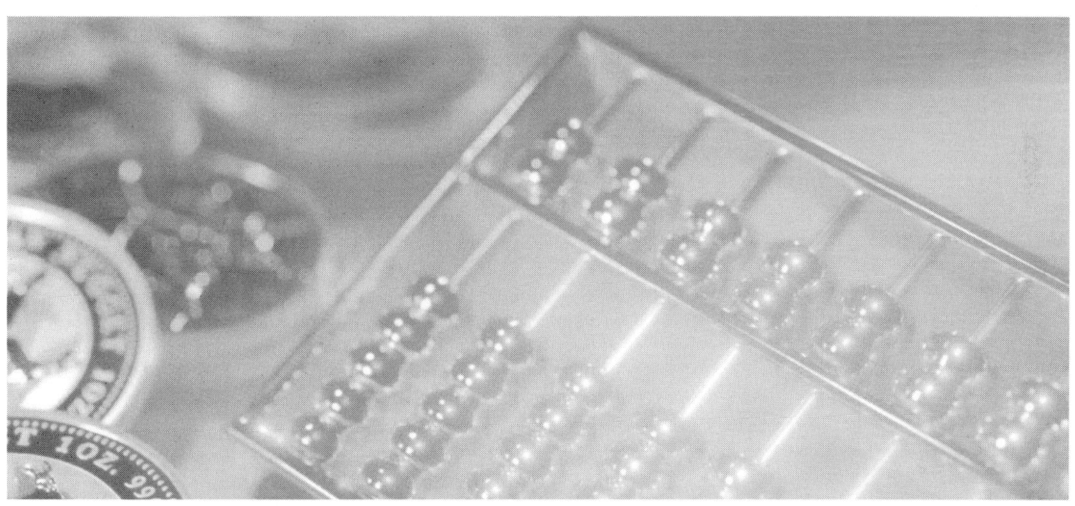

CHAPTER 12
FINANCE, BANKING AND INSURANCE

表 12—1　财政收入

计量单位：亿元

指　　标	2018 年	2017 年	2018 年为上年%
全市财政收入	2783.84	2439.23	114.1
1、一般公共预算收入	1470.02	1271.91	111.1
增值税 25%	484.30	430.75	113.3
企业所得税 40%	235.23	180.12	112.4
个人所得税 40%	98.35	81.22	130.6
城市维护建设税	88.53	82.67	121.1
其他各项收入	563.60	495.88	113.7
2、上划中央收入	1313.83	1167.32	112.6
国内消费税	328.32	329.27	99.7
附：一般公共预算收入构成（%）			
增值税 25%	32.9	33.9	
企业所得税 40%	16.0	14.2	
个人所得税 40%	6.7	6.4	
城市维护建设税	6.0	6.5	
其他各项收入	38.4	38.9	

注：本表由市财政局提供。

表 12—2 公共财政预算支出

计量单位：亿元

指　　标	2018 年	2017 年	2018 年为上年%
公共财政预算支出	1532.71	1353.96	113.2
# 一般公共服务	131.40	107.55	122.2
公共安全、国防	129.14	97.62	132.3
教育	253.06	217.84	116.2
科学技术	80.54	67.29	119.7
文化体育与传媒	35.07	37.24	94.2
社会保障和就业	169.99	154.30	110.2
医疗卫生与计划生育	95.82	89.61	106.9
节能环保	45.85	34.58	132.6
城乡社区事务	256.00	241.46	106.0
农林水事务	92.84	83.58	111.1
交通运输	55.21	54.26	101.7
其他支出	181.61	168.62	107.7

注：本表由市财政局提供。

表 12—3　金融机构本外币存、贷款余额

计量单位：亿元

指　　标	2018 年	2017 年
金融机构本外币存款	34524.86	30764.63
（一）境内存款	34363.07	30663.71
1、住户存款	7106.00	6202.95
（1）活期存款	2690.92	2425.94
（2）定期及其他存款	4415.07	3777.01
2、非金融企业存款	12862.19	11892.22
（1）活期存款	5174.84	5033.91
（2）定期及其他存款	7687.35	6858.31
3、广义政府存款	8464.42	8925.05
（1）财政性存款	901.01	1140.30
（2）机关团体存款	7563.41	7784.74
4、非银行业金融机构存款	5930.47	3643.49
（二）境外存款	161.79	100.92
金融机构本外币贷款	29065.66	25159.48
（一）境内贷款	28914.72	25006.94
1、住户贷款	9136.77	7704.23
（1）短期贷款	1593.53	1154.92
消费贷款	1150.15	802.81
经营贷款	443.39	352.11
（2）中长期贷款	7543.24	6549.30
消费贷款	7029.83	6185.68
经营贷款	513.41	363.63
2、非金融企业及机关团体贷款	19723.57	17293.63
（1）短期贷款	5198.29	4328.64
（2）中长期贷款	12531.84	11634.49
（3）票据融资	977.96	519.71
（4）融资租赁	965.08	792.20
（5）各项垫款	50.40	18.59
3、非银行业金融机构贷款	54.38	9.08
（二）境外贷款	150.94	152.54

注：本表由人行南京营业部提供。

表12—4　全市保费收入情况（2018年）

指　　标	保费收入（亿元）	增长%
保险总额	603.55	-13.6
1、财产险	162.22	11.2
2、寿险	353.30	-25.1
3、意外险	17.55	33.3
4、健康险	70.48	4.8

注：本表数据由江苏省保监局提供。

表 12—5　主要年份财政收支

计量单位：亿元

年　份	财政收入	#一般公共预算收入	财政支出
1949	0.07	—	0.02
1952	0.41	—	0.36
1957	0.55	—	0.59
1962	1.65	—	0.36
1965	2.36	—	0.52
1970	4.83	—	1.03
1975	6.92	—	1.06
1978	10.85	—	1.78
1979	17.64	—	2.34
1980	14.96	—	2.30
1985	24.77	—	4.76
1990	36.18	—	9.81
1995	65.17	29.43	36.22
1998	108.24	50.78	59.65
1999	128.49	66.43	73.21
2000	164.58	92.57	97.70
2001	204.77	108.48	113.35
2002	264.92	115.60	133.12
2003	335.03	136.48	155.28
2004	403.65	169.88	191.68
2005	510.17	211.07	231.51
2006	603.91	246.44	262.46
2007	628.53	330.19	342.94
2008	742.40	386.56	404.92
2009	901.15	434.51	461.31
2010	1075.25	518.80	542.73
2011	1298.77	635.00	666.21
2012	1427.25	733.02	769.66
2013	1591.59	831.31	850.91
2014	1771.85	903.49	921.20
2015	2008.96	1020.03	1045.57
2016	2198.54	1142.60	1173.79
2017	2439.23	1271.91	1353.96
2018	2783.84	1470.02	1532.71

注：2000-2002 年一般公共预算收入为地方财政收入。2000 年起财政支出为一般公共预算支出。

表12—6　2000年以来金融机构本外币存贷款情况

计量单位：亿元

年份	金融机构本外币存款余额	#住户存款本外币存款余额	金融机构本外币贷款余额
2000	1963.44	—	1706.44
2001	2489.64	—	2063.69
2002	3005.89	1031.01	2549.31
2003	3821.37	1253.85	3546.40
2004	4412.06	1382.24	4245.66
2005	5263.25	1677.49	4659.81
2006	5960.83	1913.12	5326.64
2007	7131.80	2010.31	6333.15
2008	8562.27	2565.83	7483.10
2009	11088.39	3125.00	9444.48
2010	12887.43	3572.07	10915.34
2011	14241.99	3968.03	11723.52
2012	16540.43	4532.02	13079.32
2013	18417.90	4955.76	14538.65
2014	20733.39	5135.67	16448.55
2015	26471.69	5651.58	18951.70
2016	28355.89	6095.08	22268.94
2017	30764.63	6202.95	25159.48
2018	34524.86	7106.00	29065.66

表 12—7　2000 年以来金融机构人民币存贷款情况

计量单位：亿元

年份	金融机构人民币存款余额	#住户人民币储蓄存款余额	金融机构人民币贷款余额
2000	1963.44	596.70	1704.65
2001	2293.00	716.00	1962.00
2002	2795.00	906.00	2451.00
2003	3623.00	1134.00	3375.00
2004	4234.00	1287.00	4062.00
2005	5083.32	1595.00	4452.57
2006	5802.18	1835.00	5098.14
2007	6996.98	1951.15	6046.05
2008	8392.89	2505.33	7171.69
2009	10886.92	3056.35	9064.13
2010	12649.52	3511.85	10384.84
2011	13945.92	3910.20	11132.09
2012	16131.41	4465.37	12314.41
2013	18050.82	4883.29	13791.06
2014	20161.85	5055.77	16328.58
2015	25887.77	5535.53	18217.80
2016	27633.55	5894.47	21681.28
2017	29944.86	6019.70	21578.25
2018	33740.63	6914.84	28402.34

表 12—8　2000 年以来保费收入情况

计量单位：亿元

年份	保费收入
2000	24.91
2001	36.69
2002	54.77
2003	69.47
2004	71.33
2005	75.28
2006	89.96
2007	98.29
2008	127.17
2009	175.42
2010	191.30
2011	194.08
2012	235.74
2013	264.34
2014	311.53
2015	368.04
2016	485.80
2017	697.95
2018	603.55

主要统计指标解释

财政收入 指国家财政参与社会产品分配所取得的收入，是实现国家职能的财力保证。财政收入所包括的内容几经变化，目前主要包括：:

（1）各项税收：包括增值税、营业税、消费税、土地增值税、城市维护建设税、资源税、城市土地使用税、印花税、个人所得税、企业所得税、关税、农牧业税和耕地占用税等。

（2）专项收入：包括征收排污费收入、征收城市水资源费收入、教育费附加收入等。

（3）其他收入：包括基本建设贷款归还收入、基本建设收入、捐赠收入等。

（4）国有企业亏损补贴：这项为负收入，冲减财政收入。

财政支出 国家财政将筹集起来的资金进行分配使用，以满足经济建设和各项事业的需要，主要包括：:基本建设支出、企业挖潜改造资金、地质勘探费用、科技三项费用、支援农村生产支出、农林水利气象等部门的事业费用、工业交通商业等部门的事业费、文教科学卫生事业费、抚恤和社会福利救济费、国防支出、行政管理费和价格补贴支出等。

中央财政收入和地方财政收入 指按财政体制划分的中央本级收入和地方本级收入。1994 年分税制财政体制以后，属于中央财政的收入包括关税、海关代征消费税和增值税，消费税，中央企业所得税，地方银行和外资银行及非银行金融企业所得税，铁道、银行总行、保险总公司等集中缴纳的营业税、所得税、利润和城市维护建设税，增值税的 75%部分，证券交易税（印花税）50%部分和海洋石油资源税。属于地方财政的收入包括营业税，地方企业所得税，个人所得税，城镇土地使用税，固定资产投资方向调节税，城镇维护建设税，房产税，车船使用税，印花税，屠宰税，农牧业税，农业特产税，耕地占用税，契税，增值税 25%部分，证券交易税（印花税）50%部分和除海洋石油资源税以外的其他资源税。

存款 指企业、机关、团体或居民根据资金必须收回的原则，把货币资金存入银行或其他信用机构保管并取得一定利息的一种信用活动形式。根据存款对象的不同可划分为企业存款、财政存款、机关团体存款、基本建设存款、城镇储蓄存款、农村存款等科目。它是银行信贷资金的主要来源。

贷款 指银行或其他信用机构根据资金必须归还的原则，按一定利率，为企业、个人等提供资金的一种信用活动形式。我国银行贷款分为流动资金贷款、固定资产贷款、城乡个体工商户贷款以及农业贷款等科目。

保险公司 在中国境内的、经过保险监督部门批准设立，并依法登记注册的各类商业保险公司。

保险金额 指保险人承担赔偿或者给付保险金责任的最高限额。

保费 指投保人为取得保险人在约定范围内所承担赔偿责任而支付给保险人的费用。

赔款 指保险人根据保险合同的规定，向被保险人支付的赔偿保险责任损失的金额。

给付 包括死伤医疗给付和满期给付。死伤医疗给付是指保险人根据人寿保险及长期健康保险合同的规定，因被保险人在保险期内发生保险责任范围内的保险事故支付给被保险人（或受益人）的金额。满期给付是指被保险人生存期满，保险人按人寿保险合同规定支付给被保险人的满期保险金额。

（十三）科技和教育

CHAPTER 13

SCIENCE AND TECHNOLOGY, EDUCATION

表 13—1　专利申请量与授权量

计量单位：件

指　　标	2018 年	2017 年
申请量合计	99070	75406
发明	40652	37286
实用新型	46154	29640
外观设计	12264	8479
授权量合计	44089	32073
发明	11090	10723
实用新型	26743	17237
外观设计	6256	4113

注：本表由市科委提供。

表 13—2　商标注册情况（2018 年）

计量单位：件

指　　标	2018 年	2017 年
新申请注册商标	81850	65887
有效注册商标总量累计	216910	161005
新增马德里国际注册商标	81	21
有效马德里国际注册商标累计	421	340
新增中国驰名商标	4	4
中国驰名商标总量累计	116	112

表 13—3　技术合同成交情况（2018 年）

指　　标	合同数（项）	合同金额（万元）	#技术交易额（万元）
合　　计	26035	4038091	3648125
技术开发	11825	2143450	1857663
技术转让	593	160126	158548
技术咨询	1805	141575	135145
技术服务	11812	1592941	1496768

注：本表由市科委提供。

表 13—4　各类教育事业基本情况

一、学校数

计量单位：所

指　　标	2018 年	2017 年
全　　市	1660	1608
高等教育	59	59
# 普通高校	53	53
成人高校	6	6
中等职业学校	50	49
# 普通中专	22	20
成人中专	3	4
技工学校	25	25
普通中学	240	232
小学	360	349
特殊教育	12	12
幼儿园	939	907

二、在校学生数

计量单位：人

指　　标	2018年	2017年
在校学生总数	2077175	2012200
高等教育	1049685	1025856
# 研究生培养机构	130038	119212
普通高校	721643	721540
成人高校	198004	185104
中等职业学校	112076	121973
# 普通中专	51817	54037
成人中专	11026	12323
技工学校	49233	55613
普通中学	245163	234201
小学	422149	393118
特殊教育	2881	1378
幼儿园	245221	235674

注：本表技工学校数据由人社部门提供，其余数据由市教育局提供。

三、毕业生数

计量单位：人

指　　标	2018年	2017年
毕业生总数	537797	542866
高等教育	298334	306982
# 研究生培养机构	31681	30733
普通高校	196988	206734
成人高校	69665	69515
中等职业学校	33902	36942
# 普通中专	17209	17034
成人中专	4360	5547
技工学校	12333	14361
普通中学	71722	71939
# 初中	46619	47530
高中	25103	24409
小学	55622	57051
特殊教育	364	249
幼儿园	77853	69703
小学毕业生升学率（%）	100	100
初中毕业生升学率（%）	100	100

注：本表技工学校数据由人社部门提供，其余数据由市教育局提供。

四、招生数

计量单位：人

指　　标	2018 年	2017 年
招生总数	643999	626183
高等教育	356493	341294
# 研究生培养机构	45617	42465
普通高校	223580	218977
成人高校	87296	79852
中等职业学校	32836	44820
# 普通中专	15877	18157
成人中专	3063	4326
技工学校	13896	22337
普通中学	84034	83115
# 初中	55539	57243
高中	28495	25872
小学	83816	74122
特殊教育	509	237
幼儿园	86311	82595

注：本表数据由市教育局提供。技工学校数据由人社部门提供。

五、专任教师数

计量单位：人

指　　标	2018 年	2017 年
专任教师总数	128936	122846
高等教育	52310	50567
# 普通高校	51765	50017
成人高校	545	550
中等职业学校	6268	6434
# 普通中专	3717	3658
成人中专	452	480
技工学校	2099	2296
普通中学	24468	23517
小学	27542	25171
特殊教育	499	492
幼儿园	17849	16665

注：本表数据由市教育局提供。技工学校数据由人社部门提供。2017 年普通高校专任教师数统计口径调整。

表 13—5　教育系统各级各类学校教学设施情况（2018 年）

指　　标	普通高校	中等职业学校	普通中学		普通小学	特殊学校
			高中	初中		
占地面积（平方米）	67468153	2380396	3984407	6375761	6949291	175505
# 运动场地面积	4270400	427458	1015433	2120544	2544022	37905
教学及辅助用房面积（平方米）	13102639	775416	1101790	1513627	2059467	41824
# 教室	4035177	313315	542291	881752	1485192	36794
实验室	4899802	350678	208530	277215	159165	2101
图书室	1492523	38852	122689	103518	123029	1710
微机室			56956	72117	83578	1219
语音室			23596	12774	19149	
图书资料						
# 一般图书（万册）	7973.65	219.22	456.43	662.19	1129.41	
电子图书（GB）		273.77	123.92	159.01	291.35	
教学用计算机（台）	394276	31153	33891	46983	66463	
每百名学生拥有教学用计算机（台）	46.02	49.57	42.54	28.39	15.74	
平均每一专任教师负担学生数（人）	16.55	13.96	9.72	10.17	15.33	3.04

注：本表数据由市教育局提供。

表 13—6 主要年份学校在校学生数

计量单位：万人

年 份	普通高等学校	普通中学	小 学
1949	0.35	1.82	12.06
1952	0.84	3.68	23.34
1957	2.35	6.98	31.46
1962	3.52	8.92	35.63
1965	2.98	11.29	48.00
1970	2.43	18.26	54.10
1975	1.87	25.23	60.19
1978	2.72	23.14	39.17
1979	3.51	21.8	39.84
1980	4.02	27.41	50.5
1985	6.04	23.86	41.85
1990	7.51	23.01	42.08
1995	10.37	23.57	41.72
1997	12.05	22.04	46.75
1998	13.24	21.80	48.11
1999	16.28	22.29	47.88
2000	21.69	25.38	45.41
2005	56.11	32.26	30.51
2007	67.79	28.53	29.07
2008	72.50	27.27	28.56
2009	77.34	26.11	28.32
2010	79.34	24.86	28.83
2011	80.85	23.78	30.07
2012	81.53	23.07	30.71
2013	80.74	22.43	32.14
2014	80.53	22.28	33.93
2015	81.26	21.99	35.80
2016	82.78	22.45	37.54
2017	84.08	23.42	39.31
2018	85.17	24.52	42.21

注：高等学校在校学生数含普通高等学校、科研院校所有在学研究生。

主要统计指标解释

普通高等学校　指按照国家规定的设置标准和审批程序批准举办，通过国家统一招生考试，招收高中毕业生为主要培养对象，实施高等学历教育的全日制大学、独立设置的学院和高等专科学校、高等职业学校和其他机构。

成人高等学校　指按照国家规定的设置标准和审批程序举办的，通过全国成人高等教育统一招生考试，招收具有高中毕业或同等学历的人员为主要培养对象，利用脱产、业余或函授等多种形式对其实施高等学历教育的学校。包括广播电视大学、职工高等学校、农民高等学校、管理干部学院、教育学院、独立函授学院、其他机构。

初中毕业生升学率　计算初中毕业生升学率所用分子数为高级中学招生数，包括：普通高中招生数、职业高中招生数、技工学校招生数、普通中专招收初中毕业生数、普通中专举办的成人中专招收应届初中毕业生数及成人中专招收应届初中毕业生数，分母是初中毕业生人数。

（十四）文化、体育和卫生

CHAPTER 14
CULTURE, SPORTS AND PUBLIC HEALTH

表 14—1　文化机构从业人员综合情况（2018 年）

指　　标	总　计		文化部门		其他部门	
	机构数（个）	从业人员数（人）	机构数（个）	从业人员数（人）	机构数（个）	从业人员数（人）
文化及相关产业	3263	28231	255	7521	3008	20710
艺术业	127	3533	33	1871	94	1662
图书馆业	15	856	15	856		
群众文化业	114	661	114	661		
艺术教育业	3	339	3	339		
文化市场经营机构（不包括非公有制院团和场馆）	2866	17312			2866	17312
文化科研	1	32	1	32		
文物业	90	3053	58	2111	32	942
其他文化及相关机构	47	2445	31	1651	16	794

注：本表数据由文化和旅游局提供。

表 14—2　文化馆（站）（2018 年）

指　　标	合　计	文化馆	文化站	#乡镇文化站
个数（个）	114	14	100	10
举办展览（场次）	809	245	564	25
组织文化活动次数（次）	11466	2111	9355	199
举办训练班（班次）	4989	2307	2682	87
藏书（千册）	2739.81		2739.81	335.28

注：本表数据由文化和旅游局提供。

表 14—3　艺术团体（2018 年）

指　　标	剧团数（个）	职工数（人）	国内演出（场次）	#在农村演出	国内观众人次（万人次）
全　　市	88	2667	12650	5020	616.57
话剧、儿童剧、滑稽剧类	7	111	190	80	16.10
歌舞、音乐类	15	1406	6380	3790	173.40
京剧、昆曲类	5	54	260		11.00
地方戏曲类	11	205	1100	720	175.58
杂技、魔术、马戏类	2	149	1790	20	134.50
曲艺类	3	23	660		15.00
综合性艺术表演团体	45	719	2270	410	90.99

注：本表数据由文化和旅游局提供。

表 14—4　文化市场经营机构基本情况（2018 年）

指　　标	机构数（个）	从业人员（人）	经营活动情况（万元）			其他（万元）	
			营业收入	营业成本	营业利润	从业人员劳动报酬	税金
娱乐场所	870	5909	97388	73285	24104	25836	994
互联网上网服务营业场所（网吧）	1422	4492	60646	39218	21429	17646	1552
非公有制艺术表演团体	66	1079	4691	3469	1222	2635	81
经营性互联网文化单位	230	4497	611521	624584	-13062	46717	8666
艺术品经营机构	74	450	8541	4747	3794	1517	295
演出经纪机构	270	1964	78369	70291	8078	5065	2910

注：本表数据由文化和旅游局提供。

表 14—5　公共图书馆综合情况（2018 年）

指　　标	合计	省级	市级	区县级
机构数（个）	15	1	1	13
从业人员（人）	856	524	119	213
总藏量（万册）	1964.40	1211.56	238.22	514.62
# 图书	1579.83	889.75	213.98	476.10
报刊	147.93	113.99	11.51	22.43
视听文献 、微缩制品	46.19	34.54	7.54	4.11
其他	21.81	13.28	0.16	8.38
在藏品中：开架书刊	567.65	90.00	104.21	373.44
本年新购藏量（万册）	85[illegible]80	032[illegible].12	80.48	446.20
公用房屋建筑面积（平方米）	233810	103010	25170	105630
# 书库	23180	10250	1880	11040
阅览室	44070	18000	8400	17680
阅览室座席数（个）	9235	1840	1415	5980
总流通人次（万人次）	1198.37	327.17	261.81	609.40
# 书刊文献外借人次	413.63	156.14	78.25	179.24
书刊文献外借册次（万册）次）	732.09	229.09	125.20	377.80
累计发放有效借书证数（万个）	119.37	79.49	11.37	28.51
为读者举办各种活动				
# 组织次数（次）	1867	510	353	1004
参加人次（万人次）	144.11	50.90	25.55	67.65
计算机（台）	2377	1160	374	843
# 电子阅览室终端数	943	135	274	534

注：本表数据由文化和旅游局提供。

表14—6　博物馆综合情况（2018年）

指　　标	总计	综合性	历史类	艺术类	自然科技类	其他
机构数（个）	63	6	34	11	6	6
省级	3	1	1	1		
市级	29	1	18	3	6	1
区县级	31	4	15	7		5
从业人员（人）	2576	1168	1140	152	66	50
# 高级职称	191	124	36	11	16	4
中级职称	298	200	51	11	27	9
文物藏品（件）	819559	533813	227134	17461	38851	2300
# 一级品	1920	1406	512	2		
参观人次（万人次）	3755.43	537.92	2713.33	268.43	58.59	177.16
# 青少年	733.51	39.93	522.69	104.04	32.48	34.37
本年收入（万元）	91756	44739	42395	2657	1227	738
# 财政拨款	70623	37436	29402	2136	1089	561
门票收入	23345	265	22757		323	
本年支出（万元）	94601	42606	47187	2840	1210	760
# 基本支出	45034	20753	21251	1511	1185	333
项目支出	41002	21853	17413	1297	20	420
公用建筑面积（万平方米）	74.60	18.58	34.36	2.89	2.36	16.41
# 展览用房	30.28	6.58	17.87	1.88	1.56	2.40
文物库房	3.72	2.12	1.12	0.14	0.13	0.21

注：本表数据由文化和旅游局提供。

表 14—7　文物保护管理机构综合情况（2018 年）

指　　标	机构数（个）	从业人员（人）	文物藏品（件）	#一级藏品	展览（个）	参观人次（万人次）
总　计	89	2992	1063401	1920	406	3755.40
文物保护管理机构	9	28	30			
博物馆	63	2576	819559	1920	406	3755.40
综合性	6	1168	533813	1406	77	537.92
历史类	34	1140	227134	512	226	2713.33
艺术类	11	152	17461	2	73	268.43
自然科技类	6	66	38851		16	58.59
其他	6	50	2300		14	177.16
文物商店	2	67	243812			
其他文物机构	15	321				

注：本表数据由文化和旅游局提供。

表 14—8　图书、杂志、报纸出版情况（2018 年）

指　　标	图书	杂志	报纸
种数（种）	736	20	59
总印数（万册/份）	697	514	127203
总印张数（万印张）	5422	34378	296051

注：本表数据由市委宣传部提供。图书、杂志不含省属出版机构在地数据。

表 14—9　艺术表演场所综合情况（2018 年）

指　　标	2018 年	2017 年
机构数（个）	10	12
省级	3	3
市级	4	6
区县级	3	3
从业人员（人）	207	223
座席数（个）	9907	12302
演（映）出场次（场）	631	659
# 艺术演出场次	395	294
观众人次（万人次）	44.94	54.30
# 艺术演出观众人次	31.21	39.00
艺术演出收入（万元）	4108	3711
年末固定资产原值（万元）	10645	5900
建筑面积（万平方米）	9.28	10.74
# 演（映）业务用房	3.98	5.13

注：本表数据由文化和旅游局提供。

表 14—10　广播、电视播出情况（2018 年）

指　　标	节目套数（套）			全年公共节目播出	全年制作节目
	合计	公共节目	付费节目	时间（小时）	时间（小时）
广播电台	21	21		161588：20	146404：30
省级广播电台	10	10		84882：20	81156：00
市级广播电台	6	6		50566：00	49808：00
区县级广播电台	5	5		26140：00	15440：30
电视台	24	22	2	152861：48	41830：10
省级电视台	11	9	2	77025：48	22087：10
市级电视台	8	8		56654：00	14709：00
区县级电视台	5	5		19182：00	5034：00

注：本表数据由文化和旅游局提供。

表 14—11　广播、电视覆盖情况（2018 年）

指　　标	广播综合覆盖		电视综合覆盖		有线（数字）电视用户		
	覆盖人口数（万人）	覆盖率（%）	覆盖人口数（万人）	覆盖率（%）	总用户数（万户）	#数字电视（万户）	入户率（%）
全　市	680.67	100	680.67	100	308.32	299.17	125.24
市级覆盖	242.92	100	242.92	100	117.04	117.04	
区级覆盖	437.75	100	437.75	100	191.28	182.13	

表 14—12　举办区级以上运动会情况

计量单位：次

指　标	体育系统	
	2018 年举办次数	2017 年举办次数
举办运动会次数		199
综合运动会		8
单项比赛		191
举办全民健身活动次数	2378	2285
其中：1000 人以上的活动	71	43

注：本表由市体育局提供。

表 14—13　运动员、教练员、裁判员基本情况（2018 年）

计量单位：人

指　标	运动员	专职教练员	裁判员
合　计	127	223	14622
国际级（健将）	2		63
国家级（运动健将）	33	6	447
一级（高级）	16	101	4104
二级（中级）	4	63	10008
三级（初级）		24	
少年级	72（无级）	29（无级）	

注：本表由市体育局提供，表中数据运动员为市属、不含省。

表 14—14　社区健身设施建设情况

指　　标	2018 年	2017 年
建设数（个）	7901	6078
器材数（件）	69246	63353
面积（万平方米）	303.65	244.51
投资金额（万元）	22211	18076

注：本表由市体育局提供，表中数据均为截止 2018 年末累计完成数；本表数据含新农村体育健身工程建设点。

表14—15　新华书店图书销售数量

计量单位：万册

指　　标	2018年	2017年
总　　计	2671.10	2465.31
哲学、社会科学	28.20	28.47
文化、教育	276.25	321.84
文学、艺术	37.13	47.37
自然科学、技术	13.98	18.82
少儿读物	40.62	38.91
大中专教材	627.39	306.40
课本	1063.96	1079.91
教辅	541.23	603.93
其他出版物	0.60	0.90
非图书商品	41.74	18.76

注：本表由新华书店集团提供，数据不含原老五县；非图书商品仅为音响制品和古旧图书。

表 14—16　医疗卫生事业基本情况

指　　标	2018 年	2017 年
全市卫生机构数（个）	2801	2340
# 医院	222	220
社区卫生服务中心（站）	481	474
疾病控制中心、卫生防疫站	17	17
妇幼保健院（所、站）	14	14
全市实有床位数（张）	54992	52244
# 医院、	49448	46960
社区卫生服务中心（站）	3748	3516
全市卫生机构卫生人员数（人）	103660	93611
# 卫生技术人员	84097	76144
# 执业医师	29799	26798
执业助理医师	1761	1300
注册护士	38258	34443
药师（士）	4338	4165
技师（士）	4981	4484
其他卫生技术人员	4960	4954
# 医院卫生人员	72304	68324
社区卫生服务中心卫生人员	10262	9619

注：本表数据由市卫健委提供，下同。

表 14—17　各类医院基本情况（2018 年）

指　　标	机构数（个）	实有床位数（张）	卫生人员数（人）		
				#卫生技术人员	#执业（助理）医师
全　　市	222	49448	72304	60300	20407
综合医院	101	27130	42083	35962	12100
中医院	27	6546	9309	8150	3081
中西医结合医院	3	1290	2202	1858	720
专科医院	62	11980	17011	13411	4268
护理院	29	2502	1699	919	238

表 14—18　医疗机构病床使用情况（2018 年）

指　　标	平均开放床位数（张）	病床周转次数（次）	病床使用率（%）	出院者平均住院日（日）
医院	48446	33.5	90.32	9.3
# 综合医院	26566	37.5	91.95	8.9
中医院	6269	32.8	85.45	9.5
中西结合医院	1317	36	91.24	9.3
专科医院	11878	29.8	93.01	9.5
社区卫生服务中心（站）	3617	14.3		
卫生院	469	25.3	48.62	12.2
专科疾病防治院（所、站）	182	3.4	48.76	52.0

注：本表数据由市卫健委提供。

表 14—19　主要年份卫生机构、卫生技术人员、医院床位数

年　份	卫生机构（个）	卫生技术人员数（人）	# 医生	医院床位数（张）
1949	59			530
1952	206	3900	1500	1616
1957	512	7300	2900	2961
1962	852	12400	4400	7360
1965	897	11300	4900	7431
1970	846	10500	4000	8996
1975	1132	17300	6900	10812
1978	1320	21300	7800	12231
1979	1424	23000	8200	12361
1980	1418	24000	9100	11989
1985	1486	30127	12556	13969
1990	1610	34476	15726	17407
1995	1501	36376	16384	19019
1997	1301	35957	15840	17599
1998	1285	35705	15543	17521
1999	1318	35773	16078	17789
2000	1269	35270	15239	18140
2005	1612	34000	14292	19344
2007	2241	40897	15705	21031
2008	1770	42337	16060	22865
2009	1764	56100	16593	24738
2010	2211	60044	17007	25894
2011	2268	50041	17265	29322
2012	2305	53967	19101	37775
2013	2315	58032	20662	41760
2014	2383	62068	21602	42563
2015	2337	65139	22307	41568
2016	2383	70687	25272	44776
2017	2340	76144	28098	46960
2018	2801	84097	31560	49448

注：本表数据来源于市卫健委，从 2002 年起“医生”数为“执业医师、执业助理医师”数。

主要统计指标解释

文化事业机构 指从事专业文化工作和为专业文化工作服务的独立建制的单位，不包括这些单位另外举办独立核算的其他机构和各部门的业余文化组织。

执业（助理）医师和注册护士 指领取医师执业证书和注册护士证书的人员。

艺术表演团体 指从事戏曲、音乐、舞蹈、杂技等专业艺术表演，有独立帐户的单位，不包括半工半艺、半农半艺和民间职业剧团。

等级运动员人数 指经考核正式批准授予等级运动员称号的人数。运动员等级分为国际级运动健将、运动健将、一级运动员、二级运动员、三级运动员、少年级运动员。

等级裁判员人数 指经考核正式批准授予等级裁判员称号的人数。裁判员等级分为国际裁判、国家级裁判、一级裁判、二级裁判、三级裁判。

卫生机构 指从卫生行政部门取得《医疗机构执业许可证》，或从民政、工商行政、机构编制管理部门取得法人单位登记证书，为社会提供医疗保障、疾病控制、卫生监督服务或从事医学科研和教育等工作的单位。

卫生技术人员 指卫生事业机构支付工资的全部职工中现任职务为卫生技术工作的专业人员，包括执业医师、执业助理医师、注册护士、药剂人员、检验人员和其他卫生技术人员。

有线电视入户率 指能接收到有线广播电视台、有线电视站（系统内和系统外）和共享天线系统播放的有线电视节目的家庭户数与总户数的比例。计算公式：

$$\text{有线电视入户率} = \frac{\text{年末有线电视总用户数}}{\text{年末总户数}} \times 100\%$$

（十五）司法、社会福利与其他社会活动

CHAPTER 15
JUDICATURE, SOCIAL WELFARE AND OTHERS

表 15—1　律师、公证、基层司法基本情况

指　　标	2018 年	2017 年
律师工作		
律师事务所（个）	419	396
执业律师（名）	7170	5950
代理诉讼案件（件）	97497	77735
办理非诉法律事务（件）	28268	14647
公证工作		
公证处（个）	14	14
执业公证员（名）	176	168
办理公证总数（件）	210283	242494
国内公证（件）	119419	149935
涉外公证（件）	87264	90101
涉港澳公证（件）	688	667
涉台公证（件）	2912	1791
基层司法工作		
基层法律服务所（个）	62	62
基层法律服务工作者（人）	374	400
司法所	112	112
司法所工作人员（人）	789	803
年末人民调解委员会（个）	1714	1737
年末调解人员（人）	8170	9083
调解纠纷总数（件）	108584	86643
法律援助工作		
法律援助机构数（不含律师行）（个）	13	12
得到法律援助机构援助的妇女数（人）	3833	3517
得到法律援助机构援助的未成年人数（人）	487	703
办理法律援助案件（件）	12038	9303

注：本表数据由市司法局提供。

表 15—2 民政事业费支出情况

计量单位：万元

指 标	2018 年	2017 年
总 计	570049	518877
抚恤费	47500	41315
安置	137305	188845
城镇居民最低生活保障费	116588	116619
农村及其他城镇社会救济		
社会福利	134797	86064
民政管理事务	48934	57920
自然灾害生活救助	165	330
地方离退休人员经费	5041	3368
其他款项用于民政支出	79767	24416

注：本表数据由市民政局提供；2017 年城镇居民最低生活保障费包含农村数。

表 15—3 收养性社会福利单位情况（2018 年）

计量单位：人

指 标	机构数（个）	从业人员（人）	年末床位数（张）	年末在院总人数（人）	#女性	康复和医疗门诊人次（人次数）
合计	69	2897	17687	8197	2570	41502
社会福利院	11	691	4229	2675	1176	27233
儿童福利院	2	225	858	703	273	
社会福利医院	1	423	1059	1059	374	4710
城镇老年福利机构						
农村老年福利机构	46	648	10784	3470	662	8557
其他福利机构	9	910	757	290	85	1002

注：本表数据由市民政局提供。2018 年统计口径调整为政府主办的各类福利机构。

表 15—4　工会组织基本情况

指　　标	2018 年	2017 年
基层工会数（个）	14195	14388
其中：企业合计	10428	10740
内资企业	9738	10083
港澳台商投资企业	213	202
外商投资企业	477	455
事业单位	1565	1479
机关	678	689
个体经济组织	305	338
工会会员数（人）	2282913	2322064
专职工会工作人员（人）	1005	952
兼职工会工作人员（人）	61503	61397
联合工会涵盖单位数（个）	41039	44179
联合工会会员人数（人）	11451	533680
职代会职工代表人数（人）	193683	190177
#女性	69176	69188
建立董事会单位数（个）	847	953
职工董事人数（人）	448	434
#女性	116	144

注：本表数据由市总工会提供。

主要统计指标解释

民政事业费支出 指报告期内本辖区各项民政事业费实际支出的总数额。包括抚恤事业费、军队移交地方安置的离退休人员费用、社会救济福利事业费、救灾支出以及其它民政事业费。

城镇居民最低生活保障人数 指在报告期末家庭平均收入在当地规定的最低生活保障线以下的城镇居民数。包括“三无”对象、失业人员和在职、下岗、退休人员等。

农村居民最低生活保障人数 指报告期末在建立农村最低生活保障制度的地区，得到当地政府或集体给予最低生活保障的农业人口数。

农村传统救济人数 指未开展最低生活保障制度的农村地区，仍沿用传统救济制度救济贫困人口数。

社会福利企业 指以集中安置有一定劳动能力的残疾人就业为目的（残疾职工占生产人员10%以上）、带有社会福利性质的特殊企业的总称。

律师 指受聘参加法律顾问处工作，担任法律顾问、刑（民）事代理人、刑事辩护人，办理非诉讼事件、解答法律询问，代写法律事务文书等主要从事律师业务的专职法律工作者和兼职律师。

公证人员 指在国家公证机关依法办理公证事务的司法人员，包括公证员、助理公证员和在公证处工作的其他人员。

办理公证文书 指公证处在一定时期内办结的公证文书件数。公证文书按司法部规定或批准的格式制作，包括国内公证和涉外公证两部分。国内公证分为经济合同公证和民事法律关系公证两大类。

调解人员 指在人民调解委员会担负调解民间一般民事纠纷和轻微违法行为引起纠纷的工作人员，包括调解委员会的委员和调解小组的调解员。

调解民间纠纷 指调解委员会依照法律规定，根据自愿原则，用说服教育的方法调解民间发生的有关民事权利和义务的争执，促成当事双方达到协议和谅解，解决纠纷。包括婚姻家庭纠纷，财产权益纠纷等，不包括法院受理调解的民事案件数。

（十六）城市建设与环境保护

CHAPTER 16 URBAN CONSTRUCTION AND ENVIRONMENTAL PROTECTION

表 16—1　2000 年以来公共交通和轮渡

指　　标	2000 年	2005 年	2010 年	2015 年	2016 年	2017 年	2018 年
运营车辆（辆）	3538	5158	6662	9515	10402	10282	10737
#轨道交通		84	366	1120	1194	1517	1725
标准运营车辆（标台）	3592	5914	8695	13027	14378	14410	14996
#轨道交通		210	915	2746	2913	3658	4142
运营线路网长度（公里）	1061	2656	3549	9885	10476	11476	12429
#轨道交通		22	82	232	232	364	394
公交客运总量（万人次）	134705	96920	126887	174072	177600	187695	200631
#轨道交通		357	21460	71712	83153	97892	111881
出租汽车（辆）	8597	9055	10593	14239	14297	14057	13354
运营船数（艘）	21	9	19	15	15	15	15
轮渡客运总量（万人次）	1797	1344	1201	486	419	611	569

注：本表由市交通局提供，从 2012 年开始市交通局调整了营运线路网长度口径。公共交通包含公共汽电车与轨道交通。

表 16—2　城市煤气、液化石油气、天然气

指　　标	2000 年	2005 年	2010 年	2015 年	2016 年	2017 年	2018 年
液化石油气供气总量（吨）	107196	145509	146476	88285	84795	79917	74924
#家庭用量	80272	81903	76409	50481	44344	41384	29257
用气人口（万人）	159	296	237	149	141	106	84
天然气供气总量（万立方米）	—	14173	57891	104382	116394	122080	138361
#家庭用量	—	3886	15545	31803	37299	45771	50328
用气人口（万人）	—	132	253	465	484	535	597

表 16—3 城市设施水平

指　　标	2000 年	2005 年	2010 年	2015 年	2016 年	2017 年	2018 年
城市人口密度（人/平方公里）	2966	1084	1600	1462	1484	1521	1554.98
人均日生活用水量（升）	493.96	318.06	314.80	298.40	313.67	307.28	279.53
用水普及率（%）	100.0	92.1	100.0	100.0	100.0	100.0	100.0
气化率（%）	99.6	90.4	99.5	99.4	99.5	99.7	99.5
人均拥有道路面积（平方米）	8.54	14.47	19.35	23.06	23.36	23.75	24.20
建成区排水管道密度（公里/平方公里）	6.8	6.6	8.0	11.0	11.2	10.6	11.4
污水处理率（%）	63.6	81.2	88.8	95.7	96.0	96.3	96.5
人均公园绿地面积（平方米）	—	—	13.69	15.10	15.34	15.55	15.47
建成区绿化覆盖率（%）	40.96	44.94	44.38	44.47	44.75	44.90	45.06
生活垃圾粪便无害处理率（%）	85.76	87.46	78.74	100.00	100.00	100.00	100.00

表 16—4 城市供水和节约用水

指　　标	2000 年	2005 年	2010 年	2015 年	2016 年	2017 年	2018 年
综合生产能力（万立方米/日）	536.00	589.80	645.80	645.38	655.38	643.38	647.90
供水总量（万立方米）	135052	118875	112326	125255	132652	135183	133978
#工业用量	81821	53208	40876	42997	45077	46373	47507
生活用量	52197	54869	56862	39143	40000	42487	50548
用水人口（万人）	289.51	472.62	494.87	617.79	627.20	642.68	657.20
节约用水量（万立方米）	1185	2513	4730	4217	5848	5628	5413
生产用水重复利用量（万立方米）	119350	107934	183717	188429	197548	211256	213103

表 16—5　市政工程设施

指　　标	2000 年	2005 年	2010 年	2015 年	2016 年	2017 年	2018 年
道路长度（公里）	1802	6132	5599	7771	8012	8361	8469
道路面积（万平方米）	2185	7427	9576	14248	14649	15264	15904
路灯盏数（盏）	45914	172280	241712	472131	482543	494179	508880
排水管道长度（公里）	1370	3380	4948	8308	8657	9290	9896
桥梁数（座）	464	1359	1498	2055	2094	2154	2185
污水年排放量（万吨）	121199	120628	80490	95019	99272	99580	95859
污水日处理能力（万吨）	227	385	429	465	488	498	530
污水年处理量（万吨）	77122	97964	71493	90904	95277	95855	75986
污水处理厂（座）	3	10	17	24	23	25	25

注：本表由市住房和城乡建设委员会提供。

表 16—6　城市园林绿化

指　　标	2000 年	2005 年	2010 年	2015 年	2016 年	2017 年	2018 年
绿化覆盖面积（公顷）	11118	75226	84848	96874	101036	99528	100959
#建成区	8250	23037	27456	33588	34625	35756	36866
园林绿地面积（公顷）	10587	71020	77087	88910	91674	91178	92202
公园绿地面积（公顷）	—	—	6773	9328	9624	9991	10168
公园个数（个）	40	59	62	127	141	133	140
公园面积（公顷）	1725	2605	2790	7122	7301	7207	7243
风景名胜区游人量（万人次）	—	—	1592	6789	5035	5605	—

注：本表由市住房和城乡建设委员会提供。

表 16—7 城市环境质量

指 标	2000 年	2005 年	2010 年	2015 年	2016 年	2017 年	2018 年
集中式饮用水水源地水质达标率（%）	98.81	100	100	100	100	100	100
地表水功能区水质达标率（%）	86.11	97.20	100	64.5	57.1	72.7	81.8
可吸入颗粒物浓度年均值（毫克/立方米）	—	0.109	0.114	0.096	0.085	0.076	0.075
二氧化硫浓度年均值（毫克/立方米）	0.029	0.052	0.036	0.019	0.018	0.016	0.010
二氧化氮浓度年均值（毫克/立方米）	—	0.054	0.046	0.050	0.044	0.047	0.044
环境空气质量良好以上天数（天）	293	304	302	235	242	264	251
区域互不干涉噪声平均值（dB（A））	54.4	54.0	54.7	54.8	53.9	53.7	54.2
交通干线噪声平均值（dB（A））	69.2	69.4	68.5	67.8	68.3	68.2	67.7

注：1、从 2013 年起,按国家环保部新颁布的空气质量标准（空气质量指数 AQI）要求,来认定良好以上天数；
2、2014 年地表水功能区水质达标率按全项评价，与往年不可比。
3、2017 年起地表水功能区水质达标率用省考数据统计。

表 16—8 城市环境卫生

指 标	2000 年	2005 年	2010 年	2015 年	2016 年	2017 年	2018 年
全年生活垃圾清运量（万吨）	99.24	169.00	184.78	238.68	212.73	285.05	311.18
粪便清运量（万吨）	126.40	193.90	10.64	17.62	17.63	—	—
环卫机械车辆总数（辆）	579	777	1134	1630	1925	2212	2323
公厕数量（座）	937	1559	1151	1250	1249	1306	1099

注：1、本表由市环保局提供。
2、除重点污染治理项目数和污染治理项目完成投资额，本表数据为 2017 年度环境统计工业源数据，数据来源于各纳入环统企业上报数据。
3、废气排放量中不包括机动车排放量。从 2011 年起，烟尘排放量及去除量中均包括粉尘排放量及去除量。
4、2017 年本表相关统计数据国家仍在审核中，为初步统计数据。

表 16—9　工业污染排放与治理

指　　标	2000 年	2005 年	2010 年	2015 年	2016 年	2017 年	2018 年
废水排放量（亿吨）	6.49	4.70	3.38	2.32	2.16	1.49	1.55
废水中化学需氧量排放量（万吨）	3.61	3.03	2.02	2.09	0.90	0.53	0.43
重复用水率（%）	58.2	72.31	88.10	84.40	—	—	—
废气排放量（亿标立方米）	2155.00	3754.00	5738.23	8782.13	7734.82	8465.65	8884.47
二氧化硫排放量（万吨）	13.23	14.91	11.55	10.15	2.86	1.54	1.24
烟尘排放量（万吨）	5.15	4.76	3.38	8.41	4.86	4.48	3.61
二氧化硫去除量（万吨）	7.76	31.56	60.66	20.11	23.05	33.34	31.1
烟尘去除量（万吨）	137.98	283.78	300.88	527.31	677.21	783.16	962.34
一般工业固体废物产生量（万吨）	652.24	1159.10	1656.50	1475.36	2068.04	1993.01	1976.65
# 危险废物产生量（万吨）	14.49	21.30	22.53	49.34	51.36	59.24	72.44
一般工业固体废物综合利用量（万吨）	530.95	1051.60	1471.36	1321.19	1757.54	1798.58	1749.96
# 危险废物综合利用量（万吨）	13.49	17.37	10.20	30.61	29.08	34.47	30.79
一般工业固体废物综合利用率（%）	79.1	87.43	88.82	89.55	84.99	90.10	88.41
一般工业固体废物处置量（万吨）	23.04	17.88	37.86	135.20	204.67	78.14	117.50
# 危险废物处置量（万吨）	1.00	3.11	12.51	18.12	21.16	25.10	44.47
重点污染治理项目数（个）	299	135	77	76	34	911	406
污染治理项目完成投资额（万元）	32331	20593	31637	106043	—	261351	243030

注：1、本表为 2018 年度环境统计工业源数据，由各纳入环统的企业填报，并按照环统规则统计。

2、从 2017 年起一般工业固体废物综合利用量、危险废物综合利用量、一般工业固体废物综合利用率、一般工业固体废物处置量、危险废物处置量均包含综合利用或处置往年贮存量。

3、烟尘排放量及去除量中均包括粉尘排放量及去除量。

4、工业污染物去除量=工业污染物产生量-工业污染物排放量。

5、2017 和 2018 年重点污染治理项目数为市、区当年完成建设项目环保验收项目数。2017 和 2018 年污染治理项目完成投资额为市、区当年完成建设项目“三同时”环保验收项目环保投资。

6、根据国家环统要求本表部分指标名称略有变更。

主要统计指标解释

供水综合生产能力 指按供水设施取水、净化、送水、出厂输水干管等环节实际测定计算的综合生产能力。

供水总量 指报告期供水企业（单位）供出的全部水量。包括有效供水量和漏损水量。

生活用水量 指居民日常生活与公共福利设施的用水量，包括居民、饮食店、旅馆、医院、理发店、浴池、洗衣店、游泳池、商店、学校、机关、部队等单位的用水量。

城市人口用水普及率 指城市用水人口数与城市人口总数之比。

计算公式为： 用水普及率 = 城市用水人口数/城市人口总数*100%

燃气供应总量 指报告期燃气企业（单位）向用户供应的燃气数量。包括销售量和损失量。

燃气普及率 指报告期末使用燃气的城市人口数与城市人口总数的比率。

计算公式：燃气普及率=用气人口数/城市人口总数*100%

道路长度 指道路长度和与道路相通的桥梁、隧道的长度，按车行道中心线计算。

排水管道长度 指所有排水总管、干管、支管、检查井及连接井进出口等长度之和。计算时应按单管计算，即在同一条街道上如有两条或两条以上并排的排水管道时，应按每条排水管道的长度相加计算。

污水处理能力 指污水处理厂（或处理装置）每昼夜处理污水量的设计能力。

运营车数 指报告期末公交企业（单位）用于运营业务的全部车辆数。以企业（单位）固定资产台帐中已投入运营的车辆数为准；新购、新制和调入 的运营车辆，自投入之日起开始计算；调出、报废和调作他用的运营车辆，自上级主管机关批准之日起不再计入。

园林绿地面积 指报告期末用作园林和绿化的各种绿地面积。包括公共绿地、居住区绿地、单位附属绿地、防护绿地、生产绿地、道路绿地和风景林地面积。不包括：

1、屋顶绿化、垂直绿化、阳台绿化和室内绿化。

2、以物质生产为主的林地、耕地、牧草地、果园和竹园等。

3、城市总体规划中不列入绿地的水域。

公园绿地 指向公众开放的、以游憩为主要功能，有一定的游憩设施和服务设施，同时兼有健全生态、美化景观、防灾减灾等综合作用的绿化用地。

工业废水排放量 指经过企业厂区所有排放口排到企业外部的工业废水量。包括生产废水、外排的直接冷却水、超标排放的矿井地下水和与工业废水混排的厂区生活污水，不包括外排的间接冷却水（清污不分流的间接冷却水应计算在内）。

工业废水排放达标量 指各项指标都达到国家或地方排放标准的外排工业废水量，包括未经处理外排达标和经过处理后外排达标两部分。

工业废水处理量 指报告期内各种水治理设施实际处理的工业废水量，包括处理后外排和处理后回用的工业废水量和虽经处理但未达到国家或地方排放标准的废水量。如车间和厂排放口均有治理设施，并对同一废水分级处理时，不应重复计算工业废水处理量。

工业废气排放量 指企业厂区内燃料燃烧和生产工艺过程中产生的各种排入空气的含有污染物的气体总量，按标准状态〔273K，101325Pa〕计算。

工业二氧化硫排放量 指企业在燃料燃烧和生产工艺过程中排入大气的二氧化硫数量。

工业烟尘排放量 指企业厂区内燃料燃烧产生的烟气中夹带的颗粒物数量。

工业粉尘排放量 指企业在生产工艺过程中排放的颗粒物重量，如钢铁企业的耐火材料粉尘、焦化企业的筛焦系统粉尘、烧结机的粉尘、石灰窑的粉尘、建材企业的水泥粉尘等。不包括电厂排入大气的烟尘。

工业固体废物产生量 指企业在生产过程中产生的固体状、半固体状和高浓度液体状废弃物的总量，包括危险废物、冶炼废渣、粉煤灰、炉渣、煤矸石、尾矿、放射性废物和其他废物等；不包括矿山开采的剥离废石和掘进废石（煤矸石和呈酸性或碱性的废石除外）。酸性或碱性废石指采掘的废石其流经水、雨淋水的pH值小于4或pH值大于10.5者。

工业固体废物处置量 指将固体废物焚烧或者最终置于符合环境保护规定要求的场所，并不再回取的工业固体废物量（包括当年处置往年的工业固体废物累计贮存量）。处置方法有填埋（其中危险废物应安全填埋）、焚烧、专业贮存场（库）封场处理、深层灌注、回填矿井等。

工业固体废物排放量 指将所产生的固体废物排到固体废物污染防治设施、场所以外的数量，不包括矿山开采的剥离废石和掘进废石（煤矸石和呈酸性或碱性的废石除外）。

一般工业固体废物综合利用率=一般工业固体废物综合利用量（含综合利用往年贮存量）/一般工业固体废物产生量*100%

（十七）分区社会经济

CHAPTER 17
SOCIAL ECONOMY BY DISTRICT AND COUNTY

表 17—1　分区户籍人口及构成（2018 年末）

计量单位：人

地　区	总人口	按性别分		性别比例（以女性为 100）
		男	女	
全　市	6969405	3468506	3500899	99.07
玄　武	473210	236272	236938	99.72
秦　淮	690555	337915	352640	95.82
建　邺	378932	187683	191249	98.14
鼓　楼	924180	458836	465344	98.60
浦　口	743182	370850	372332	99.60
栖　霞	512448	254861	257587	98.94
雨花台	297850	150545	147305	102.20
江　宁	1123270	555308	567962	97.77
六　合	932669	465125	467544	99.48
溧　水	443821	223024	220797	101.01
高　淳	449288	228087	221201	103.11

注：本表户籍资料根据市公安局提供的数据编制。

表17—2　分区年末户数（2018年末）

计量单位：户

地　区	2018年	比上年增加
全　市	2464426	75586
玄　武	152254	1765
秦　淮	261723	555
建　邺	124436	5223
鼓　楼	321467	2920
浦　口	260085	14586
栖　霞	180703	8208
雨花台	111447	5462
江　宁	415903	23065
六　合	319711	9269
溧　水	157495	2293
高　淳	159202	2240

注：本表户籍资料根据市公安局提供的数据编制。

表 17—3　分区年末常住人口

计量单位：万人

地　　区	2018 年	2017 年	2018 年为上年%
全　　市	843.62	833.50	101.2
玄　武	59.78	60.02	99.6
秦　淮	99.76	100.03	99.7
建　邺	48.98	47.26	103.6
鼓　楼	110.96	116.84	95.0
浦　口	83.86	79.88	105.0
栖　霞	72.75	71.79	101.3
雨花台	46.39	45.45	102.1
江　宁	128.77	124.85	103.1
六　合	99.57	96.35	103.3
溧　水	47.33	46.39	102.0
高　淳	45.47	44.64	101.9

注：本表根据全市人口抽样调查数据推算。

表 17—4 分区人口出生与死亡（2018 年）

计量单位：人、‰

地　区	出生		死亡		自然增长	
	人数	出生率	人数	死亡率	人数	增长率
全　市	78750	11.43	41507	6.03	37243	5.40
玄　武	3714	7.81	2534	5.33	1180	2.48
秦　淮	5107	7.37	5202	7.51	-95	-0.14
建　邺	3662	10.31	1692	4.76	1970	5.55
鼓　楼	6866	7.42	5900	6.38	966	1.04
浦　口	11719	16.12	3494	4.81	8225	11.31
栖　霞	6164	12.27	2714	5.40	3450	6.87
雨花台	3786	12.95	1572	5.38	2214	7.57
江　宁	16996	15.44	5755	5.23	11241	10.21
六　合	9773	10.53	6335	6.83	3438	3.70
溧　水	5873	13.30	2957	6.70	2916	6.60
高　淳	5090	11.37	3352	7.49	1738	3.88

注：本表户籍资料根据市公安局提供的数据编制。

表 17—5　分区婚姻登记情况（2018 年）

地　　区	内地居民登记结婚对数（对）	内地居民准予登记离婚对数（对）
全　　市	77230	48312
玄　武	6185	3409
秦　淮	6817	5115
建　邺	5773	3824
鼓　楼	10770	7509
浦　口	4591	2520
栖　霞	5490	3674
雨花台	3869	2533
江　宁	12713	7637
六　合	6787	3053
溧　水	4092	2632
高　淳	3271	1394

注：本表数据由市民政局提供。浦口区、六合区未包括江北新区数字。

表 17—6 分区地区生产总值（在地口径）（2018 年）

计量单位：亿元

地 区	地区生产总值	第一产业增加值	第二产业增加值	第三产业增加值
玄 武	895.37		1.38	893.99
秦 淮	1043.03		45.05	997.98
建 邺	746.87		299.21	447.66
鼓 楼	1478.37		77.67	1400.70
浦 口	1050.11	42.28	489.71	518.12
栖 霞	1394.62	7.57	919.23	467.82
雨花台	651.05	0.70	158.56	491.79
江 宁	2163.60	65.80	1126.59	971.21
六 合	1227.90	67.47	735.24	425.19
溧 水	789.09	44.16	411.76	333.17
高 淳	682.59	44.05	328.37	310.17
江北新区直管区	1471.05	6.18	939.33	525.54

注：2018 年统计口径发生调整，与往年数据不可比。

表 17—7　分区地区生产总值（评价口径）（2018 年）

计量单位：亿元

地　区	地区生产总值	第一产业增加值	第二产业增加值	#工业增加值	第三产业增加值
玄　武	814.42		1.38	1.38	813.04
秦　淮	874.96		45.05	38.56	829.91
建　邺	471.86		55.99	2.27	415.87
鼓　楼	1416.90		74.69	42.22	1342.21
浦　口	360.09	41.93	92.15	56.84	226.01
栖　霞	1051.46	7.57	616.17	535.83	427.72
雨花台	570.99	0.70	85.06	55.17	485.23
江　宁	2135.94	65.80	1126.59	961.05	943.55
六　合	471.28	62.91	195.63	141.87	212.74
溧　水	789.09	44.16	411.76	356.99	333.17
高　淳	682.59	44.05	328.37	261.10	310.17
江北新区直管区	1471.05	6.18	939.33	878.87	525.54

表 17—8　分区地区生产总值发展速度（评价口径）（2018 年）

计量单位：%

地　区	地区生产总值	第一产业增加值	第二产业增加值	#工业增加值	第三产业增加值
玄　武	108.2		16.8	27.0	109.0
秦　淮	108.1		84.1	86.4	109.8
建　邺	108.1		101.6	106.7	109.0
鼓　楼	108.3		87.2	94.3	109.7
浦　口	108.0	101.1	107.8	109.5	109.4
栖　霞	108.1	95.9	107.6	108.1	109.3
雨花台	108.1	90.8	100.9	100.4	109.5
江　宁	108.0	100.8	107.3	108.4	109.3
六　合	107.2	101.3	107.5	106.8	109.0
溧　水	108.1	101.3	108.1	109.1	109.0
高　淳	107.2	100.6	106.1	107.2	109.4
江北新区直管区	113.1	92.4	113.8	114.5	112.0

注：本表发展速度按可比价计算。

表 17—9　分区一般公共预算收入（2018 年）

计量单位：亿元

地　　区	2018 年	2018 年为上年%
玄　武	81.16	135.4
秦　淮	90.28	115.2
建　邺	117.01	136.9
鼓　楼	117.70	115.5
浦　口	53.33	122.0
栖　霞	133.64	113.2
雨花台	82.74	114.0
江　宁	255.06	112.6
六　合	37.25	118.2
溧　水	63.09	111.3
高　淳	31.32	111.2
江北新区直管区	172.61	125.7

注：本表数据由市财政局提供。

表 17—10　分区城镇居民人均可支配收入（2018 年）

计量单位：元

地　　区	2018 年	2018 年为上年%
玄武区	65864	108.6
秦淮区	60306	108.7
建邺区	57791	108.6
鼓楼区	64918	108.7
浦口区	55005	108.9
栖霞区	57795	109.1
雨花台区	57530	109.0
江宁区	57474	108.6
六合区	53427	108.6
溧水区	52393	108.8
高淳区	53332	108.5
江北新区直管区	56873	109.0

注：浦口区和六合区收入不包含江北新区直管区部分。

表 17—11　农村经济概况（2018 年）

指　　标	全市	其中			
		江北新区直管区	浦口	栖霞	雨花台
一、基本情况					
镇数（个）	10				
村民委员会数（个）	279	8	26	27	
户籍总人口（万人）	696.94		74.32	51.24	29.79
#乡村人口（万人）	195.77	8.37	18.69	6.7	2.23
乡村总户数（万户）	62.68	2.82	5.87	2.3	0.86
年末乡村从业人员（万人）	112.68	4.67	9.19	3.92	1.44
# 农林牧渔业从业人员（万人）	21.46	0.60	1.65	1.16	0.11
工业从业人数（万人）	35.57	1.88	2.98	1.26	0.59
二、农业					
1．生产条件					
有效灌溉面积（千公顷）	221.60		26.60	7.61	0.33
节水灌溉面积（千公顷）	151.24		19.58	3.64	0.33
农业机械总动力（万千瓦）	231.62	3.07	26.16	5.39	0.56
机耕面积（千公顷）	213.89	4.05	18.46	7.34	0.07
机播面积（千公顷）	127.57	3.10	6.90	4.89	0.07
机电灌溉面积（千公顷）	196.31	2.94	18.46	6.34	0.06
机收面积（千公顷）	154.43	3.12	7.32	5.41	0.07
化肥施用量（折纯量）（吨）	67124	2910	3176	4792	1100
农药使用量（吨）	1488	21	21	209	15
地膜使用量（吨）	2618	88	121	264	4
农村用电量（万千瓦小时）	320800	5413	21731	8038	12183

注：本表中有效灌溉面积、节水灌溉面积来源于市水务局。农业机械总动力、机耕面积、机播面积、机电灌溉面积、机收面积来源于市农业农村局。

表 17—11　农村经济概况（2018 年）（续表 1）

指　标	江宁	六合	溧水	高淳
一、基本情况				
镇数（个）		1	3	6
村民委员会数（个）	72	47	39	60
户籍总人口（万人）	112.33	93.27	44.38	44.93
#乡村人口（万人）	45.09	44.7	32.31	37.68
乡村总户数（万户）	14.89	13.23	10.67	12.04
年末乡村从业人员（万人）	27.74	25.78	17.9	22.04
#农林牧渔业从业人员（万人）	5.03	5.18	3.68	4.05
工业从业人数（万人）	10.53	6.83	5.63	5.87
二、农业				
1、生产条件				
有效灌溉面积（千公顷）	51.47	60.26	38.33	37.00
节水灌溉面积（千公顷）	33.91	44.48	25.31	23.99
农业机械总动力（万千瓦）	52.01	56.10	34.29	54.04
机耕面积（千公顷）	35.42	67.15	41.61	39.80
机播面积（千公顷）	25.73	51.98	23.88	11.02
机电灌溉面积（千公顷）	41.78	64.61	41.00	21.14
机收面积（千公顷）	28.63	63.07	28.52	18.29
化肥施用量（折纯量）（吨）	9251	24119	8865	12911
农药使用量（吨）	350	285	310	277
地膜使用量（吨）	686	470	531	454
农村用电量（万千瓦小时）	85739	63359	77442	46895

表 17—11　农村经济概况（2018 年）（续表 2）

指　　标	全市	其中			
		江北新区直管区	浦口	栖霞	雨花台
2、农作物总播种面积（千公顷）	270.06	6.91	18.46	11.21	0.26
粮食	151.38	3.38	7.66	5.00	0.07
小麦	53.14	1.61	3.43	2.34	
稻谷	86.1	1.38	2.91	1.19	0.07
玉米	4.85	0.2	0.49	0.57	
大豆	4.01	0.16	0.44	0.86	
油菜籽	12.12	0.2	1.12	0.24	0.02
棉花	1.06		0.04		
苎麻	0.24				
糖料	0.11		0.01		
蔬菜（含菜用瓜）	82.10	3.10	8.39	5.85	0.17
3、农林牧渔业产品产量（吨）					
粮食	1069242	21602	48789	27425	495
小麦	260947	7862	16500	11444	
稻谷	746506	12030	25112	10344	495
玉米	31559	1200	3455	3337	
大豆	10470	345	1415	2151	
油菜籽	29256	512	2695	558	28
棉花	1418		75		
苎麻	592				
糖料	5055		236		
蔬菜（含菜用瓜）	2844628	86263	302245	109508	6075
茶叶	1538.5	2.5	141.2	1.5	34.5
园林水果	170515	9292	14045.7	2020	1015
猪牛羊肉总产量	26944	965	7362	94	
#猪肉产量	25786	951	7183	88	
牛奶产量	14035	30			
水产品产量	165994	4460	20021	4573	1581

注：本表中茶叶、园林水果、水产品产量来源于市农业农村局。

表 17—11　农村经济概况（2018 年）（续表 3）

指　　标	江宁	六合	溧水	高淳
2、农作物总播种面积（千公顷）	67.03	87.22	46.24	32.73
粮食	29.31	6 3.77	28.70	13.49
小麦	7.71	24.76	8.63	4.66
稻谷	19.63	35.73	17.52	7.67
玉米	0.44	2.11	0.62	0.42
大豆	0.64	0.75	0.7	0.46
油菜籽	4.34	1.43	2.97	1.8
棉花	0.65	0.02	0.27	0.08
苎麻			0.24	
糖料	0.04		0.04	0.02
蔬菜（含菜用瓜）	27.15	19.85	12.12	5.48
3、农林牧渔业产品产量（吨）				
粮食	225705	443322	207340	94564
小麦	36580	124636	42589	21336
稻谷	177818	300696	152161	67850
玉米	3174	13591	3873	2929
大豆	1708	2065	1839	947
油菜籽	10036	3758	7303	4366
棉花	816	27	390	110
苎麻			592	
糖料	2196		1659	964
蔬菜（含菜用瓜）	962331	700761	425954	251491
茶叶	500	80.3	370.5	405
园林水果	39830	31770	34158.3	13000
猪牛羊肉总产量	3005	8975	4897	1646
#猪肉产量	2781	8665	4527	1591
牛奶产量		14005		
水产品产量	28785	30131	29520	46515

表 17—11　农村经济概况（2018 年）（续表 4）

指　　标	全市	其中			
		江北新区直管区	浦口	栖霞	雨花台
4、农林牧渔及服务业总产值（现价）（万元）	4894743	111169	792917	136439	12179
农业	2772828	81088	410500	115000	2135
林业	291455	2785	84516	1283	9157
牧业	333709	13025	69681	7170	
渔业	1230410	11327	169550	8490	887
农林牧渔服务业	266341	2944	58670	4496	
农林牧渔及服务业增加值（现价）（万元）	2884064	63712	453619	79123	7019
三、农村居民人均收入和支出情况					
（一）农村居民人均可支配收入（元）	25263		25647		
1、工资性收入	17139		14054		
2、经营净收入	3994		7929		
3、财产净收入	1232		1571		
4、转移净收入	2898		2093		
（二）农村居民人均消费支出（元）	18457		19534		

表 17—11　农村经济概况（2018 年）（续表 5）

指　　标	江宁	六合	溧水	高淳
4.、农林牧渔及服务业总产值（现价）（万元）	1149503	1079997	808566	803973
农业	693436	716310	516800	237559
林业	42137	65752	47100	38725
牧业	71068	77939	63000	31826
渔业	297932	176143	121166	444915
农林牧渔服务业	44930	43853	60500	50948
农林牧渔及服务业增加值（现价）（万元）	684117	651731	475790	468953
三、农民人均收入和支出情况				
（一）农村居民人均可支配收入（元）	25946	24633	24701	25208
1、工资性收入	18616	19893	14119	12730
2、经营净收入	3772	1745	6447	9561
3、财产净收入	1451	735	2058	1144
4、转移净收入	2106	2260	2077	1773
（二）农村居民人均消费支出（元）	20922	18893	17478	18679

注：浦口区和六合区居民收入不含江北新区直管区部分。

表 17—12　分区规模以上工业企业主要经济指标（2018 年）

地　　区	企业单位数（个）	#亏损企业
全　市	2556	400
#江北新区直管区	378	69
玄武	6	0
秦淮	25	4
建邺	8	3
鼓楼	19	
浦口	111	27
栖霞	247	56
雨花台	60	12
江宁	748	147
六合	225	31
溧水	480	39
高淳	247	12

表 17—12　分区规模以上工业企业主要经济指标（续表 1）

计量单位：万元

指　标	资产总计	流动资产	固定资产原价	累计折旧	负债	流动负债
全　市	129905475	71542364	64538991	30603342	68880348	59063603
#江北新区直管区	29249661	14163040	21493934	11352620	14702696	12672247
玄武	505946	133876	406709	111255	285463	272772
秦淮	3240201	1539350	1430402	506121	1877032	1234628
建邺	5093738	3838182	1307287	555435	1725506	1708321
鼓楼	1429289	1140997	248680	166000	806687	781741
浦口	4580648	2175167	2377940	641493	2827057	1619891
栖霞	27354379	12939870	15206029	6454336	14442067	11769468
雨花台	4306279	1570729	4540490	2534561	2179892	2073829
江宁	35501828	22994539	10170147	4762574	18613027	17162816
六合	3006377	1930988	1229176	503932	1638650	1484957
溧水	7564692	4674721	2489568	989209	4704582	4436742
高淳	6201330	3714601	2335808	1168996	3627965	2867392

表 17—12 分区规模以上工业企业主要经济指标（续表 2）

计量单位：万元

地　　区	主营业务收入	主营业务税金及附加	利税总额	盈亏相抵后利润总额	从业人员平均人数（人）
全　市	121572303	4812572	18812814	10207339	644109
#江北新区直管区	33320348	1028320	5226529	3289931	104941
玄武	261700	855	38116	31580	1906
秦淮	1627913	6656	155796	115781	10765
建邺	3302409	1420259	2182163	458668	9017
鼓楼	725841	5024	72667	40690	6431
浦口	1926304	31537	-68728	-145467	16744
栖霞	29655783	1775430	4065432	1404704	119828
雨花台	4034323	28054	480121	339044	15591
江宁	27287195	403282	4092574	2869716	201057
六合	2631825	14476	259805	172818	36868
溧水	8688439	56521	1585170	1138411	69105
高淳	6904788	24258	632954	441613	47592

表 17—13　分区全社会固定资产投资（2018 年）

计量单位：亿元

地　　区	全社会固定资产投资	# 工业投资	#房地产开发投资
全　　市	4718.05	745.90	2354.17
#江北新区直管区	630.03	149.12	249.19
玄武	175.03	0.20	116.51
秦淮	225.15	2.15	115.88
建邺	412.28	4.60	340.06
鼓楼	277.91	0.17	166.24
浦口	514.20	99.43	264.40
栖霞	483.03	99.72	323.05
雨花台	285.13	1.10	188.18
江宁	710.54	162.57	310.93
六合	205.76	31.18	131.63
溧水	360.11	125.72	102.07
高淳	205.45	58.57	41.99

表 17—14　分区社会消费品零售总额（2018 年）

计量单位：亿元

地　　区	2018 年	2018 年为上年%
全　市	**5832.5**	108.4
#江北新区直管区	423.8	112.5
玄武区	804.6	113.0
秦淮区	1082.4	109.0
建邺区	240.9	110.0
鼓楼区	1003.0	108.7
浦口区	338.1	108.1
栖霞区	327.4	109.0
雨花台区	417.3	109.1
江宁区	756.5	110.0
六合区	402.5	108.0
溧水区	235.2	110.1
高淳区	224.6	108.7

注：2018 年为直报在地口径。

表 17—15 分区出口总额（按经营单位口径）（2018 年）

计量单位：万美元

地 区	2018 年	2018 年为上年%
全 市	3787917	110.8
#江北新区直管区	269669	116.4
玄武	297836	93.3
秦淮	639935	105.7
建邺	102470	111.7
鼓楼	387612	131.4
浦口	54557	247.2
栖霞	507724	109.1
雨花台	280293	105.7
江宁	1052066	108.9
六合	44268	115.9
溧水	78775	129.4
高淳	72710	124.8

注：本表数据由市商务局提供。

表 17—16　分区新批三资企业数（2018 年）

计量单位：个

地　区	2018 年	2018 年为上年%
全　市	627	108.5
#江北新区直管区	82	164.0
玄武	20	95.2
秦淮	29	96.7
建邺	48	100.0
鼓楼	43	116.2
浦口	57	
栖霞	95	125.0
雨花台	39	134.5
江宁	136	91.3
六合	17	
溧水	36	133.3
高淳	25	89.3

注：本表数据由市投资促进委员会提供。

表 17—17　分区实际使用外资（2018 年）

计量单位：万美元

地　　区	2018 年	2018 年为上年%
全　市	385338	104.9
#江北新区直管区	68194	110.0
玄武	20100	97.8
秦淮	22571	124.7
建邺	26110	100.0
鼓楼	26100	100.1
浦口	33873	105.5
栖霞	75215	101.5
雨花台	21093	87.8
江宁	84161	97.8
六合	13461	115.8
溧水	20506	101.8
高淳	14394	108.0

注：本表数据由市投资促进委员会提供。

表 17—18　分区对外承包劳务实际完成营业额（2018 年）

计量单位：万美元

地　　区	2018 年	2018 年为上年%
全　市	348375	87.4
玄武	33727	102.7
秦淮	1664	6.4
建邺	18003	92.9
鼓楼	124841	114.1
浦口	8688	23.0
栖霞	33147	50.1
雨花台		
江宁	98129	128.0
六合	24926	111.1
溧水	5250	80.9
高淳		

注：本表数据由市商务局提供。

表 17—19　中小学、幼儿园分区学校数（2018 年）

计量单位：所

地　区	普通中学		小　学	幼儿园
	完中及高中	初　中		
全　市	53	187	360	939
玄武	5	11	23	50
秦淮	7	11	34	74
建邺	4	10	22	48
鼓楼	8	16	46	87
浦口	2	27	42	103
栖霞	4	15	33	83
雨花台	4	8	18	63
江宁	8	33	42	178
六合	5	29	44	98
溧水	3	15	26	87
高淳	3	12	30	68

注：本表数据由市教育局提供。

表 17—20　中小学、幼儿园分区在校学生数（2018 年）

计量单位：人

地　区	普通中学		小学	幼儿园
	完中及高中	初中		
全　市	79644	165499	422149	245221
玄武	8503	12383	24613	12612
秦淮	8875	14412	35728	18747
建邺	4590	9068	23446	14978
鼓楼	12718	21308	57299	24680
浦口	4605	16132	48509	28421
栖霞	4092	12094	36630	24599
雨花台	4353	9474	23427	18532
江宁	12426	29470	80461	51326
六合	8761	21504	44491	24893
溧水	5396	10145	25338	14424
高淳	5345	9509	22207	12009

注：本表数据由市教育局提供。

表17—21　中小学、幼儿园分区专任教师数（2018年）

计量单位：人

地　区	普通中学	小学	幼儿园
全　市	24468	27542	17849
玄武	1795	1588	1014
秦淮	2370	2375	1594
建邺	1494	1847	1172
鼓楼	3319	3497	1938
浦口	2138	3032	1970
栖霞	1950	2628	1775
雨花台	1255	1524	1325
江宁	4072	5215	3665
六合	3090	2912	1756
溧水	1603	1635	875
高淳	1382	1289	765

注：本表数据由市教育局提供。

表 17—22　分区公共文化设施数（2018 年）

计量单位：个

地　　区	图书馆	文化馆	文化站	博物馆	美术馆
全　市	15	14	100	63	3
玄武	1	1	7	17	1
秦淮	2	2	12	12	2
建邺	2	1	6	3	
鼓楼	1	2	13	10	
浦口	1	1	9	1	
栖霞	1	1	9	2	
雨花台	1	1	6	5	
江宁	1	1	10	8	
六合	2	2	12	3	
溧水	2	1	8	1	
高淳	1	1	8	1	

注：本表数据由市文化和旅游局提供。

表 17—23　分区卫生机构情况（2018 年）

计量单位：个

地　　区	机构数	医　院	疾病预防控制中心　（防疫站）	社区卫生服务中心、卫生院	妇幼保健所（站）
全　市	2801	222	17	481	14
玄武	209	16	2	13	1
秦淮	311	43	1	24	1
建邺	158	11	1	17	1
鼓楼	399	41	5	20	2
浦口	123	4	1	68	1
栖霞	176	17	1	44	2
雨花台	128	11	1	31	1
江宁	532	30	1	205	1
六合	220	10	1	19	1
溧水	142	8	1	1	1
高淳	170	14	1	1	1

注：本表数据由市卫健委提供。浦口区、六合区未包括江北新区数字。

表 17—24　分区卫生机构床位和人员情况（2018 年）

地　区	床位数（张）	卫生人员（人）	执业医师和助理医师（人）	注册护士（人）
全　市	54992	103660	31560	38258
玄武	3470	7852	2421	2644
秦淮	8658	16366	5143	6280
建邺	2343	6223	1850	1997
鼓楼	18278	31510	8969	13027
浦口	1282	2551	945	880
栖霞	2866	5586	1831	1980
雨花台	1618	3044	952	1080
江宁	7457	12912	3976	4304
六合	1821	4025	1495	1177
溧水	2084	3536	1070	1292
高淳	1952	3539	1090	1202

注：本表数据由市卫健委提供。浦口区、六合区未包括江北新区数字。

表 17—25　分区社会福利单位、床位和社区服务设施基本情况（2018 年）

地　区	社会福利收养性单位数（个）	社会福利收养性单位床位数（张）	社区服务设施数（个）
全　市	69	17687	7261
市本级	6	4351	22
玄武			621
秦淮	2	211	218
建邺	1	180	500
鼓楼			1339
浦口	10	1401	658
栖霞	4	494	925
雨花台			872
江宁	11	2554	1084
六合	13	2801	274
溧水	10	2572	316
高淳	12	3123	432

注：本表数据由市民政局提供。

（十八）区域经济

CHAPTER 18
REGIONAL ECONOMY

表 18—1　全省设区市主要经济指标

城　市	地区生产总值		第一产业		第二产业		第三产业	
	亿元	增长（%）	亿元	增长(%)	亿元	增长（%）	亿元	增长（%）
全省	92595.40	6.7	4141.72	1.8	41248.52	5.8	47205.16	7.9
南京	12820.40	8.0	273.42	0.6	4721.61	6.5	7825.37	9.1
无锡	11438.62	7.4	125.07	-0.3	5464.01	8.0	5849.54	7.1
徐州	6755.23	4.2	631.39	2.4	2812.02	1.5	3311.82	7.0
常州	7050.27	7.0	156.25	-1.0	3263.29	6.2	3630.73	8.1
苏州	18597.47	6.8	213.99	-4.6	8933.28	5.6	9450.20	8.1
南通	8427.00	7.2	397.77	2.2	3947.88	6.5	4081.35	8.4
连云港	2771.70	4.7	325.57	2.6	1207.39	1.9	1238.74	8.2
淮安	3601.25	6.5	358.70	3.1	1508.11	4.9	1734.44	8.8
盐城	5487.08	5.5	573.40	3.2	2436.45	3.7	2477.23	8.1
扬州	5466.17	6.7	273.34	3.0	2623.24	5.8	2569.59	8.2
镇江	4050.00	3.1	138.40	-4.2	1976.60	3.0	1935.00	3.7
泰州	5107.63	6.7	280.05	2.7	2434.01	6.8	2393.57	7.0
宿迁	2750.72	6.8	300.84	3.0	1279.54	7.4	1170.34	7.3

表 18—1　全省设区市主要经济指标（续表 1）

城　市	工业用电量		固定资产投资	固定资产投资中工业投资	社会消费品零售总额	
	亿千瓦小时	增长（%）	增长（%）	增长（%）	亿元	增长（%）
全省	4396.06	2.9	5.5	8.0	33230.35	7.9
南京	331.27	4.2	9.4	8.9	5832.46	8.4
无锡	551.49	5.1	5.8	10.5	3672.70	9.0
徐州	219.91	-10.4	2.0	4.0	3102.00	7.5
常州	373.05	6.2	7.5	7.1	2613.19	9.1
苏州	1227.77	2.1	4.5	0.0	5746.90	7.4
南通	295.86	7.3	8.8	8.0	3088.77	9.0
连云港	106.52	-11.7	6.7	13.7	1121.31	8.3
淮安	115.97	4.5	9.0	16.1	1239.66	7.8
盐城	212.54	11.8	9.4	16.2	1778.74	6.8
扬州	165.64	2.1	11.0	16.2	1557.03	9.2
镇江	183.42	2.0	-26.5	-27.9	1360.92	5.0
泰州	205.74	1.9	9.2	8.5	1282.87	5.8
宿迁	123.84	8.7	7.0	10.3	833.82	7.0

表 18—1　全省设区市主要经济指标（续表 2）

城　市	进出口总额		出口总额		外商直接投资实际到位金额	
	亿元	增长（%）	亿元	增长（%）	亿美元	增长（%）
全省	43802.37	9.5	26657.68	8.4	255.92	1.8
南京	4317.20	4.7	2500.68	7.9	38.53	4.9
无锡	6161.83	12.0	3743.68	11.6	36.91	0.7
徐州	773.70	46.7	638.35	49.1	18.98	14.4
常州	2266.40	7.0	1652.94	6.3	24.22	9.3
苏州	23375.60	9.3	13656.91	7.8	45.25	0.9
南通	2542.90	7.7	1676.88	-0.9	25.81	6.6
连云港	629.94	13.3	273.41	3.3	6.03	-11.0
淮安	330.28	5.4	222.12	9.1	11.82	0.3
盐城	629.79	7.5	398.31	0.8	9.13	15.8
扬州	789.44	7.9	562.05	5.4	12.20	12.3
镇江	779.07	9.1	525.62	11.0	8.68	-35.8
泰州	968.75	10.5	627.41	12.7	15.07	-6.8
宿迁	237.48	18.9	179.32	21.8	3.77	3.7

表18—1　全省设区市主要经济指标（续表3）

城　市	一般公共预算收入		金融机构本外币存款余额		金融机构本外币贷款余额	
	亿元	增长（%）	亿元	增长（%）	亿元	增长（%）
全省	8630.16	5.6	144227.38	7.0	117807.90	13.1
南京	1470.02	11.1	34524.86	12.2	29065.66	15.4
无锡	1012.28	7.6	16056.79	6.0	12102.76	7.7
徐州	526.21	4.1	7285.08	11.4	4985.63	19.4
常州	560.33	5.9	10090.05	-1.0	7564.83	12.5
苏州	2119.99	9.6	30523.37	6.9	27440.94	9.9
南通	606.19	1.2	12211.02	4.2	8878.00	12.5
连云港	234.31	8.0	3261.64	9.6	2945.04	18.9
淮安	247.27	5.8	3676.95	5.5	3312.63	18.4
盐城	381.00	4.4	6421.42	3.3	4998.76	16.6
扬州	340.03	5.1	6080.73	4.6	4643.49	15.3
镇江	301.50	4.8	5122.03	3.1	4484.17	15.2
泰州	357.15	5.4	6202.42	5.7	4819.82	14.0
宿迁	206.20	1.3	2771.01	8.6	2566.16	15.1

注：存、贷款余额为本外币，增幅为与年初比。

表 18—1 全省设区市主要经济指标（续表 4）

城 市	全体居民人均可支配收入		城镇居民人均可支配收入		农村居民人均可支配收入		城市居民消费价格指数（上年同期=100）	
	元	增长（%）	元	增长（%）	元	增长（%）	当月（%）	累计（%）
全省	38096	8.8	47200	8.2	20845	8.8	102.2	102.3
南京	52916	9.1	59308	8.7	25263	9.2	102.3	102.4
无锡	50373	8.6	56989	8.2	30787	8.6	102.7	102.3
徐州	27385	9.0	33586	8.4	18206	9.0	101.9	102.3
常州	45933	8.5	54000	8.1	28014	8.4	102.3	102.2
苏州	55476	8.3	63481	8.0	32420	8.1	102.3	102.6
南通	37071	9.3	46321	8.3	22369	9.3	101.9	102.3
连云港	25864	8.8	32749	8.1	16607	8.7	102.2	102.3
淮安	27696	9.5	35828	8.6	17058	9.3	101.4	102.1
盐城	29488	8.9	35896	8.4	20357	8.8	101.8	101.9
扬州	34076	8.9	41999	8.2	21457	8.9	102.5	102.2
镇江	40883	8.5	48903	7.7	24687	8.6	102.1	102.0
泰州	34642	9.0	43452	8.5	21219	8.8	101.9	102.0
宿迁	22918	9.1	28281	8.3	16639	9.0	102.0	102.1

表18—2 经济总量超万亿元城市主要经济指标

城 市	地区生产总值		第二产业		#工业增加值		第三产业	
	亿元	增长(%)	亿元	增长(%)	亿元	增长(%)	亿元	增长(%)
南京	12820.40	8.0	4721.61	6.5	4055.14	7.3	7825.37	9.1
北京	30320.00	6.6	5647.70	4.2	4464.60	4.5	24553.60	7.3
成都	15342.77	8.0	6516.19	7.0	5663.75	7.6	8303.99	9.0
广州	22859.35	6.2	6234.07	5.4	5621.73	5.5	16401.84	6.6
杭州	13509.00	6.7	4572.00	5.8	4160.00	6.3	8632.00	7.5
青岛	12001.50	7.4	4850.60	7.3	4137.10	6.9	6764.00	7.7
上海	32679.87	6.6	9732.54	1.8	8694.95	1.9	22842.96	8.7
深圳	24221.98	7.6	9961.95	9.3	9254.00	9.0	14237.94	6.4
苏州	18597.47	6.8	8933.28	5.6			9450.20	8.1
天津	18809.64	3.6	7609.81	1.0	6962.71	2.6	11027.12	5.9
无锡	11438.62	7.4	5464.01	8.0	5009.33	8.6	5849.54	7.1
武汉	14847.29	8.0	6377.75	5.7	5076.21	5.9	8107.54	10.1
长沙	11003.41	8.5	4660.19	6.8		7.2	6024.49	10.7
重庆	20363.19	6.0	8328.79	3.0	5997.70	1.1	10656.13	9.1
宁波	10745.50	7.0	5508.00	6.2	4953.70	6.7	4932.00	8.1
郑州	10143.32	8.1	4450.70	8.1	3746.20	6.9	5545.50	8.3

表 18—2 经济总量超万亿元城市主要经济指标（续 1）

城市	固定资产投资	社会消费品零售总额		出口总额	
	增长（%）	亿元	增长（%）	亿元	增长（%）
南京	9.4	5832.46	8.4	2500.70	7.9
北京	-9.9	11747.70	2.7	4407.80	25.1
成都	10.0	6801.80	10.0	2746.90	33.0
广州	8.2	9256.19	7.6	5607.58	-3.2
杭州	10.8	5715.00	9.0	3417.10	-1.0
青岛	7.9	4842.50	10.0	3172.20	4.7
上海	5.2	12668.69	7.9	13666.85	4.2
深圳	20.6	6168.87	7.6	16274.69	-1.6
苏州	4.5	5746.90	7.4	13656.91	7.8
天津	-5.6	5533.04	1.7	3207.16	8.6
无锡	5.8	3672.70	9.0	3743.68	11.6
武汉	10.6	6843.90	10.5	1272.70	10.0
长沙	11.5	4765.04	9.9	823.15	40.0
重庆	7.0		8.7	3395.28	17.7
宁波	3.6	5832.46	8.4	5550.60	11.4
郑州	10.9	4268.09	9.7	2577.14	10.7

表 18—2　经济总量超万亿元城市主要经济指标（续 2）

城　市	外商直接投资实际到位金额		一般公共预算收入		金融机构本外币存款余额	
	亿美元	增长（%）	亿元	增长（%）	亿元	增长（%）
南京	38.53	4.9	1470.02	15.6	34524.86	12.2
北京	167.40	40.0	5785.90	6.5	157092.23	9.3
成都	76.30	17.5	1424.20	9.4	37826.00	5.7
广州	66.11	5.1	1632.30	6.5	54788.09	6.7
杭州	68.30	3.3	1825.10	12.5	39810.50	9.1
青岛	86.90	10.0	1231.90	6.5	16121.00	6.6
上海	173.00	1.7	7108.15	7.0	121112.33	7.7
深圳	82.03	10.8	3538.41	6.2	72550.36	3.9
苏州	45.25	0.5	2119.99	11.1	30629.37	7.3
天津	48.50	9.8	2106.19	-8.8	30983.17	0.1
无锡	37.15	1.1	1012.28	8.8	16056.79	6.1
武汉	109.27	13.3	1528.70	11.0	26331.62	7.5
长沙	57.80	10.1	879.71	9.9	18633.60	8.7
重庆	32.50	43.8	2265.50	0.6	36887.34	5.8
宁波	43.20	7.2	1379.70	10.8	19150.00	5.5
郑州	42.11	4.0	1152.05	9.0	21767.20	7.0

注：存贷款余额为本外币，增幅为与年初比。

表 18—2　经济总量超万亿元城市主要经济指标（续 3）

城　市	金融机构本外币贷款余额		城镇居民人均可支配收入		农村居民人均可支配收入	
	亿元	增长（%）	元	增长（%）	元	增长（%）
南京	29065.66	15.4	59308	8.7	25263	9.2
北京	70483.67	11.4	62361	9.0	—	—
成都	32637.00	11.3	42128	8.2	22135	9.0
广州	40749.32	19.0	59982	8.3	26020	10.8
杭州	36598.30	25.0	61172	8.7	33193	9.2
青岛	16098.00	11.8	50817	7.7	20820	7.5
上海	73272.35	9.7	68034	8.7	30375	9.2
深圳	52539.79	13.1	57543	8.7	—	—
苏州	27308.31	9.3	63481	8.0	32420	8.1
天津	34084.90	7.8	42976	6.7	23065	6.0
无锡	12102.76	7.7	56989	8.2	30787	8.6
武汉	28270.77	18.1	47359	9.1	22652	8.5
长沙	18360.89	14.5	50792	8.2	29714	8.6
重庆	32247.75	13.3	34889	8.4	13781	9.0
宁波	19935.90	12.2	60134	8.0	33633	8.9
郑州	21202.20	17.8	39042	8.3	21652	8.4

注：存贷款余额为本外币，增幅为与年初比。

表18—3 直辖市和副省级城市主要经济指标

城市	地区生产总值		第二产业		#工业增加值		第三产业	
	亿元	增长(%)	亿元	增长(%)	亿元	增长(%)	亿元	增长(%)
北京	30320.00	6.6	5647.70	4.2	4464.60	4.5	24553.60	7.3
天津	18809.64	3.6	7609.81	1.0	6962.71	2.6	11027.12	5.9
上海	32679.87	6.6	9732.54	1.8	8694.95	1.9	22842.96	8.7
重庆	20363.19	6.0	8328.79	3.0	5997.70	1.1	10656.13	9.1
沈阳	6292.40	5.4	2376.60	5.7	1910.50	6.6	3655.70	5.4
大连	7668.48	6.5	3241.58	11.9	2633.02	14.1	3984.20	2.9
长春	7175.70	7.2		7.3				7.8
哈尔滨	6300.50	5.1	1689.30	2.7	1081.00	5.4	4085.70	7.5
南京	12820.40	8.0	4721.61	6.5	4055.14	7.3	7825.37	9.1
杭州	13509.00	6.7	4572.00	5.8	4160.00	6.3	8632.00	7.5
宁波	10745.50	7.0	5507.50	6.2	4953.70	6.7	4932.00	8.1
厦门	4791.41	7.7	1980.16	8.1	1672.23	8.5	2786.85	7.5
济南	7856.60	7.4	2829.30	7.8		7.0	4754.80	7.5
青岛	12001.50	7.4	4850.60	7.3	4137.10	6.9	6764.00	7.7
武汉	14847.29	8.0	6377.75	5.7	5076.21	5.9	8107.54	10.1
广州	22859.35	6.2	6234.07	5.4	5621.73	5.5	16401.84	6.6
深圳	24221.98	7.6	9961.95	9.3	9254.00	9.0	14237.94	6.4
成都	15342.77	8.0	6516.19	7.0	5663.75	7.6	8303.99	9.0
西安	8349.86	8.2	2925.61	8.5	1874.36	9.0	5165.43	8.3

注：部分城市数据空缺。

表 18—3　直辖市和副省级城市主要经济指标（续表 1）

城　市	固定资产投资	社会消费品零售总额		进出口总额		#出口总额	
	增长（%）	亿元	增长（%）	亿元	增长（%）	亿元	增长（%）
北京	-9.9	11747.70	2.7	27182.5	23.9	4878.50	23.0
天津	-5.6		1.7	8077.01	5.6	3207.16	8.6
上海	5.2	12668.69	7.9	34009.93	5.5	13666.85	4.2
重庆	7.0		8.7	5222.62	15.9	3395.28	17.7
沈阳	15.3	4051.20	9.2	984.30	13.5	342.10	7.7
大连	10.1	3880.05	7.8	4701.41	13.9	1889.60	8.5
长春	6.7	3003.60	6.2	1054.60	10.7	152.50	17.5
哈尔滨	-7.2	4125.10	4.2	209.70	-8.0	103.50	5.2
南京	9.4	5832.46	8.4	4317.20	4.7	2500.70	7.9
杭州	10.8	5715.00	9.0	5245.30	3.1	3417.10	-1.0
宁波	3.6	4154.90	8.1	8576.30	12.9	5550.60	11.4
厦门	10.1	1542.42	6.6	6002.05	3.2	3338.51	2.6
济南	9.6	4404.50	10.0	825.00	16.2	519.30	14.6
青岛	7.9	4842.50	10.0	5321.20	5.7	3172.20	4.7
武汉	10.6	6843.90	10.5	2146.00	10.9	1272.70	10.0
广州	8.2	9256.19	7.6	9810.15	1.0	5607.58	-3.2
深圳	20.6	6168.87	7.6	29983.74	7.0	16274.69	-1.6
成都	10.0	6801.80	10.0	4983.20	26.4	2746.90	33.0
西安	8.5	4658.72	9.6	3303.87	29.6	1957.49	26.1

表 18—3　直辖市和副省级城市主要经济指标（续表 2）

城　市	外商直接投资实际到位金额		一般公共预算收入		金融机构本外币存款余额		金融机构本外币贷款余额	
	亿美元	增长（%）	亿元	增长（%）	亿元	增长（%）	亿元	增长（%）
北京	167.40	40.0	5785.90	6.5	157092.20	9.3	70483.67	11.4
天津	48.50	9.8	2106.19	-8.8	30983.17	0.1	34084.90	7.8
上海	173.00	1.7	7108.15	7.0	121112.33	7.7	73272.35	9.7
重庆	32.5	43.8	2265.50	0.6	36887.34	5.8	32247.75	13.3
沈阳	14.30	41.3	720.60	10.0	17746.20	12.7	14911.60	13.7
大连	26.78	-17.6	703.98	7.0	13999.10	-1.0	12006.20	0.2
长春	3.30		478.00	6.2	11551.20	0.1	11488.30	10.7
哈尔滨	36.50	6.1	384.40	4.4	11616.00	9.2	11079.80	8.6
南京	38.53	4.9	1470.02	15.6	34524.86	12.2	29065.66	15.4
杭州	68.30	3.3	1825.10	12.5	39810.50	9.1	36598.30	25.0
宁波	43.20	16.0	1379.70	10.8	19150.00	5.5	19935.90	12.2
厦门	107.31*		754.53	8.3	10995.00	3.7	10554.05	8.1
济南	178.20*	41.0*	752.80	11.2	17060.10	3.0	16059.90	11.5
青岛	86.90	10.0	1231.90	6.5	16121.00		16098.00	11.8
武汉	109.27	13.3	1528.70	11.0	26331.62	7.5	28270.77	18.1
广州	66.11	5.1	1632.30	6.5	54788.09	6.7	40749.32	19.0
深圳	82.03	10.8	3538.41	6.2	72550.36	3.9	52539.79	13.1
成都	76.30	17.5	1424.20	9.4	37826.00		32637.00	11.3
西安	63.54	14.9	684.71	10.8	21266.72		19891.60	15.9

注：金融机构存贷款余额为本外币，增幅为与年初比。

表 18—3　直辖市和副省级城市主要经济指标（续表 3）

城　市	城镇居民人均可支配收入		农村居民人均可支配收入		居民消费价格总指数（上年同期=100）	
	元	增长（%）	元	增长（%）	%	增长（%）
北京	62361	9.0	—	—	102.5	2.5
天津	42976	6.7	23065	6.0	102.0	2.0
上海	68034	8.7	30375	9.2	101.6	1.6
重庆	34889	8.4	13781	9.0	102.0	2.0
沈阳	44054	6.5	16530	6.9	103.0	3.0
大连	43550	7.3	18103	7.3	103.0	3.0
长春	35332	6.5	14237	6.0	102.0	2.0
哈尔滨	37828	6.4	16934	8.9	102.5	2.5
南京	59308	8.7	25263	9.2	102.4	2.4
杭州	61172	8.7	33193	9.2	102.3	2.3
宁波	60134	8.0	33633	8.9	102.2	2.2
厦门	54401	8.8	18842	7.1	101.8	1.8
济南	50146	7.5	17924	8.0	102.6	2.6
青岛	50817	7.7	20820	7.5	102.1	2.1
武汉	47359	9.1	22652	8.5	101.9	1.9
广州	59982	8.3	26020	10.8	102.4	2.4
深圳	57543	8.7	—	—	102.8	2.8
成都	42128	8.2	22135	9.0	101.4	1.4
西安	38729	8.1	13286	9.0	101.9	1.9

表18—4 2018年长三角城市群主要经济指标

城市	生产总值		第二产业		工业		第三产业	
	亿元	增长（%）	亿元	增长（%）	亿元	增长（%）	亿元	增长（%）
上海	32679.87	6.6	9732.54	1.8	8694.95	1.9	22842.96	8.7
南京	12820.40	8.0	4721.61	6.5	4055.14	7.3	7825.37	9.1
无锡	11438.62	7.4	5464.01	8.0	5009.33	8.6	5849.54	7.1
常州	7050.27	7.0	3263.29	6.2	2951.35	6.7	3630.73	8.1
苏州	18597.47	6.8	8933.28	5.6	8240.40	6.0	9450.20	8.1
南通	8427.00	7.2	3947.88	6.5	3283.23	7.4	4081.35	8.4
盐城	5487.08	5.5	2436.45	3.7	2090.05	4.1	2477.23	8.1
扬州	5466.17	6.7	2623.24	5.8	2283.60	6.4	2569.59	8.2
镇江	4050.00	3.1	1976.60	3.0	1804.00	2.8	1935.00	3.7
泰州	5107.63	6.7	2434.01	6.8	2119.00	7.6	2393.57	7.0
杭州	13509.00	6.7	4572.00	5.8	4160.00	6.3	8632.00	7.5
宁波	10745.50	7.0	5507.50	6.2	4953.70	6.7	4932.00	8.1
嘉兴	4871.98	7.6	2624.49	8.4	2387.18	8.7	2132.46	7.1
湖州	2719.10	8.1	1273.60	8.2	1152.50	9.2	1317.80	8.5
绍兴	5416.90	7.1	2611.80	6.9	2234.22	7.4	2608.98	7.7
金华	4100.23	5.5	1745.46	5.9	1582.05	7.1	2218.91	5.4
舟山	1316.70	6.7	428.40	6.0			745.70	7.2
台州	4874.67	7.6	2182.60	8.7	1895.25	9.4	2427.79	7.3
合肥	7822.91	8.5	3612.25	9.5			73933.07	8.0
芜湖	3278.53	8.4	1710.64	8.6			1434.86	8.5
马鞍山	1918.10	8.2	1027.96	8.6	911.58	9.1	803.29	8.2
铜陵	1222.40	3.9	712.00	4.9	647.50	5.2	460.30	1.9
安庆	1900.00	8.0					761.30	9.3
滁州	1801.70	9.1	930.10	10.9	810.20	11.0	650.90	9.1
池州	684.93	5.7	289.67	7.1	238.54	9.0	320.31	4.9
宣城	1317.20	8.3	641.60	10.2	551.80	10.7	540.20	7.4

表 18—4　2018 年长三角城市群主要经济指标（续表 1）

城　市	固定资产投资	出口		外商直接投资实际到位金额	
	增长（%）	亿美元	增长（%）	亿美元	增长（%）
上海	5.2	2071.70	7.0	173.00	1.7
南京	9.4	378.79	10.8	38.53	4.9
无锡	5.8	567.81	14.7	37.15	1.1
常州	7.5	1652.90*	6.3*	24.22	9.3
苏州	4.5	2068.31	10.5	45.25	0.5
南通	8.8	1676.88	-0.9	25.81	6.6
盐城	9.4	60.31	3.3	9.13	15.8
扬州	11.0	562.05	5.4	12.20	12.3
镇江	-26.5	525.62	11.0	8.68	-35.8
泰州	9.2	95.31	16.0	15.07	-6.8
杭州	10.8	3417.10*	-1.0*	68.30	3.3
宁波	3.6	841.70	14.5	43.20	7.2
嘉兴	7.7	305.92	16.8	31.40	57.7
湖州	6.7	771.00*	13.1*	12.70	121.1
绍兴	1.9	2046.10*	10.5*	13.51	5.0
金华	4.5	554.97	13.7	3.19	-26.0
舟山	7.5	424.80*	10.6*	4.20	3.1
台州	8.1	1537.60*	11.5*	2.89	-34.8
合肥	7.1	182.46	25.3	32.30	6.9
芜湖	9.7	44.16	3.6	29.16	8.5
马鞍山	10.1	19.51	22.9	24.85	9.2
铜陵	9.0	4.59	-19.6	3.28	21.4
安庆	12.6	10.63	0.7	2.55	31.8
滁州	15.4	23.10	22.1	13.90	13.8
池州	12.1	2.08	4.0	3.96	1.5
宣城	14.9	17.00	21.6	11.20	21.7

注：出口加（*）者为人民币计价。

表 18—4　2018 年长三角城市群主要经济指标（续表 2）

城　市	社会消费品零售总额		一般公共预算收入		金融机构本外币存款余额	
	亿元	增长（%）	亿元	增长（%）	亿元	增长（%）
上海	12668.69	7.9	7108.15	7.0	121112.33	7.6
南京	5832.46	8.4	1470.02	15.6	34524.86	12.2
无锡	3672.70	9.0	1012.28	8.8	16056.79	6.1
常州	2613.19	9.1	560.33	8.0	10090.05	-1.0
苏州	5746.90	7.4	2119.99	11.1	30523.37	6.9
南通	3088.77	9.0	606.19	1.2	12211.02	4.2
盐城	1778.74	6.8	381.00	5.8	6421.42	3.3
扬州	1557.03	9.2	340.03	5.1	6080.73	4.6
镇江	1360.92	5.0	301.50	4.8	5122.03	3.1
泰州	1282.87	5.8	366.64	6.6	6202.42	5.7
杭州	5715.00	9.0	1825.10	12.5	39810.50	9.1
宁波	4154.90	8.1	1379.70	10.8	19150.00	5.5
嘉兴	1938.59	8.9	518.55	16.8	8298.46	9.6
湖州	1310.00	10.0	287.10	20.9	4589.40	13.4
绍兴	2007.61	11.0	501.34	16.2	8436.53	7.6
金华	2253.00	6.5	392.62	9.8	8698.28	9.4
舟山	536.90	8.7	146.02	13.7	2034.10	1.3
台州	2366.88	10.2	431.18	12.8	8518.92	11.8
合肥	2976.74	9.1	712.49	8.6	15677.27	10.1
芜湖	1028.26	12.2	318.12	2.2	3743.69	15.0
马鞍山	589.95	13.7	151.02	9.2	2237.05	12.2
铜陵	364.97	6.7	73.77	-4.6	1455.70	3.9
安庆	814.89	15.2	133.20	10.1	3158.85	7.4
滁州	639.10	13.5	199.30	9.2	2565.90	12.0
池州	255.50	11.1	64.49	-1.1	1010.00	6.1
宣城	521.20	9.5	153.10	7.1	1810.50	7.1

注：金融机构存贷款余额为本外币，增幅为与同期比。

表 18—4　2018 年长三角城市群主要经济指标（续表 3）

城 市	金融机构本外币贷款余额		城镇居民人均可支配收入		农村居民人均可支配收入	
	亿元	增长（%）	元	增长（%）	元	增长（%）
上海	73272.35	9.1	68034	8.7	30375	9.2
南京	29065.66	15.5	59308	8.7	25263	9.2
无锡	12102.76	7.8	56989	8.2	30787	8.6
常州	7564.83	12.6	54000	8.1	28014	8.4
苏州	27440.94	10.2	63481	8.0	32420	8.1
南通	8878.00	12.5	46321	8.3	22369	9.3
盐城	4998.76	16.6	35896	8.4	20357	8.8
扬州	4643.49	15.3	41999	8.2	21457	8.9
镇江	4484.17	15.2	48903	7.7	24687	8.6
泰州	4819.82	14.0	43452	8.5	21219	8.8
杭州	36598.30	25.0	61172	8.7	33193	9.2
宁波	19935.90	12.2	60134	8.0	33633	8.9
嘉兴	6863.38	13.1	57437	8.3	34279	9.0
湖州	3886.20	18.4	54393	8.9	31767	9.5
绍兴	7516.71	12.1	59049	8.5	33097	9.1
金华	7356.37	9.9	54883	8.4	26218	9.6
舟山	2028.90	17.9	56622	7.8	33812	9.8
台州	7354.34	14.7	55705	8.4	27631	8.9
合肥	14196.54	5.9	41484	9.3	20389	9.7
芜湖	3413.50	6.3	38397	9.2	20649	9.7
马鞍山	1630.41	8.6	45108	9.0	21267	9.9
铜陵	1151.90	8.7	35995	8.2	14335	9.1
安庆	1971.42	15.5	31187	8.8	12990	10.0
滁州	2050.00	20.3	31230	9.2	13127	9.9
池州	610.00	8.5	30884	8.8	14709	9.2
宣城	1382.60	12.4	36554	9.0	16013	9.8

注：金融机构存贷款余额为本外币，增幅为与同期比。

表 18—5 宁镇扬三市主要经济指标（2018 年）

指 标	三市合计	南京	镇江	扬州
地区生产总值（亿元）	22336.57	12820.40	4050.00	5466.17
# 第二产业增加值	9321.45	4721.61	1976.60	2623.24
第三产业增加值	12329.96	7825.37	1935.00	2569.59
社会消费品零售总额（亿元）	8750.40	5832.46	1360.92	1557.03
进出口总额（亿美元）	2223.42	654.91	779.07	789.44
#出口总额	1466.46	378.79	525.62	562.05
实际使用外资（亿美元）	59.41	38.53	8.68	12.20
一般公共预算收入（亿元）	2111.55	1470.02	301.50	340.03
金融机构本外币存款余额（亿元）	45727.62	34524.86	5122.03	6080.73
金融机构本外币贷款余额（亿元）	38193.32	29065.66	4484.17	4643.49
全体居民人均可支配收入（元）	—	52916	40883	34076
城镇居民人均可支配收入	—	59308	48903	41999
农民居民人均可支配收入	—	25263	24687	21457
居民消费价格指数（%）	—	102.4	102.1	102.5

中国统计出版社有限公司最新图书简目

(仅供参考,以实际出版为准)

统计资料

中国统计年鉴 中国统计摘要 中国第三产业统计年鉴
中国第三次全国农业普查综合资料 国际统计年鉴 金砖国家联合统计手册
中国-东盟国家统计手册 中国农村统计年鉴 中国县域统计年鉴
中国农产品价格调查年鉴 中国城市统计年鉴 中国价格统计年鉴
中国贸易外经统计年鉴 中国零售和餐饮连锁企业统计年鉴 中国商品交易市场统计年鉴
大中型批发零售和住宿餐饮企业统计年鉴 中国住户调查年鉴 中国工业统计年鉴
中国环境统计年鉴 中国能源统计年鉴 中国建筑业统计年鉴
中国房地产统计年鉴 中国固定资产投资统计年鉴 中国对外直接投资统计公报
中国人口和就业统计年鉴 中国劳动统计年鉴 中国社会统计年鉴
中国科技统计年鉴 中国高技术产业统计年鉴 全国企业创新调查年鉴
中国文化及相关产业统计年鉴 2018年时间利用调查资料 中国妇女儿童状况统计资料
中国基本单位统计年鉴 中国教育统计年鉴 中国教育经费统计年鉴
中国民族统计年鉴 中国残疾人事业统计年鉴 长江经济带发展统计年鉴

省级综合统计年鉴系列

北京 天津 河北 山西 内蒙古 辽宁 吉林 黑龙江 上海 江苏 浙江 安徽 福建 江西 山东 河南 湖北 湖南 广东 广西 海南 重庆 四川 贵州 云南 西藏 陕西 甘肃 青海 宁夏 新疆 新疆生产建设兵团

市(县)级综合统计年鉴系列

滨海新区 石家庄 唐山 邯郸 保定 沧州 邢台 廊坊 承德 衡水 秦皇岛 张家口 太原 大同 阳泉 长治 晋城 朔州 晋中 运城 忻州 临汾 吕梁 呼和浩特 鄂尔多斯 包头 沈阳 大连 长春 延吉 四平 白山 通化 哈尔滨 齐齐哈尔 黑龙江垦区 上海浦东新区 南京 无锡 徐州 常州 苏州 南通 连云港 淮安 盐城 扬州 镇江 泰州 宿迁 江阴 丹阳 海门 张家港 杭州 宁波 温州 嘉兴 湖州 绍兴 金华 衢州 舟山 台州 丽水 合肥 安庆 福州 厦门 宁德 漳州 龙岩 莆田 泉州 三明 南平 南昌 九江 上饶 新余 抚州 赣州 景德镇 济南 青岛 潍坊 枣庄 潍坊 聊城 郑州 洛阳 平顶山 三门峡 南阳 商丘 信阳 济源 汝州 武汉 十堰 荆州 宜昌 荆门 咸宁 黄冈 长沙 鹰潭 广州 深圳 惠州 东莞 汕尾 湛江 肇庆 南宁 柳州 桂林 贵港 梧州 来宾 河池 防城港 海口 三亚 儋州 成都 内江 贵阳 黔南 毕节 昆明 文山 德宏 西安 延安 安康 铜川 汉中 商洛 银川 兰州 庆阳 乌鲁木齐 昌吉 阿勒泰 兵团一师、二师、三师、四师、六师、七师、八师、十师、十三师、十四师

调查年鉴系列

天津 内蒙古 上海 河南 湖北 湖南 广东 广西 重庆 四川 云南 甘肃 宁夏 南宁 贵港 昆明

统计方法应用/实用手册

Python数据分析基础（第二版） 医用多元统计分析（第三版） 中华生物统计用表
中国国民经济核算体系（2016）基础知识 国民经济核算初级教程 医学统计学手册
全国统计专业技术资格考试系列考试用书：统计业务知识（第四版修订版） 统计业务知识学习指导与习题
全国统计专业技术资格考试系列考试用书：统计相关知识（第四版） 统计相关知识学习指导与习题

统计通俗读物/统计科普图书

领导干部统计知识问答 《防范和惩治统计造假、弄虚作假督察工作规定》辅导读本
统计新媒体运营指南 统计公文知识问答 理解国民账户 中国古代统计史简编

重点图书

新中国70年 第三次全国农业普查农作物面积遥感测量图集 中国第四次经济普查年鉴
新编英汉汉英统计大词典 中国国民经济核算体系2016 国民经济行业分类注释
挑大学选专业2019—考研择校指南 挑大学选专业2019—高考志愿填报指南 中华医学统计百科全书